Beiträge zur Wissenschaft
vom Alten und Neuen Testament
Siebente Folge

Herausgegeben von
Siegfried Herrmann und Horst Balz
Heft 15 · (Der ganzen Sammlung Heft 135)

Verlag W. Kohlhammer
Stuttgart Berlin Köln

Peter Wick

Der Philipperbrief

Der formale Aufbau des Briefs
als Schlüssel zum Verständnis seines Inhalts

Verlag W. Kohlhammer
Stuttgart Berlin Köln

Die Deutsche Bibliothek – CIP-Einheitsaufnahme

Wick, Peter:
Der Philipperbrief : der formale Aufbau des Briefs als Schlüssel
zum Verständnis seines Inhalts / Peter Wick.
– Stuttgart ; Berlin ; Köln : Kohlhammer, 1994
(Beiträge zur Wissenschaft vom Alten und Neuen Testament ; H. 135 =
Folge 7, H. 15)
Zugl.: Basel, Univ., Diss., 1993
ISBN 3-17-012706-3
NE: GT

Inhalt

Vorwort

Die vorliegende Untersuchung wurde im Wintersemester 1992/1993 von der theologischen Fakultät der Universität Basel als Dissertation angenommen und danach für die Drucklegung weiter überarbeitet.

Eine kurze Skizze der dieser Arbeit zugrunde liegenden Parallelismusthese zum Philipperbrief legte ich in einer Seminararbeit 1989 vor. Durch die Ermutigung von Prof. Dr. E. Stegemann wagte ich es, diese These mit einer Dissertationsarbeit zu erhärten und zu entfalten. Er übernahm die Betreuung der Arbeit und trug durch Motivation, Rat und Tat Wesentliches zum Gelingen bei. Für seine unzähligen, kompetenten Anstöße und sein persönliches Engagement bin ich ihm zu großem Dank verpflichtet.

Ebenfalls habe ich Herrn Prof. Dr. Rudolf Brändle zu danken, der das Korreferat übernahm und mit vielen wichtigen Anregungen weiterhalf. Ein weiterer Dank gilt Frau PD Dr. I. Willi-Plein und Herrn PD Dr. M. Bachmann, die je ein weiteres Gutachten mit fachkundigen Anregungen ausstellten.

Herrn Prof. Dr. Horst Balz und Herrn Prof. Dr. Dr. Siegfried Herrmann habe ich zu danken, daß sie diese Arbeit in die Reihe BWANT aufgenommen haben.

Dem Promovenden Herrn Nico Rubeli, Herrn cand. theol. Günther Dürr, Herrn cand. phil. Michael Sommer und Frau cand. theol. Therese Stähelin bin ich für ihr Korrekturlesen zu Dank verpflichtet.

Mein besonderer Dank gilt auch Herrn Dr. Earl Morey, der mir in einem Kurs über induktives Bibelstudium (JMEM, Biel) die Augen für Makrostrukturen in biblischen Büchern öffnete.

Schließlich danke ich auch meiner Frau Pia, die diese Dissertation nicht nur finanziell ermöglichte, sondern mir auch den liebevollen Kontext gab, in dem die Beschäftigung mit dem Text besonders fruchtbar ist.

April 1994   *Peter Wick*

1 Der Philipperbrief als exegetische Herausforderung

Der Philipperbrief ist ein Werk von hoher literarischer Qualität. Paulus hat ihn inhaltlich und formal als Einheit konzipiert. Obwohl er ihn aus fünf verschiedenen Gründen schreibt (s. S. 14), systematisiert er diese unter denselben theologischen Gesichtspunkten. Die inhaltliche Systematisierung entspricht einer formalen Struktur, die von beeindruckend schöner und genauer Gestalt ist. Phil 1,12-2,30 wird durch 3,1-4,20 parallel verdoppelt und entfaltet. Der Brief besitzt eine so hohe literarische Qualität, daß er als Kunstwerk betrachtet werden kann. Doch die literarische Gestalt ist nicht Selbstzweck, sondern dient dazu, den Inhalt, der in ein großes Lob Gottes mündet, angemessen auszudrücken und darzustellen.

Der hier dargestellten These stehen viele andere, moderne Auslegungsversuche diametral gegenüber. Deshalb soll ihre Begründung Schritt für Schritt entsprechend ihrer Genese dargelegt und entfaltet werden, um dem Leser ihre Plausibilität und Konsequenzen einsichtig und nachvollziehbar zu machen.

Eine wissenschaftliche Untersuchung kann entweder bei Beobachtungen oder bei einem Modell beginnen. In dieser Arbeit wird der erste Weg gewählt und mit der Beobachtung des Textes begonnen. Auch wenn es nie möglich ist, ein bestehendes Textverständnis und Verstehensmodell ganz zur Seite zu legen, so ist es doch mein erklärtes Ziel, diese Vorverständnisse und Modelle dem Text und seiner eigenen Dynamik auszusetzen und wenn nötig preiszugeben.

Da ich nicht beim Modell beginne, wäre es nun ein Widerspruch in sich, mit einer ausführlichen Methodenbeschreibung zu beginnen. Eine Skizze des historischen Ortes des Briefes steht erst am Ende der Arbeit mit dem Text, und erst am Schluß wird angedeutet, wie sich der exegetische Ertrag dieses Briefes in die Theologie und die Biographie des Paulus integrieren läßt.

Dennoch ist es unerläßlich, sich über das grundsätzliche, methodische Vorgehen Rechenschaft abzulegen. Zu Beginn soll das Sammeln von Beobachtungen am Text stehen. Diese sollen mit Hilfe von bekannten und wenn nötig auch von neuen beziehungsweise noch nicht etablierten Methoden erklärt werden. Beobachtungen und Methoden sollen zum einfachsten, widerspruchsfreien Verstehensmodell des Philipperbriefes kombiniert werden. Dieses Modell muß, wenn es dem Text wirklich entspricht, dazu anregen, weitere Beobachtungen zu sammeln und so diesen Prozeß in Gang zu halten, um die Interpretation der Beobachtungen aufzulösen oder zu sichern.

Das impliziert, daß man grundsätzlich von der kanonisch überlieferten Kohärenz des Philipperbriefes ausgeht und die synchrone Betrachtung der diachronen Analyse vorordnet.

Besonders wichtig scheint mir, daß auch in der Exegese zur Erklärung eines Sachverhalts nicht mehr Annahmen herbeigezogen werden, als wirklich notwendig sind[1].

Das sind eigentlich alles allgemeinwissenschaftliche Vorüberlegungen. Dennoch zeigt die Geschichte der exegetischen Forschung, in unserem Fall des Philipperbriefes, daß diese Grundsätze bei der Erklärung von Textproblemen nicht immer beachtet wurden. Hypothesen, die nur mit Hilfe von mehreren nicht beweisbaren Annahmen einigermaßen plausibel gemacht werden, sind häufig zu finden[2].

Als Zugang zum Text dient die Frage nach dem Gesamtzusammenhang des ganzen Briefes. Mit der Frage nach der Makrostruktur des Philipperbriefes soll Aufschluß über den Inhalt des Philipperbriefes gesucht werden. Wenn es eine Ordnung in der thematischen Fülle des Philipperbriefes gibt, dann ist diese am ehesten in der Gliederung, die Paulus dem Brief zugrunde gelegt hat, falls es eine solche überhaupt gibt, zu finden. Keine Spekulationen, sondern nur ein konsequentes Fragen nach dieser kann darüber Aufschluß geben.

Die methodische Vorordnung des Zusammenhangs vor den einzelnen Vers ist zwar nicht etwas ganz Neues, wird sie doch durchaus von modernen rhetorischen und linguistischen Ansätzen geteilt. Dennoch stellen sich diejenigen, die dieses tun, gegen eine uralte Tradition der Einzelversauslegung, die nicht nur weit hinter Pietismus und Orthodoxie zurückgeht, sondern auch in der historisch-kritischen Forschung übernommen und sogar noch verfeinert wurde[3].

Häufig fragten die Exegeten nur kurz nach der Gliederung des Textes, um den Inhalt in überschaubare Einheiten aufzuteilen und um ihn so knapp und übersichtlich darzustellen, bevor sie mit der Einzelversauslegung die eigentliche exegetische Arbeit begannen. Hier ist nicht die Frage nach einer möglichst sinnvollen Einteilung des Philipperbriefes für den heutigen Leser gestellt, sondern die Frage danach, ob Paulus - und wenn ja, wie - den Brief eingeteilt und gegliedert hat. Hat er das, so liegt in diesem Konzept eine unschätzbare Hilfe für das Textverständnis. Ist eine solche geplante Gliederung zu finden und aufzuschlüsseln, wird darin viel von der Absicht des Schreibers zu finden sein und dadurch die Wichtigkeit und Stellung der einzelnen Themen besser gedeutet werden können[4].

---

1 Dieses Prinzip (entia non sint multiplicanda praeter necessitatem) ist als Ockham's *razor* in die Methodenlehre der Wissenschaft und der Philosophie eingegangen, vgl. Störig, 269.
2 Vgl. das Gegnerproblem Phil 3,2ff in 5.4.2.
3 Ob man mit einzelnen Versen ausführliche, dogmatische Aussagen begründet oder Verse zur täglichen Erbauung gebraucht oder damit sogar jahrhundertelange literarische Entwicklungen nachzuweisen versucht, ist zwar in der Sache etwas Grundverschiedenes, doch die Bibel wird hier wie dort als eine riesige Sammlung von Versen verwendet.
4 Dieser Ansatz deckt sich gut mit modernen linguistischen Textverständnissen und dem antiken Redeverständnis. "Der Text ist in semantischer Hinsicht die Menge der Beziehungen (Struktur) zwischen den Bedeutungselementen des Textes." "In der Rezeption geht der Leser den umgekehrten Weg, indem er die über den Text verstreuten Sinnelemente in ihrem Zusammenhang zu sehen und so den Text zu entschlüsseln versucht. " "Der Text selbst ist auch das Verweissystem: Jedes Element verweist auf ein anderes Element." Egger,

Die Gliederung wird also nicht bloß als Hilfsmittel für eine erste Gesamtübersicht verstanden, sondern als zentraler exegetischer Schlüssel, der unbedingt gesucht und genutzt werden muß.

Die einzelnen Wörter und Sätze des Briefes müssen zuerst nur dazu dienen, die Gliederung zu finden. Ist sie gefunden und gesichert, kann nun auf diesem festen Grund zur Einzelsatzexegese geschritten werden. Auch wenn ich nicht immer ganz darauf verzichten kann, versuche ich in dieser Arbeit diesen Schritt doch so gut wie möglich zu vermeiden, um deren Umfang nicht zu sprengen. Ich will nicht die vorhandene Vielfalt der einzelnen Sätze, Gedanken und Aussagen entfalten, wie das in einem Kommentar geschehen muß, sondern den gemeinsamen Nenner, der hinter diesen steht, aufspüren und darstellen. Ich suche nicht die Vielfalt der Farben, sondern den Aufbau und die Komposition, die diesen Farben zugrunde liegt, um dadurch den Blick für das ganze Bild zu gewinnen und mich nicht durch die Fülle der Farben verwirren zu lassen. Wer einen Text Schritt für Schritt auslegen will, muß verstanden haben, um welches Thema es im Gesamtzusammenhang dieses Textes geht. Diese Arbeit soll nichts mehr und nichts weniger als eine - wenn auch notwendige - Vorarbeit für einen Kommentar sein.

In dieser Untersuchung werde ich den Philipperbrief immer wieder unter neuen Gesichtspunkten lesen. Dadurch möchte ich ein immer umfassenderes Gesamtbild dieses Briefes gewinnen, auch wenn es unmöglich ist, alle denkbaren Lesarten auszuprobieren. Besonders wichtig ist der fortwährende Wechsel zwischen der besonderen Beachtung von formalen und inhaltlichen Aspekten. Schließlich ist die Übereinstimmung von Form und Inhalt eines der Grundanliegen der Antike. Ich werde in dieser Arbeit folgendermaßen vorgehen: Zuerst werde ich die unbefriedigende Situation in der exegetischen Erforschung dieses Briefes aufzeigen (K. 2.). Nach einem ersten Gliederungsvorschlag (K. 3.) werde ich sodann das Briefkorpus auf seine formale Struktur hin untersuchen (K. 4.), um mit diesen Ergebnissen dessen Inhalt besser verstehen zu versuchen (K. 5.). Darauf untersuche ich den ganzen Brief besonders vom Proömium her unter inhaltlichen Aspekten (K. 6.) und in einem zweiten Schritt mehr unter formalen Gesichtspunkten, indem ich nach hellenistischen und jüdischen Traditionen, die Paulus verwendet, frage (K. 7.). Das Resultat soll für die Bestimmung des historischen Ortes des Philipperbriefes, die Biographie des Paulus und das Verständnis der paulinischen Theologie fruchtbar gemacht werden (K. 8.). Am Ende wird kurz gezeigt werden, wie durch das Ergebnis dieser Arbeit grundsätzliche Anfragen an die bisherige Exegese gerichtet werden (K. 9).

Es wird sich zeigen, daß der Philipperbrief, obwohl ein Gelegenheitsbrief, ein literarisches Meisterwerk ist und daß gerade seine formale Schönheit eine unschätzbare Hilfe für sein Verständnis ist. Der Inhalt dieses Briefes wird neu, aber nicht ganz anders als in der langen Geschichte seiner Exegese bestimmt. Das Resultat dieser Untersuchung bietet ein ausgewogenes Verständnis der Themen des Briefes

---

Methodenlehre, 94f. Auch für die antike Rhetoriklehre wird eine Rede in fünf Schritten hergestellt. Als zweiter Schritt nach der Stoffsammlung folgt die Gliederung desselben. Eine Rede wurde also schon gegliedert, bevor mit der Niederschrift begonnen wurde (Fuhrmann, 78).

und erklärt zugleich, weshalb bis jetzt so unterschiedliche und widersprechende Angaben zu seinem Hauptthema und auch zu seinem Aufbau gemacht wurden.

Das Briefkorpus besteht aus einer großen, fünfteiligen Parallelstruktur. Allein schon durch das Nachzeichnen dieser kunstvollen Gliederung wird sich die literarische Einheit des Briefes erweisen. Der Brief ist m. E. aufgrund von fünf verschiedenen Umständen geschrieben. Dies unterscheidet ihn z. B. vom Galaterbrief, der sich ganz auf einen einzigen Hauptgrund bezieht. Erstens ist der Philipperbrief der schriftliche Dank und das Lob von Paulus für die von den Philippern erhaltene Unterstützung. Zweitens ist er ein Begleitschreiben für den heimkehrenden, genesenen Epaphroditus. Drittens will Paulus damit die Philipper über sein Ergehen im Gefängnis informieren. Viertens nimmt er in ihm zu einem Konflikt unter den Verantwortlichen in der Gemeinde Stellung; und fünftens kündigt er das baldige Kommen von Timotheus an. Obwohl Paulus diesen Brief aus fünf verschiedenen Anlässen schrieb, die nicht alle direkt etwas miteinander zu tun haben, systematisiert er sie dennoch unter dieselben theologisch-inhaltlichen Themen. Das Thema "Freude im Herrn" steht dem der "Gesinnung Christi" komplementär gegenüber. Diese beiden Pole werden in dem übergeordneten Thema der "Gemeinschaft" zusammengefaßt. Die "Koinonia" ist das Grundthema des ganzen Briefes. Der Inhalt des Philipperbriefes besteht aus einer genialen Verknüpfung von konkreten äußeren, nicht zusammengehörenden Briefanlässen und von einer inneren theologisch-inhaltlichen Systematisierung. Die fünf verschiedenen divergierenden Gründe, aufgrund derer Paulus diesen Brief geschrieben hat, werden durch eine theologisch-inhaltliche Konvergenz zusammengehalten. Durch eine kunstvolle Struktur und durch epistolographische, rhetorische und alttestamentliche Elemente stellt Paulus diesen Inhalt formal angemessen dar.

Ein weiteres Resultat dieser Arbeit ist, daß Paulus den Hymnus Phil 2,6ff wahrscheinlich selber, und zwar speziell für den Philipperbrief verfaßt hat, und daß der Hymnus eine paränetische Grundfunktion hat[5]. Ebenfalls wird Rom als Abfassungsort wieder wahrscheinlich[6].

"Von Zeit zu Zeit muß man sich Weg und Stand der Exegese in der eigenen Generation an einem konkreten Beispiel verdeutlichen. Das ist deshalb so fruchtbar und manchmal so aufregend, weil es einem nicht nur die Problematik des Stoffes, sondern auch die des exegetischen Bemühens überhaupt eindrücklich zu Bewußtsein bringt. Daß die Einzelergebnisse und das Gesamtverständnis durch den Blickpunkt des Exegeten bestimmt sind, ist selbstverständlich. Aber wie willkürlich

---

5 Die ausführlichen Zusammenfassungen der wichtigsten inhaltlichen Resultate dieser Arbeit stehen in 5.10 und am Ende von 6.3, die wichtigsten formalen Ergebnisse, die auch für die Frage der Einheitlichkeit entscheidend sind, in 4.10 und die Ausführungen zur Verfasserfrage des Hymnus in 7.3.2. Weitere Kurzzusammenfassungen stehen am Ende von wichtigen Kapiteln. Das Sachregister ist knapp gehalten. Viele wichtige Begriffe und die Stellen aus dem Philipperbrief können durch das Inhaltsverzeichnis einfach erschlossen werden. In diesem Zusammenhang soll auch der als Lese- und Orientierungshilfe konzipierte Anhang helfen.

6 Vgl. 8.1.2.

und unkritisch werden die Grundpositionen häufig bezogen."[7] Mit diesen Worten beginnt E. Käsemann seinen bekannten Aufsatz über ein Teilgebiet der Philipperbrieferforschung, über den Hymnus in Phil 2,5-11. Diese Worte können jedoch durchaus auf den ganzen Brief übertragen werden. Die Meinungen der Exegeten zum Philipperbrief sind widersprüchlich. Nicht nur die verschiedenen Bestimmungen seines Hauptthemas klaffen weit auseinander, sondern auch die Frage nach Einheit oder Aufteilung des Briefes in einzelne Fragmente scheint ohne Ausweg zu sein. Es gibt kaum ein Verständnis, das sich mit dem eines anderen decken würde. Die Erforschung des Philipperbriefes ist in eine Sackgasse geraten[8].

Will man ein neues, tieferes Verständnis dieses Briefes durch wissenschaftliches Arbeiten gewinnen, so muß ein neuer Weg gefunden werden.

---

7 Käsemann, 51.
8 Vgl. 2.1-2.3.

2 Literarkritische Hypothesen zum Philipperbrief

Die Auslegungsgeschichte des Philipperbriefes kann den Eindruck erwecken, daß es trotz allen wissenschaftlichen Bemühens zunehmend schwieriger wird, die Grundaussagen dieses Briefes zu verstehen.

Die frühste ausdrückliche Erwähnung des Philipperbriefes findet sich bei Polykarp, der in seinem 2. Brief an die Gemeinde zu Philippi lobend Paulus erwähnt und von ihm in 3,2 schreibt, ὃς καὶ ἀπὼν ὑμῖν ἔγραψεν ἐπιστολάς. Die Bedeutung dieser Stelle ist bis heute noch nicht ganz geklärt. Denn: "Grammatikalisch könnte ἐπιστολάς auch mit dem Singular übersetzt werden und sich dann auf den bekannten paul. Phil beziehen; s. dagegen 1 Phil 2. Man kann auch an die drei Briefe denken, die Paulus nach Mazedonien sandte: Phil, 1 und 2 Thess. Oder vielleicht wußte Polykarp noch von einem weiteren oder mehreren paulinischen Briefen an die Philipper bzw. las er solches aus paul. Phil 3,1.18 heraus; gekannt hat er anscheinend aber nur den einen, kanonischen Brief."[9] Stimmt letzteres, so hätte schon Polykarp das τὰ αὐτὰ γράφειν von 3,1 als Rückbezug auf zuvor Geschriebenes verstanden. Vertreter der Teilungshypothesen gehen noch weiter und sehen diese Stelle als Indiz dafür an, daß Polykarp noch mehrere Briefe, die jetzt in diesem Brief miteinander verflochten sind, gekannt hat[10]. Die Datierung des zweiten Philipperbriefes von Polykarp ist nicht sicher, könnte aber schon in den ersten zwei Dekaden des zweiten Jahrhunderts liegen[11]. Damit ist ein erster kleiner Anfang gesetzt für eine höchst komplizierte Auslegungsgeschichte. Schon in der alten Kirche gibt es verschiedene Auffassungen darüber, welches das Hauptthema dieses Briefes ist[12].

Im Zeitalter der Orthodoxie, der Aufklärung und des Pietismus kamen noch zusätzlich neue Themenangaben auf.[13] Vor allem wurde die Frage nach dem Einfluß von innergemeindlichen Streitigkeiten auf den Philipperbrief wichtig.

---

9 Fischer, J. A., 253, bes. Anm. 36.
10 Barth, G., 10.
11 Fischer, J. A., 114; 235; 237.
12 Eine knappe und übersichtliche Darstellung der Auslegungsgeschichte findet sich bei Weiß, 2ff. Weiß gibt mindestens sechs verschiedene Hauptthemen an, die in der alten Kirche vertreten wurden:
   1. Lob und Ermunterung
   2. Warnung vor außenstehenden Irrlehrern
   3. Dank für die Geldspende
   4. Beruhigung über sein Ergehen im Gefängnis
   5. Warnung vor einem innergemeindlichen Konkurrenzkampf
   6. Umgang in Verfolgungen.
13 Solche Themen sind (nach Weiß):
   1. Abwehr innergemeindlicher Judaisten verschiedener Prägung
   2. Abwehr innergemeindlicher Gnostiker
   3. Abklärung von christologischen Differenzen
   4. Dogmatischer Lehrtraktat
   5. Exinanitio Christi
   6. Freude.

Einen besonders bemerkenswerten Weg weist der bedeutende pietistische Ausleger J. A. Bengel. Das zentrale Thema des Philipperbriefes ist für ihn die "Freude". "Summa epistolae: gaudeo, gaudete". Dies ist bis heute ein sehr einflußreicher Vorschlag geblieben[14].

Mit der Betonung der innergemeindlichen Streitigkeiten ging bald ein Unterscheiden zwischen einer stärkeren und einer schwächeren Gemeindepartei einher. Dies führte ganz am Anfang des letzten Jahrhunderts zu einer neuen Hypothese, mit der die zunehmende Aufsplitterung der Lehrmeinungen erst recht beschleunigt wurde. Anscheinend als erster schlug Heinrichs 1803 - und nicht schon Stephan le Moyne 1685, wie lange behauptet wurde[15] - eine Teilungshypothese vor. 3,1-4,20 sei ein Brieffragment, das nur an die vertrauteren Freunde in der Gemeinde gerichtet ist. Damit war der Damm gebrochen für eine Flut von verschiedenen Teilungshypothesen, die bis heute anschwillt. Eine knappe Übersicht über das neunzehnte Jahrhundert gibt C. Clemen[16]. Clemen selber sieht im Philipperbrief verschiedene Spannungen und Brüche, u. a. einen zwischen 1,14 und 2,19-24, denn im ersten Vers stelle Paulus vielen seiner Brüder ein gutes Zeugnis aus, im anderen aber nur noch Timotheus. So können nach seiner Meinung diese beiden Stellen nicht demselben Brief angehören[17]. Schließlich kommt Clemen zu einer Rekonstruktion eines in Bruchstücken in 2,19-24; 3,2-4,3.8f erhaltenen Brieffragments, welches in einen jüngeren Brief eingeflochten ist[18].

F. Chr. Baur ging noch weiter. Er betrachtete den Brief als unpaulinisch und äußerte sich sehr despektierlich über dessen Gedankenarmut und

---

14 Bengel, 766.
15 Cook (138ff) widerlegte diese Hypothese.
16 Clemen, 133ff:
Die neu aufgetauchten und betonten Themen und Schwerpunkte im Verständnis des Briefes im 19. Jahrhundert sind nach ihm folgende:
1. Ethische Differenzen
2. Stimmungsschwankungen
3. Neue Nachrichten
4. Gemütliche Unterhaltung
Die Liste der Teilungshypothesen:
1. Heinrichs   Brief A: 1,1-3,1; 4,21-23
                Brief B: 3,1-4,20
2. Paulus   Brief A: 1,1-3,1; 4,10-23
                Brief B: 3,2-4,9
3. Schrader   Brief A: 1,1-2,30; 4,3-23
                Brief B: 3,1-4,2 als unpaulinische Ergänzung
4. Ewald   Brief A: 1,1-2,30
                Brief B: 3,1-4,1 paulinische Ergänzung
                Brief C: 4,2ff paulinische Ergänzung
5. Völtner   Brief A: 1,1-7.12-14.18e-26; 2,17-29; 4,10-21.23
                Brief B: 1,8-10.27-30; 2,1-16; 3,1d-4,9.22f als unechte Bestandteile
6. Clemen   Brief A: 2,19-24; 3,2-4,3.8f
                Brief B: 1,1-2,18.25-3,1; 4,4-7.10-23.
17 Ebd., 138.
18 Ebd., 140f.

Zusammenhanglosigkeit. Er stellte fest, "daß monotone Wiederholung des zuvor schon Gesagten, Mangel an einem tiefen eingreifenden Zusammenhang, und eine gewisse Gedankenarmuth, deren Bewußtsein den Verfasser selbst gedrückt zu haben scheint, wenn er zu seiner Entschuldigung sagt 3,1. τὰ αὐτὰ γράφειν ..."[19], typisch für diesen Brief sind. Ähnlich klingt es zur Stelle 3,2ff, die er als Nachahmung von 2 Kor 11 auffasste: "Wie unmotiviert, wie mit Gewalt herbeigezogen ist aber hier dieses Reden des Apostels von sich, wenn wir es mit der Art und Weise vergleichen, wie er sich mit seinen Gegnern in der Originalstelle auseinandersetzt, wo man sogleich sieht, welcher Sache es gilt. Welches schwache leblose Nachbild haben wir dagegen hier! Wie Allbekanntes sagt der Apostel über seine frühern Lebensverhältnisse, wie kleinlich ist die Hervorhebung der achttägigen Beschneidung, wie unpaulinisch der Begriff einer δικαιοσύνη ἐν νόμῳ, wie matt und interesselos das Ganze!"[20] Außer seiner Schule folgte ihm später niemand in der Meinung, dieser Brief sei nicht von Paulus. Doch diese Sicht des Briefes als zusammenhangsloses, sprunghaftes und inkohärentes Gebilde, die auch Baur schon übernommen hatte, fand weitere Anhänger[21].

Gegen die Teilungshypothesen gab es schon bald eine Gegenbewegung. Die Spannungen, die zu den Teilungshypothesen geführt hatten, wurden zum Teil mit neuen Nachrichten, die während der Niederschrift des Philipperbriefes eingetroffen seien (so Lightfoot), oder mit Stimmungsschwankungen von Paulus erklärt. E. Reuß schreibt: "Es wäre gewiß ein übereiltes Urtheil, wenn man sich an diesem Wechsel des Tones stoßen und etwa gar das Sendschreiben in zwei nicht zusammenhängende Stücke trennen wollte. Jener Wechsel ist ja der ganzen Stimmung eigen und erklärt sich zuletzt aus der Unsicherheit der Lage des Apostels"[22]. Andere betonten den undogmatischen Charakter dieses Briefes, der keines inneren Aufbaus bedürfe. Der Brief sei entweder "brieflicher und gemüthlicher" als die anderen Briefe von Paulus[23], oder die Einheit des Briefes läge in dem herzlichen Grundgefühl, das den ganzen Brief durchziehe, begründet. So betrachtet B. Weiß den Brief. Er sieht die Freude als Grundstimmung des Briefes und gibt als Zweck die Erhebung der Philipper zur wahren Christenfreude an[24].

Wenn auch nicht der einzige, so ist doch der Hauptgrund für alle diese Hypothesen in den Schwierigkeiten bei der Deutung des Verses 3,1 zu finden. H. J. Holtzmann sagt: "Ein Stein des Anstoßes liegt ungehoben noch immer in 3,1."[25]

Anhand dieser wenigen Beispiele ist die exegetische Situation an der Schwelle zum 20. Jahrhundert erkennbar geworden. Während schon in patristischer Zeit eine Vielfalt von Auslegungsvariationen vorhanden war, ist nun das Verständnis des Philipperbriefes durch mannigfache, sich zum Teil massiv widersprechende

---

19 Baur, 464.
20 Ebd., 466.
21 Etwa Clemen, 135.
22 Reuß, 128. Reuß vertrat schon 1842 diese Hypothese.
23 De Wette, 322f.
24 Weiß, 10f.28.
25 Holtzmann, 285.

Theorien über den Inhalt des Briefes erschwert. Zusätzlich komplizieren die vielen divergierenden Auffassungen über die Einheitlichkeit respektive die Uneinheitlichkeit des Briefes die Forschungslage.

Die Forschungsgeschichte des 20. Jahrhunderts half nicht, dieses Problem einfacher zu machen oder gar zu lösen. Weder fand sich ein Konsens über das Konzept respektive die Einheit des Briefes, geschweige denn über dessen zentrale Themen und somit über das Verständnis seines Inhalts. Es gibt keine Einheit, ja nicht einmal eine überwiegende Mehrheit von Vertretern der Einheitshypothese, der Zweiteilungshypothese oder der Dreiteilungshypothese. Auch unter den jeweiligen Verfechtern einer bestimmten Auffassung divergieren die Meinungen und Ansichten beträchtlich[26]. So wird der Brief in immer wieder andere Teile aufgeteilt, und die Einheit des Briefes immer wieder anders begründet. Kein Verständnis war wirklich überzeugend und setzte sich durch. Alle paar Jahre, wenn nicht sogar jedes Jahr, erschien ein neuer Ansatz oder auch nur ein alter in neuem Kleid. Ein Blick auf die chronologische Reihe der Forscher und der von ihnen vertretenen Hypothesen zeigt dies sofort[27]. Dieses Resultat ist für die exegetische Forschung äußerst unbefriedigend. Wenn auch im einzelnen viel Wichtiges und Bedeutendes entdeckt wurde, so ist heute das Verständnis dieses kurzen Textes in seinem literarischen und historischen Zusammenhang nicht einfacher, sondern komplizierter geworden[28].

---

26 s. 2.1 - 2.3.
27 Vgl. Tabelle unten.
28 Nähere Angabe bei Schenk, Philipperbrief, 3281, Fußnote 3 und 4 und vor allem Garland, 141ff Fußnoten 3-5. E. Haupt 1902 Einheit (=E), Bacon 1904 Uneinheit, Symes 1913/4 Uneinheit, J. Weiß 1917 Zweiteilung (=2), von Bultmann übernommen, Michael 1920 2 (3,1b - 19 nicht nach Philippi), K. Barth, Erklärung des Philipperbriefes 1927 E, M. Dibelius 1925^2 E, E. Lohmeyer 1930 E, E. J. Goodspeed 1937 2, A. Loisy 1948 2, A. H. McNeile und C.S.C. Williams 1953 2, davon ein Teil nicht nach Philippi, E.W. Schmithals 1957 Dreiteilung (=3), J. Müller-Bardorff 1957/8 3, W. Michaelis 1958 E, F. W. Beare 1959 3, P. Benoit 1959 3, B. D. Rahtjen 1959/60 3, B.S. Mackay 1960-61 E, G. Delling 1961 E, H. Koester 1961/2 3, B. Rigaux 1962 3, G. Bornkamm 1962 3, G. Friedrich 1962 2, V. Furnish 1962-63 E, W. Kümmel 1962 E, C. O. Buchanan 1964 E, E. Lohmeyer und W. Schmauch 1964 E, R. H. Fuller 1966 3, J. Murphy-O'Connor 1966 3, T. E. Pollard 1966-67 E, A. F. J. Klijn 1967 E, J.A. Fitzmyer 1968 3, J. Gnilka 1968 2, C. H. Buck und G. Taylor 1969 E, P. Richardson 1969 E, J.H. Houlden 1970 E, R. Jewett 1970 E, L. Keck 1971 2, J. J. Gunther 1972 2 wie 1920 Michael, J.F. Collange 1973 3, B. Wilke 1973 3, J. Ernst 1974 E, G. P. Wiles 1974 E, E. Lohse 1975 3, P. Vielhauer 1975 3, A. Suhl 1975 2, G. B. Caird 1976 E, R. P. Martin 1976 E, N. Walter 1977 3, W. Marxsen 1978 3, H. M. Schenke und K. M. Fischer 1978 3, W. J. Dalton 1979 E, G. Barth 1979 3, F.F. Bruce 1981 3, B. Mengel 1982 E, G. F. Hawthorne 83 E, W. Schenk 84 3, W. Egger 85 E, R. Pesch 85 3, P. T. O'Brien 1991 E.

Jahr	Einheit	Zweiteilung	Dreiteilung
1902	E. Haupt		
1917		J. Weiß	
1920		Michael	
1927	K. Barth		
1925²	M. Dibelius		
1930	E. Lohmeyer		
1937		E. J. Goodspeed	
1948		A. Loisy	
1949	G. Heinzelmann		
1953		A. H. McNeile	
1957	W. de Boor		W. Schmithals; J. Müller-Bardorff
1958	W. Michaelis		
1959			F. W. Beare; P. Benoit; B. D. Rahtjen
1960	B.S. Mackay		
1961	G. Delling		H. Koester
1962	V. Furnish; W. Kümmel	G. Friedrich	B. Rigaux; G. Bornkamm
1964	C. O. Buchanan		
1966	T. E. Pollard		R. H. Fuller; J. Murphy-O"Connor
1967	A. F. J. Klijn		
1968	C. H. Buck	J. Gnilka	J.A. Fitzmyer
1969	P. Richardson; C. H. Buck		
1970	J.H. Houlden; R. Jewett		
1971		L. Keck	
1972		J. J. Gunther	
1973			J.F. Collange; B. Wilke
1974	J. Ernst; G. P. Wiles		
1975	G. P. Wiles	A. Suhl	E. Lohse; P. Vielhauer
1976	G. B. Caird; R. P. Martin		
1977			N. Walter
1978			W. Marxsen; H. M. Schenke
1979	W. J. Dalton	G. Barth	
1981			F.F. Bruce
1982	B. Mengel		
1983	G. F. Hawthorne		
1984			W. Schenk
1985	W. Egger		R. Pesch
1989			F.F. Bruce ?
1991	P.T. O'Brien		

Aus der obenstehenden Tabelle wird ersichtlich, wie verfahren die Forschungslage ist. Garland bezeichnet sie treffend als "stalemate", zu deutsch als Patt[29]. Allerdings erschienen gerade in den achtziger Jahren einige beachtliche

---

29 Garland, 143; bezeichnenderweise enthalten sich auch H. Conzelmann und A. Lindemann in der neunten überarbeiteten Auflage ihres Arbeitsbuches zum Neuen Testament von 1988 weiterhin eines definitiven Urteiles über dieses Problem, wie sie es schon seit der dritten Auflage tun (222). Auch F. F. Bruce scheint sich in seinem Kommentar von 1989 nicht mehr festlegen zu wollen (16ff).

20

Neuansätze, etwa der von Garland selber. Diese werden weiter unten entspechend ihrem Einfluß auf diese Arbeit behandelt[30].

Hier müssen nun die verschiedenen Positionen anhand von ausgewählten Beispielen besprochen werden. Dabei wird der Auffassung über die Gliederung, den Aufbau und das Thema des Briefes respektive der Brieffragmente besondere Aufmerksamkeit gewidmet. Aufschlußreich wird auch die Beleuchtung der verschiedenen Verständnisse des Verses 3,1 und des Hymnus sein.

Gründe für die Teilung gibt es bei den Vertretern der Analyse viele. Umgekehrt gibt es ebenso viele Gründe gegen diese Aufteilungsargumente. Während die einen fleißig Beweise suchen, die die Trennung zwingend erscheinen lassen, versuchen die anderen gerade so eifrig zu zeigen, wieso diese Beweise doch nicht stichhaltig sind.

Die Argumente für eine Trennung ähneln sich bei den verschiedenen Exponenten der Teilungshypothesen sehr[31]. Hauptargument ist immer der scharfe Übergang von 3,1 zu 3,2. Das Ende des zweiten Kapitels enthalte konkret personenbezogene Anweisungen, die briefabschließend seien. Ebenso zeige auch 3,1 den nahen Briefschluß an. Dennoch sei von diesem Ende ab 3,2 nichts mehr zu sehen. 3,1b lasse einen Aufruf zur Freude erwarten, der aber erst in 4,4 wieder aufgenommen werde. In 3,2 vollziehe sich ein radikaler Tonumschlag. Der so herzliche Brief verliere seine Wärme und schlage in harte Polemik um. Ebenso unerwartet werde dieser warme Ton in 4,4 wieder aufgenommen. Der Bruch sei nicht nur im Stil, sondern auch im Gedankengang vorhanden. Während in 1,1-2,30 nur von Gegnern außerhalb der Gemeinde die Rede sei, befänden sich nun Irrlehrer innerhalb der Gemeinde. Auch würde in 3,2-4,3 im Gegensatz zum ersten Teil nirgendwo deutlich, daß sich Paulus im Kerker befände.

Auch die dreimalige Erwähnung der Geldspende weise darauf hin. Die Geldspende werde in 1,5 und in 2,25-30 als weiter zurückliegend betrachtet, doch in 4,10ff scheine sie soeben erhalten worden zu sein. Weiter sei 4,10-20 von Schlußwendungen eingerahmt, was auf zwei Briefenden hinweise. Ebenso fänden sich in 4,10 Elemente eines Briefanfangs.

Personenbezogene Bemerkungen fänden sich nicht nur in 2,19-30, sondern auch in 4,2f und in 4,21f. Diese seien Indizien für Briefschlüsse. Wiederholt werde das Briefende durch τὸ λοιπόν in 3,1 und in 4,8 eingeleitet. Der endmarkierende Friedenswunsch stehe sowohl in 4,7 als auch in 4,9. 4,8f passe zu 3,2-4,3, weil hier wie dort Paulus zur Nachahmung seines Vorbildes aufruft. Überhaupt häufen sich die Schlußsignale sowohl in 4,7 als auch in 4,9 und in 4,19f. Daraus wird gefolgert, dieser Brief enthalte mehrere Briefschlüsse.

Polykarps zweiter Philipperbrief 3,2 wird schließlich häufig als externes Indiz für ursprünglich mehrere Briefe aufgeführt (s. oben Anm.9).

---

30 Vgl. vor allem die epistolographischen und rhetorischen Beiträge in 7.1 und 7.2.
31 Vgl. etwa Pesch, 40ff mit Schenk, Philipperbrief, 3282ff.

Garland schreibt über diese Argumente: "While there may be a wealth of studies today that regard the epistle as a composite collection of independent texts, the arguments against the integrity of the epistle have been simply rehached without anything new being added to the evidence." Er fährt fort: "None of the arguments against the integrity of the letter, however, is considered insurmountable by advocates of its unity." Und so werden diese Argumente dann Schritt für Schritt von den Einheitsvertretern widerlegt, wie dies z.B. Garland selber tut[32]. Andere Vertreter der Einheit übernehmen den Befund der Analytiker weitgehend, versuchen diesen dann aber psychologisch mit einem Stimmungsumschwung zu erklären, wie etwa Hawthorne[33], oder sie suchen den Grund für diesen in den äußeren Umständen des Paulus und der Gemeinde zu finden, wie Mengel mit seiner Untersuchung zum situativen Kontext des Philipperbriefes[34].

2.1 Einheitshypothesen

Schon 1902 vertritt E. Haupt eine erwähnenswerte Einheitshypothese: "So wird es also dabei sein Bewenden behalten, daß unser Brief in der Rücksendung des Epaphrodit seine Veranlassung hat und nicht durch besondere Verhältnisse in Philippi oder eine besondere Stimmung der Gemeinde gegen P. seine Erklärung findet."[35] Mit diesem Zitat wird deutlich, was Haupt als das Zentrale in diesem Brief ansieht. Er stellt fest, daß dieser trotz der literarischen Einheit verschiedene Gedanken enthalte, die thematisch in keinem Zusammenhang stünden. "Wenn ich auch den Ausdruck Pfleiderers, der Brief sei eine gemütliche Unterhaltung mit den Philippern, nicht ganz zutreffend finde, so ist es doch richtig, daß er mehr als die anderen Briefe den eigentlichen Briefcharakter bewahrt, wobei dem Schreiber noch zum Schluß neue Gedanken kommen, die er äußert und die dem Briefe den Charakter einer einheitlichen Abhandlung nehmen."[36] Einer dieser neuen Gedanken beginnt in 3,1b. Haupt wehrt sich gegen die Annahme, hier gehe es um einen innergemeindlichen Konflikt mit den Judaisten oder auch nur um eine äußere Bedrohung durch solche: "Die Exegese wird zeigen, daß nicht eine akute Gefahr seitens der Judaisten den Apostel zu dem Absatz 3,1b ff veranlaßt, sondern nur der Umstand, daß die Phil., obwohl judaistischen Tendenzen ganz fernstehend, doch die überaus harten Urteile des P. über die Vertreter desselben für zu scharf halten und dieser dem gegenüber sein Urteil festhält und begründet. Somit setzt unser Brief an keiner Stelle eine Differenz zwischen Judenchristen und Heidenchristen in Philippi voraus."[37]

---

32 Garland, 147ff oder auch Hawthorne, xxix-xxxii.
33 Hawthorne, xxxi.
34 Mengel, 314f.
35 Haupt, 100.
36 Ebd., 97f.
37 Ebd., 86.

Das τὰ αὐτὰ γράφειν beziehe sich somit auf diese harten Urteile und ausdrücklich nicht auf χαίρειν, wie das etwa Bengel sieht[38]. Der Hymnus habe die Funktion, Christus als Muster selbstloser Gesinnung vorzustellen[39].

Martin Dibelius geht von der Einheit aus und begründet dies u. a. damit, daß bei einer Stelle wie 3,2, an der eine "Abschweifung mit polemischer Tendenz" beginne, gar keine Einführung nötig sei, da es sich um einen paränetischen Text handle[40]. Bei ihm steht hier nur eine kurze Zusammenfassung des Inhalts[41]. Das τὰ αὐτὰ bezieht er auf χαίρειν[42].

Ernst Lohmeyer bringt eine interessante Hypothese. Obwohl die "Vagheit der brieflichen Haltung" unleugbar sei[43], habe der "Brief eine strenge Geschlossenheit des inneren Aufbaus und eine notwendige Folge in allen seinen Teilen", die ihm durch "die einzigartige Situation des Martyriums" gegeben sei. Das Thema des Martyriums ist für ihn der Schlüssel zum Verständnis des Briefes. Damit werde nicht nur die "Form der persönlichen Zwiesprache" erklärt, sondern auch die ganze Gliederung des Aufbaus dieses Briefes[44]. Dieser Aufbau sieht für ihn folgendermaßen aus:

A. Überschrift und Segenswunsch 1,1.2
B. Proömium 1,3-11
C. Hauptteil 1,12-4,9
I. Das Martyrium des Paulus 1,13-26
II. Das Martyrium der Gemeinde 1,27-2,16
III. Die Hilfe im Martyrium 2,17-30
IV. Die Gefahren im Martyrium 3,1-21
V. Letzte Mahnungen im Martyrium 4,1-9
D. Nachwort: Die Geldhilfe 4,10-20
E. Grüße und Segenswunsch 4,21-23

Der Brief ist nach Lohmeyer eine literarische und eine thematische Einheit[45]. Dieses Thema teile Paulus allerdings in zwei Pole auf, indem er auf eine doppelte Gefahr hin schreibe. Erstens seien "in Philippi heftige Verfolgungen ausgebrochen. Viele sind unter ihrem Druck abtrünnig geworden, einzelne Führer und vielleicht auch Führerinnen scheinen gefangen gesetzt; aber die Mehrheit der Gemeinde ist bisher unerschüttert geblieben. (...) Neben dieser äußern Not steht eine innere Gefahr. In Philippi ist wohl das erste Beispiel von Märtyrerfreudigkeit einer Gemeinde gegeben, aber auch das erste von ausgeprägtem Märtyrerstolz. Wer

---

38 Ebd., 115ff und Bengel, 755.
39 Haupt, 60ff.
40 Dibelius, 50.66.
41 Ebd., 50.
42 Ebd., 66.
43 Lohmeyer, Philipper, 8.
44 Ebd., 5.
45 Ebd., 5f.

unmittelbar von der Härte der Verfolgung getroffen war, hat sich als ein Vollkommener von den übrigen absondern können."[46]

Der Hymnus, den Lohmeyer - aufgrund seiner innovativen Untersuchung von 1928 - als vorpaulinischen, judenchristlichen Psalm betrachtet, hat eine entscheidende Funktion. "Darum stellt in großen Worten ein Hymnus das einzige und ewige Vorbild in allen Martyrien hin, Christus; dieser Hymnus ist keine Abschweifung, sondern die nun sichtbar gewordenen Mitte aller Paränese."[47]

"Nach Wort und Stellung kann sich die Wendung: 'dasselbe schreiben' nur auf die Mahnung zur Freude beziehen, die Pls. schon mehr als einmal ausgesprochen hat." "Alle Versuche, das αὐτά auf etwas bisher nicht Erwähntes zu beziehen, scheitern an dem Wortlaut und erübrigen sich vor dieser einfachen Deutung." Das "freut euch" selber bezieht er konsequenterweise auf das Ergehen im Martyrium[48].

R. Jewett widerlegt 1970 in einer Studie zum Philipperbrief zuerst ein wichtiges Argument modernerer Teilungsversuche. Dieses Argument behauptet die unterschiedliche Situation und den unterschiedlichen Kenntnisstand zwischen den einzelnen Brieffragmenten, besonders zwischen 1,1-3,1 und 3,2ff. Dabei geht man überall im Brief, wo von Gegnern die Rede ist, davon aus, daß es sich um dieselbe Gegnergruppe handelt, wie dies zum Beispiel Schmithals vorschlägt. So kann man eine Entwicklung innerhalb der Gegnerschaft postulieren. Jewett aber meint, daß es mindestens zwei Gegnergruppen gewesen sein müssen. Die Abwehr der einen Gruppe, die gnostische Tendenzen vertrete, durchziehe den ganzen Brief mitsamt der Stelle 3,18ff. Gegen die andere Gruppe, die aus judaisierenden Missionaren bestehe, richte sich 3,1b-11. So rede Paulus in 3,1b ff über letztere, die er vorher noch nicht erwähnt habe. Deshalb könne aus dieser Stelle auch nicht gefolgert werden, daß er nun mehr als vorher über die Gegner wisse[49]. Im weiteren sieht Jewett aber nun verschiedene Themen, die den ganzen Brief durchziehen. Dazu gehörten das Thema des Leidens, das der Freude, das der rechten Gesinnung und das der Kenosis. Ebenso belegten verschiedene Wörter, die den ganzen Brief durchzögen, dessen Einheit. Besonders auffallend sei, daß das Proömium stark mit dem ganzen Brief verbunden sei, besonders mit dem Dank für die Geldspende in 4,10-20. Beziehe sich doch schon das ἐπὶ πάσῃ τῇ μνείᾳ ὑμῶν in 1,3 auf diesen[50]. Jewett schließt folgendermaßen: "In all probability Philippians was written within a short span of time and was sent in one piece to Philippi"[51].

1982 erscheint ein Versuch von Berthold Mengel, das Teilungsproblem durch genaues Studium des situativen Kontextes zu lösen. Er kommt dadurch zur Annahme der Einheitlichkeit dieses Briefes. Der Brief sei zwar nicht "ganzheitlich" verfaßt, stelle jedoch eine "literarische Einheit" dar. Er sei zwar von Paulus als ein

---

46 Ebd., 4.
47 Ebd., 7f.
48 Ebd., 124.
49 Jewett, Epistolary Thanksgiving, 48f.
50 Ebd., 51ff.
51 Ebd., 53.

einziger Brief geschrieben worden, aber mit zeitlichen Unterbrechungen[52]. Mengel versucht nun, die Gliederung dieses Briefes respektive seine scheinbare Ungegliedertheit durch den situativen Kontext seiner Entstehung zu bestimmen. Dieser sei etwa folgender gewesen: "Paulus verfaßt unmittelbar nach der Ankunft des Epaphroditus Phil 1,1-2,24, zunächst dominant unter dem Eindruck des Liebesbeweises dieser Gemeinde", aber auch unter dem "Aspekt der spezifischen äußeren und inneren Gemeindesituation, aufgrund deren er auch beschließt, Timotheus nach Philippi zu schicken. Infolge der schweren Erkrankung des Epaphroditus sieht sich Paulus zunächst an der Fertigstellung dieses Schreibens gehindert." In der Gemeinde hörte man davon, aber es wurde zugleich auch Kritik an Epaphroditus laut. "Nach dessen Genesung setzt der Apostel das Schreiben mit dieser Nachricht fort"; deshalb finde man nun die Freude über die Genesung im Brief, aber auch eine Reaktion auf diese Kritik. In 3,1 wolle Paulus dann seinen Hauptteil abschließen. "Zu diesem Zeitpunkt muß Paulus erneut Nachricht aus Philippi erhalten haben, jetzt vor allem vom Auftreten von Irrlehrern in der Gemeinde und auch von dem Streitfall der beiden in Geltung stehenden Frauen, der offenkundig auf dem Hintergrund der schon in 2,1ff angesprochenen inner-gemeindlichen Mißstände zu sehen ist. Paulus setzt daraufhin den Brief unvermittelt mit der scharfen Auseinandersetzung mit diesen Irrlehrern fort, geht danach zwar nur knapp, aber mit eindringlich werbenden Worten auf diesen speziellen Streit ein und reiht hieran allgemeine Mahnungen an. Schließlich kommt er zum Schluß des Briefes in der oben charakterisierten Weise noch einmal auf die Gabensammlung zu sprechen"[53].

1985 erscheint ein Kommentar von Wilhelm Egger[54]. Für ihn sind die linguisti-schen Methoden der Exegese unter besonderer Beachtung der kommunikativen Situation sehr wichtig [55]. Er gelangt dadurch zur Annahme der Einheitlichkeit. Der Hauptgrund dafür ist für ihn, ähnlich wie bei Jewett, die Verflochtenheit der Abschnitte, die man am Inhalt und am Vokabular feststellen kann [56]. Er schreibt über den Aufbau des Briefes, daß er "eher lose gegliedert" sei, "ein einheitliches Thema nicht unmittelbar" hervortrete, "wohl aber einige Linien, die den ganzen Brief durchziehen und auch ineinander verflochten sind. Solche inhaltliche Schwerpunkte sind: rechtes Denken...; Freude...; Gemeinschaft...; Bedrängnis und Leiden...; der Tag Christi...; vor allem die Christusbezogenheit: mit Christus sein..., in Christus sein..., die Sache Jesu..., Christus als Lebenssinn...; die Verbundenheit zwischen Paulus und der Gemeinde... " und anderes. Der Brief sei auf dem Hintergrund der Situation zu lesen. "Paulus ist gefangen, die Gemeinde erleidet Verfolgungen. Zu dieser Gefährdung von außen kommen noch Gefahren von innen: Die Person des Paulus ist am Ort seiner Gefangenschaft umstritten, und in Philippi sind Missionare am Werk, die die Beobachtung des jüdischen Gesetzes als Heilsweg propagieren." Dadurch könne man nun den Zweck des Briefes erkennen. "Es geht um die Bewältigung von Leideserfahrungen sowie um die Abwehr von

---

52 Mengel, 314f.
53 Ebd.
54 Egger, Philipperbrief.
55 Vgl. Egger, Methodenlehre.
56 Egger, Philipperbrief, 48f.

Gefährdungen, die von innen und außen drohen"[57]. Das τὰ αὐτὰ γράφειν bezieht Egger auf χαίρειν[58].

Peter T. O'Brien setzt sich 1991 mit einem ausführlichen Kommentar für die Einheit des Philipperbriefes ein[59]. Im Brief gehe es um vier verschiedene Themen: 1. Die Rückkehr des Epaphroditus[60] 2. Informationen über die Gefangenschaft des Paulus[61] 3. Abwehr von Gegnern[62] 4. Eine Aufforderung zur Einheit[63]. Das τὰ αὐτὰ γράφειν beziehe sich auf mehrere (!), früher mitgeteilte Informationen[64].

2.2 Dreiteilungshypothesen

Als einer der ersten in diesem Jahrhundert setzt sich 1957 Walter Schmithals für die Dreiteilung dieses Briefes ein[65]. Allerdings steht er damit in einer Tradition, die im 19. Jahrhundert zum Beispiel durch Ewald vertreten war[66]. Schmithals kommt zur Annahme von drei voneinander unabhängigen Briefen. Er sieht Brüche nach 3,1b, nach 4,3, nach 4,7 und nach 4,9[67] und schließt daraus, daß drei ursprünglich voneinander unabhängige Briefe existiert haben, die später von einem Redaktor zusammengefügt wurden. Paulus "bedankt sich mit einem kurzen Schreiben" in einem Brief A (4,10-23), Epaphroditus ist krank geworden und Paulus hört von "Spaltungen", und so schreibt er Brief B (1,1-3,1b+4,4-7), und darauf "erfährt er Näheres" über diese Spaltungen und schreibt Brief C (3,2-4,3+4,8f)[68].

"Dieses kleine Schreiben ist ein schönes Beispiel für eine christliche, Zeitliches und Ewiges in Relation setzende Danksagung für irdische Gaben". Mit diesen Worten beschreibt er Brieffragment A, dessen Präskript und Proömium wahrscheinlich weggefallen seien und dessen Niederschrift in Ephesus stattgefunden habe[69]. Fragment B, dessen Grüße und abschließender Segenswunsch verloren gegangen seien, stamme aus dem Gefängnis in Ephesus. "Der leitende theologische Gedanke des Briefes ist die Mahnung zur Einmütigkeit im Glauben angesichts der Bedrohung durch falsche Lehre, deren Eigenart freilich nicht deutlich wird." Die Gliederung von B sei folgendermaßen:

---

57 Ebd.
58 Ebd., 65.
59 O'Brien, 18.
60 Ebd., 35.
61 Ebd., 36.
62 Ebd.
63 Ebd.
64 Ebd., 13.
65 Zuerst in ZThK 54, 1957, 297-341.
66 s. o. bei Anm. 16.
67 Jetzt in ders., Die Irrlehrer des Philipperbriefes, Paulus und die Gnostiker, Untersuchungen zu den kleinen Paulusbriefen, Hamburg 1965, 51-56.
68 Ebd., 57f.
69 Schmithals, Briefe, 100.

1,1-11	Briefeingang
1,12-26	1. Teil: Persönliche Bemerkungen, Paulus betreffend
1,27-2,18	2. Teil: Mahnung zur Einmütigkeit
2,19-30	3. Teil: Persönliche Bemerkungen, die Philipper betreffend
3,1; 4,4-7	Briefausgang[70]

"Polemischer und drängender als in Phil B muß Paulus nunmehr [in C] um seine Gemeinde werben. Deutlich treten Irrlehrer, die in der Gemeinde wirken, in den Blick." Der Redaktor habe außer dem Corpus von C praktisch alles gestrichen. Der Abfassungsort dieses Fragments sei nicht gesichert[71]. Diese Irrlehrer seien judenchristliche Gnostiker mit libertinistischen Tendenzen im Zeichen der Beschneidung[72].

Die Wendung τὰ αὐτὰ γράφειν beziehe Paulus auf die Ermahnung zur Freude[73]. Der Hymnus, ein ursprünglich mythologisch-lehrhaft orientiertes Lied, werde von Paulus hier dennoch ethisch gebraucht[74].

Fast gleichzeitig erscheinen vier weitere Dreiteilungsvorschläge zu diesem Brief:

J.Müller-Bardorff 1957/8	A:4,10-23	B:1,1-3,1; 4,4-7	C:3,2-4,3.8-9
F.W. Beare 1959	A:4,10-20	B:1,1-3,1; 4,2-9.21-23	C:3,2-4,1
P.Benoît 1959	A:4,10-23	B:1,1-2,18; 3,1-4,1.8-9	C:2,19-30; 4,2-7
B.D. Rahtjen 1959/60	A:4,10-20	B:1,1-2,30; 4,21-23	C:3,1-4,9[75]

1962[76] kommt Günther Bornkamm ebenfalls zur Annahme von drei von einander unabhängigen Briefen. Er sieht ebenfalls nicht überall dieselben Brüche wie Walter Schmithals. Für ihn befinden sich die Brüche nach 3,1b, nach 4,9 und nach 4,20, hingegen nicht nach 4,3 und 4,7. Somit lägen diesem Brief ursprünglich folgende drei Brieffragmente zugrunde. A ist ein "in sich geschlossener Briefabschnitt", der von 4,10 bis 20 reicht. Er enthalte einen "sehr herzlich gehaltenen Dank für die Gabe der Philipper". B enthalte den "ersten zusammenhängenden Brief" und umfasse 1,1-3,1. Er ist "sehr persönlich gehalten und auf den Ton der Freude gestimmt". C gehe von 3,2 bis 4,9. Es ist ein "Kampfbrief", der "gegen judenchristliche Gnostiker oder gnostisierende Judaisten" gerichtet ist[77]. Das τὰ αὐτὰ γράφειν bringt auch Bornkamm in den Zusammenhang von χαίρειν, jedenfalls ist er gegen eine Trennung von 3,1a und 3,1b[78].

---

70 Ebd., 102.
71 Ebd., 104.
72 Ders., Irrlehrer, 64.
73 Ders., 51.
74 Ebd., 71.
75 Vgl. Schenk, Philipperbrief, 3281.
76 Der Philipperbrief als paulinische Briefsammlung, Neotestamentica et Patristica. Freundesgabe an Oscar Cullmann, Leiden 1962, 192-202.
77 Jetzt in Bornkamm, G., Gesammelte Aufsätze Band 4, München 1952-1971, 196-198.
78 Ebd.,195ff, bes. Anm. 5.

1979 wird von Gerhard Barth wieder eine Dreiteilung vertreten. 4,10-20 sei ein eigenes Brieffragment, der Bruch bei 3,1 sei erst nach 3,1b anzusetzten und ein weiterer Bruch befände sich noch zwischen 4,4-7 und 4,8-9, die "zwei formal parallel aufgebaute Schlußmahnungen" enthielten, die "unverbunden nebeneinander" stünden[79]. So findet auch er die Brieffragmente A, B und C. Brief A umfasse 4,10-20. Er sei ein "Dankesbrief unmittelbar nach Empfang der Geldspende aus Philippi". Brief B reiche von 1,1 bis 3,1, von 4,4 bis 7 und eventuell von 4,21 bis 23. Er enthalte einen "Bericht über die Lage des gefangenen Apostels nach der Gesundung des Epaphroditus". Brief C umfasse 3,2-4,3 und 4,8-9. Er sei ein Kampfbrief und enthalte "Auseinandersetzung mit Irrlehrern"[80]. Das τὰ αὐτὰ γράφειν bezieht Barth ebenfalls auf die Ermahnung zur Freude[81]. Betreffs des Hymnus wehrt er sich gegen eine exemplarische Auslegung. "In Christus Jesus" sei bei Paulus eine feste formelhafte Wendung zur Bezeichnung des mit Christus gegebenen Heilsbereichs, so daß es also nicht um die Gesinnung geht, die Jesus auch hatte, sondern um die Gesinnung, die "in Christus Jesus gilt, die durch das Heilsgeschehen begründet ist, die im Bereich des Christus angemessen ist."[82]

Mit Wolfgang Schenk meldet sich 1984 nochmals ein starker Vertreter dieser Dreiteilungs-Richtung zu Wort. Er versucht, diese Resultate unter Einbezug linguistischer Methoden zu erhärten. Er kommt dadurch allerdings nicht zu einer neuen Einteilung des Briefes, sondern übernimmt diejenige von Schmithals. Wie dieser sieht er Brüche nach 3,1, nach 4,3, nach 4,7 und nach 4,9 [83]. Im Gegensatz etwa zu Bornkamm oder Barth sieht er C als Fragment eines Warnbriefes und nicht eines Kampfbriefes[84]. Das τὰ αὐτὰ γράφειν bezieht er ebenfalls auf χαίρειν[85]. Der Hymnus stamme nicht von Paulus, sondern aus der Gemeinde der Philipper und ist "ein Zeugnis philippischer Christologie und Frömmigkeit"[86].

2.3 Zweiteilungshypothesen

Zu einer anderen Gruppe von Exegeten gehört Gerhard Friedrich[87]. Er vertritt 1962 die Meinung, daß dem heutigen Brief zwei Brieffragmente zugrunde liegen, indem er nur einen Bruch nach 3,1a und dann erst wieder einen nach 4,9 sieht[88]. Er teilt den Brief in einen Gefangenschaftsbrief, der von 1,1 bis 3,1a und von 4,10 bis

---

79 Barth, 10f.
80 Ebd., 11.
81 Ebd., 54f.
82 Ebd., 40.
83 Schenk, Philipperbriefe, 334-336.
84 Ebd.; schneller Überblick in seinem ausführlichen Inhaltsverzeichnis, 5-11.
85 Ebd., 242f.
86 Ebd., 185.
87 Dieselbe Hypothese, von demselben Verfasser, befindet sich auch noch in der 16. Auflage des NTD von 1985.
88 Friedrich 1962, 95.

23 reicht und in einen Kampfbrief, der von 3,1b bis 4,9 geht, ein[89]. Der Gefangenschaftsbrief, "in dem Paulus von seinem Ergehen berichtet und auf die von Epaphroditus überbrachte Spende eingeht", umfasse auch 4,10-23. Dieser Dank sei sehr nüchtern gehalten. 3,1b-4,9 sei ein ausgesprochener Kampfbrief gegen hellenistisch-judenchristliche Missionare, die Irrlehren verkündeten. Friedrich vertritt eine Teilung "trotz der Kürze des Briefes und des durchgehenden Gedankens der Freude"[90]. Das τὰ αὐτά bezieht er nicht etwa auf den Aufruf zur Freude, sondern auf Warnungen vor Irrlehrern, die Paulus schon in einem früheren Brief an die Philipper gerichtet hat. "Mit der Entschuldigung des Paulus, daß er immer dasselbe schreibe ... , kann nicht die Ermahnung zur Freude ... gemeint sein; denn einer solchen Aufforderung kann er kaum überdrüssig werden. Auf der anderen Seite kann sie der Gemeinde auch nicht Sicherheit geben."[91] Der Hymnus dürfe nicht exemplarisch verstanden werden. "Bei einer solchen Auffassung von Vers 5 ist das Christuslied von Vers 6-11 unverständlich." Denn dazu würde die erste Hälfte davon genügen. "Paulus schreibt Vers 5 den Philippern, sie sollten in ihrer Gemeinschaft in ihrem ganzen Denken und Trachten so ausgerichtet sein, wie man sich in der endzeitliche Existenz der Christusgemeinschaft verhält. Um zu zeigen, wie es zu dieser neuen Situation des Seins in Christus gekommen ist, führt Paulus das Christuslied an." [92]

1968 taucht erneut eine Teilungshypothese auf, und zwar bei Joachim Gnilka. Er kommt zur Annahme von zwei Briefen, die er allerdings komplizierter als Gerhard Friedrich voneinander trennt. Ein gewichtiger Grund zur Teilung des Briefes ist für ihn, daß Paulus erst ab 3,1b über Gegner innerhalb der Gemeinde redet. Er findet es im Gegensatz zu den Vertretern der Dreiteilungstheorie nicht zwingend, in 4,10-20 ein eigenes Brieffragment zu sehen. Diese Perikope gehöre zum ersten Brief. Das zweite Brieffragment gehe von 3,1b bis 4,1, denn in 4,2 werde wieder das Thema "dieselbe Gesinnung zu haben" von 2,1ff aufgenommen. Allerdings gehöre dann 4,8f wieder zum zweiten Brief, u. a. wegen des doppelten Friedensgrußes in 4,7 und 4,9[93]. Die Brieffragmente stammten aus einem Gefangenschaftsbrief (1,1-3,1a+4,2-7.10-23) und aus einem Kampfbrief (3,1b-4,1.8f). Erst in diesem Kampfbrief - und somit anders als etwa bei Schmithals - "weiß Paulus vom Einbruch der Häresie in der Gemeinde, und zwar nicht bloß als einer drohenden Möglichkeit, sondern als einer bereits eingetretenen Tatsache"[94]. Zu beachten ist, daß er, wie Gerhard Friedrich und vor diesem auch schon Haupt, 3,1b zum Folgenden rechnet und das τὰ αὐτὰ γράφειν auf Warnungen vor Irrlehrern bezieht, welche nun Paulus aber nicht geschrieben, sondern zuvor mündlich mitgeteilt habe[95]. Der Hymnus kann "nicht mehr exemplarisch verstanden werden, als sei auf das Beispiel Jesu Christi und seiner Gesinnung verwiesen", sondern

---

89 Friedrich 1962, 95.
90 Ders., 1976[14], 126ff.
91 Ebd., 126.
92 Ebd., 151.
93 Gnilka, 8ff.
94 Ebd., 8 und 10.
95 Ebd., 185.

das ἐν Χριστῷ Ἰησοῦ begründe als Voraussetzung die Forderung an die Gemeinde, dieselbe Gesinnung zu haben[96].

Autor	Brief	1,1-2,30	3,1a	1b	3,2-19	3,20-4,1	2-3	4-7	8.9	10-20	21-23
Friedrich	A	*	*							*	*
	B			*		*	*	*	*		
Suhl											
Gnilka	A	*	*			*	*			*	*
	B			*		*			*		
Michael	A	*	*			*	*	*	*	*	*
(nicht nach Phil:)	B			*	*						
Gunther											
Schmithals	A									*	*
	B	*	*	*				*			
	C				*	*	*		*		
Fuller											
Schenk											
Barth	A									*	
	B	*	*	*				*			*?
	C				*	*	*		*		
Pesch											
Bornkamm	A									*	
	B	*	*	*							*?
	C				*	*	*	*	*		
Schenke / Fischer											
Koester											
Perrin / Duling											
Marxsen	A									*	
	B	*	*	*				*	*		*
	C				*	*	*				
Vielhauer											
Beare	A									*	
	B	*	*	*			*	*	*		*
	C				*	*					
Murphy-O'Connor											
Collange	A									*	(*)
	B	*	*			*	*				(*)
	C			*	*	*			*		
Walter	A										
	B	*	*								
	C										
Rahtjen	A									*	
	B	*									*
	C			*	*	*	*	*	*		
Lohse											

Aufbau des Briefes nach Vertretern der Teilungshypothese[97]

---

96 Ebd., 108f.

30

Das heterogene Forschungsergebnis wird von den Exegeten selber unterschiedlich beurteilt. Garland, der von einem Standpunkt der Einheitshypothese her argumentiert, macht deutlich, daß dieser Befund eine Schwächung für die Teilungshypothesen bedeutet: "The case for the interpolation hypothesis is weakenend further by the failure of its proponents to reach any consensus about the contours of the original letters."[98] Schenk bestreitet das. Er wehrt sich gegen solche Versuche, Teilungshypothesen wie etwa seine Dreiteilung des Briefes, in dieser Weise in Frage zu stellen: "Aus den Differenzen der verschiedenen Dekompositionen untereinander im einzelnen sind keine generellen Gründe gegen diese Analyse als solche abzuleiten, da über ihren Ausgleich begründend abwägend geurteilt werden kann."[99] Pesch, der praktisch die gleichen Brieffragmente annimmt wie Schenk, sieht das etwas anders: "Auch empfiehlt sich die Auffassung von einer Briefkomposition dann nicht, wenn nicht zureichend geklärt scheint, ob sie aus zwei oder aus drei ursprünglichen Briefen angefertigt wurde, und wenn umstritten bleibt, in welchem Umfang die ursprünglichen Briefe existiert haben sollen."[100] Obwohl er den Anspruch erhebt, mit seiner Arbeit das literarkritische Problem des Briefes ein für allemal zu lösen, vermindert er damit den Konsens noch mehr.

Allerdings scheint es doch eine große Übereinstimmung zwischen praktisch allen Forschern der Einheitshypothese und der Analyse zu geben. Überall schimmern die Resultate der analytischen Exegese des letzten Jahrhunderts zu diesem Paulusbrief durch. Ihr Qualitätsurteil über den sprachlichen Gehalt dieses Briefes - besonders scharf und vernichtend formuliert von Baur - ist immer wieder bewußt und unbewußt übernommen worden. Die "Dispositionslosigkeit und sprunghafte Gedankenführung" des Briefes und der "schroffe Bruch des Themas wie des Tones bei 3,2"[101], wurden von den meisten Gelehrten gesehen und als Voraussetzung übernommen. Ob man für eine literarische Einheit eintrat oder nicht - eine thematische Einheit oder sogar ein gedankliches Konzept, das diesem Brief zugrunde liegt, wurde kaum vertreten. Eine sehr seltene und darum desto bemerkenswertere Ausnahme ist der Kommentar von Lohmeyer. Obwohl auch bei ihm etwas von diesem Einfluß spürbar ist - bestreitet doch auch er die Vagheit der brieflichen Haltung nicht - sieht er in der Situation des Martyriums dennoch das einheitsstiftende Element. "Sie gibt dem Brief eine strenge Geschlossenheit des inneren Aufbaus und eine notwendige Folge in allen seine Teilen"[102].

Ein Überblick über die Forschungslage zeigt, daß die Exegese des Philipperbriefes in eine Sackgasse geraten ist. Auch wenn in verschiedenen Einzelfragen Hervorragendes geleistet wurde, sind die Ansätze in ganz grundsätzlichen Fragen so unterschiedlich und die Aufsplitterung der Meinungen so fortgeschritten, daß man sich des Eindrucks nicht erwehren kann, man verstehe am Ende des zwanzigsten Jahrhunderts den Philipperbrief weniger als je zuvor. In dieser

---

97 Eine ähnliche Tabelle bei Garland, 155, diente z.T. als Vorlage.
98 Ebd., 154.
99 Schenk, Philipperbrief, 3284.
100 Pesch, 38.
101 So formuliert bei Wikenhauser/Schmid, 501f.
102 Lohmeyer, Philipper, 5.

Arbeit soll ein möglicher Ausweg aus dieser unbefriedigenden Lage gezeigt werden.

Zusammenfassung

Die literarkritische Erforschung des Philipperbriefes in den letzten zweihundert Jahren hat mit Recht auf verschiedene textinterne Spannungen im Brief hingewiesen (z. B. beim Übergang von 3,1 zu 3,2; 4,1 zu 4,2f; 4,3 zu 4,4f und 4,7 zu 4,8f). Jedoch sind die Erklärungsversuche unbefriedigend. Zuviele sich widersprechende Teilungshypothesen werden vertreten, und auch die meisten Einheitshypothesen müssen viele unbeweisbare, textexterne Voraussetzungen zu Hilfe nehmen, um plausibel zu wirken. Deshalb wird die Frage nach dem inneren Zusammenhang und damit nach dem Sinn des ganzen Briefes kaum gestellt. Der Forschungsertrag wirkt verwirrend. Nach zwei Jahrhunderten literarkritischer Arbeit scheint der Philipperbrief unnahbarer und unverständlicher als zuvor. Offensichtlich entzieht er sich diesem Zugang.

3 Die Gliederung des Philipperbriefes

3.1 Die Frage nach der Textgliederung als erster methodischer Schritt

Der Philipperbrief in seiner uns durch die handschriftlichen Textzeugen überlieferten Länge bildet die Grundlage dieser Arbeit. Von ihm soll in jedem methodischen Schritt ausgegangen werden, und auf ihn soll jedes exegetische Resultat zurückführen. Ziel ist es, anhand des Aufbaus und der thematischen Abfolge - falls vorhanden - herauszufinden, welches Konzept diesem Brief zugrunde liegt und was dies den Lesern einsichtig machen will.

Um Aufbau und Thema des Philipperbriefes zu finden, muß zuerst seine Gliederung sichtbar werden. Erst wenn feststeht, aus welchen Teiltexten der ganze Text des Briefes überhaupt besteht, kann danach gefragt werden, ob sich diese einzelnen Teile aufeinander beziehen. Diese Abschnitte müssen sich auf thematischer und formaler Ebene als solche zu erkennen geben. Auf thematischer Ebene geschieht dies, indem sich das Thema oder das Teilthema, um das es darin geht, vom Thema des vorherigen und des nachfolgenden Abschnittes unterscheidet[103]. Auf formaler Ebene wird dies ersichtlich, wenn der Umfang eines Abschnittes auch von formalen Elementen, wie z. B. Stil und Wortmaterial, gestützt wird. Um zu einem möglichst sicheren Ergebnis zu kommen, müssen beide Ebenen sich gegenseitig bestätigen. Aber auch dann hat man erst eine Arbeitshypothese, die durch die ganze weitere Auslegung des Briefes entweder erhärtet, korrigiert oder widerlegt wird.

Für viele Ausleger scheint die Gliederung des Briefes keine wichtige Frage zu sein. Wenn überhaupt ein Gliederungsvorschlag vorhanden ist, dann im Sinne einer kurzen Inhaltsangabe. Man findet selten eine kritische Abwägung von Argumenten über die rechte Einteilung der Abschnitte dieses Briefes. Man vermißt häufig das systematische Fragen nach dem übergreifenden Bezug der einzelnen Abschnitte zueinander und man spürt, daß von der Klärung dieser Frage kaum exegetisch wichtige Antworten erwartet werden[104].

Neuere Methodenlehrbücher und exegetische Arbeiten zum Neuen Testament weisen hier aber in dieselbe Richtung wie die, die hier eingeschlagen wird. Klaus Berger, der "neue Wege vom Text zur Auslegung" zeigen will, führt die Frage nach Gliederungsmerkmalen im Text unmittelbar nach der - methodologisch ersten - Frage nach Merkmalen der Textkohärenz ein. Freilich weist er darauf hin, daß eine "ausreichende Gliederung des Textes ... häufig erst am Ende exegetischer Arbeit

---

103 Oder: "Generell entstehen Absätze dadurch, daß die innere Kohärenz eines Teilbereichs enger ist als die Kohärenz mit dem umgebenden Kontext." Berger, 26.
104 So z.B. noch bei Hawthorne, xix, zu finden. In gewisser Weise eine Ausnahme ist Lohmeyer, Philipper 5f, der den Bezug aller Teile zum Thema des Martyriums zeigt und betont.

stehen" kann[105]. Ähnlich sieht es Wilhelm Egger: "Die Feststellung vom Anfang und Ende einer Texteinheit ist für das rechte Verständnis des Textes entscheidend. Sie kann aber am Beginn der Untersuchung nur in vorläufiger Weise vorgenommen werden."[106] Folker Siegert betont dies in seiner Arbeit zur Argumentation bei Paulus noch stärker. Für ihn ist die Frage nach der Textgliederung nicht nur der erste Schritt der Textarbeit, sondern auch der objektivste: "Als Anfang der konkreten Textarbeit werden wir, wie auch eine philologische Tradition nahelegt, die Makrosyntaktik - sprich Textgliederung - wählen. Sie erfolgt nicht ohne Kenntnis der anderen Aspekte des Textes, ist aber zunächst am objektivsten zu betreiben und am wenigsten abhängig vom Vorverständnis und von inhaltlichen Interessen des Exegeten."[107] Michael Bachmann zeigt in seiner Arbeit über den Galaterbrief, wie wichtig die Klärung der Textgliederung ist: "Es ist eine sich der Perfektion mindestens schon annähernde Argumentationsanalyse."[108]

Ist aber eine Antwort auf die Frage nach der Gliederung des Briefes und dem textinternen Bezug der Abschnitte zueinander möglich, sollte der weitere Zugang zum Sinn des ganzen Briefes offenstehen. Denn der Sinn eines Textes liegt, wie die Semantik lehrt, in seiner "Struktur". "Der Text ist in semantischer Hinsicht die Menge der Beziehungen (Struktur) zwischen den Bedeutungselementen des Textes. Der Text ist ein Ganzes, eine Art semantisches Mikro-Universum."[109]

Im Folgenden soll der Gliederung des Philipperbriefes nachgegangen werden, um zu einer brauchbaren Arbeitshypothese zu gelangen. Diese muß sich dann in Weiterführung der Textarbeit erhärten, verbessern oder korrigieren lassen.

3.2 Epistolographische und rhetorische Textgliederung

Der Philipperbrief ist ein Brief, der in der antiken Welt entstanden ist. Dieser Tatbestand wirft die Frage auf, wie weit damals übliche epistolographische Gliederungsschemata auf die Disposition dieses Briefes Einfluß genommen haben. Ebenfalls zeigt die Forschung, daß ein paulinischer Brief nicht nur unter epistolographischen, sondern auch unter rhetorischen Gesichtspunkten betrachtet werden kann[110]. Deshalb muß man auch den Philipperbrief nach möglichen rhetorischen Unterteilungen hin untersuchen.

Obwohl diese Fragen in der heutigen Forschung stark an Bedeutung zunehmen, ist man sich nicht einig, wie weit man hier gehen soll und wie stark diese Kriterien zu gewichten sind[111]. Deshalb soll hier nicht bei diesen strittigen Fragen begonnen

---

105 Berger, 17ff, bes. 25.
106 Egger, Methodenlehre, 56.
107 Siegert, 99.
108 Bachmann, 103.
109 Egger, Methodenlehre, 94.
110 Vgl. z. B. den Galaterbriefkommentar von H. D. Betz.
111 Vgl. z. B. Classen.

werden, sondern mit der "klassischen" Sicht der Gliederung der paulinischen Briefe. Nach dieser bestehen diese aus Präskript, Proömium, Briefkorpus und Postskript[112]. Eigentlich liegt dieser Theorie der paulinischen Briefbestandteile eine Vermischung der epistolographischen mit der rhetorischen Ebene zugrunde. Präskript, Briefschluß und Briefkorpus sind epistolographische Kategorien, Proömium aber ein Terminus technicus der Rhetorik. Hier soll dennoch von dieser Mischform ausgegangen werden, weil bei dieser der Konsens breit ist und es sinnvoller ist, erst später auf diese Unterscheidung zurückzukommen.

Diese vier Teile sind deutlich von einander zu unterscheiden. Das Präskript umfasst 1,1-2, das Postskript 4,21-23 und das Proömium 1,3-11. Somit enthält 1,12-4,20 das Briefkorpus.

Im Präskript wendet sich Paulus zusammen mit Timotheus an alle Heiligen in Philippi, indem er zusätzlich die ἐπίσκοποι und die διάκονοι erwähnt, dies ist etwas, was er sonst nie tut. Weiter fällt auf, daß er sich hier nicht als Apostel bezeichnet, wie das sonst meistens der Fall ist, sondern nur als Diener (δοῦλος). Im Postskript segnet er die Philipper, nachdem er zuerst Grüße vermittelt hat. Unter den Grüßenden werden Heilige aus des Kaisers Haus erwähnt. Das Proömium ist für Paulus typisch, enthält es doch eine Danksagung (1,2-8) und eine Fürbitte (1,9-11).

Diese Gliederung ist kaum umstritten. Anders sieht es aus, wenn man versucht, die einzelnen thematischen Teiltexte des Briefkorpus von einander zu unterscheiden. Dennoch muß hier ein - wenn auch vorläufiger - Versuch gewagt werden.

3.3 Die Gliederung des Briefkorpus

Im Briefkorpus sind meines Erachtens zehn Themenblöcke voneinander unterscheidbar. Die Frage, ob diese nicht noch weiter unterteilbar sind, soll vorläufig nicht beantwortet werden.

1.) 1,12-26: Paulus berichtet von seiner gegenwärtigen Situation in der Gefangenschaft. Nach oben ist die Unterteilung sehr deutlich. Vers 12 ist ein Neueinsatz und trennt diesen Abschnitt deutlich von der vorhergehenden Fürbitte des Proömiums (1,9-11). Er richtet den Blick der Philipper auf die Umstände, in denen sich Paulus befindet.

In dieser Texteinheit ist zu fragen, ob nicht in Vers 18 eine weitere Unterteilung vorzunehmen ist, da hier das Thema sich leicht ändert von der Blickrichtung weg, wie die gegenwärtige Situation dem Evangelium ein Vorteil ist, zu dem Aspekt hin, wie diese auch für Paulus einen Vorteil bedeutet. Da die inhaltliche Klammer des Selbstberichtes aber so stark ist, soll hier vorläufig nur von einer thematischen Einheit ausgegangen werden.

---

112 So etwa Conzelmann/Lindemann, 36ff.

2.) 1,27-30: Dieser Abschnitt enthält Mahnungen allgemeiner Art. (Er bildet den ersten von drei auf einander folgenden Abschnitten, welche Ethik zum Inhalt haben.) In 1,27 setzt sehr deutlich eine neue thematische Einheit ein. Subjekt der Haupthandlung ist nun nicht mehr Paulus, sondern sind die Philipper. Der Bericht ist anscheinend beendet und Paränese hat begonnen. Zusätzlich wirkt das μόνον syntaktisch sehr unterteilend.

3.) 2,1-11: Paulus mahnt die Philipper zur rechten Gesinnung. Der Inhalt der Mahnung ist somit nicht mehr allgemein, sondern eine konkrete und spezielle Forderung.

Zu diesem Abschnitt gehören eigentlich zwei Teile: Erstens 2,1-4 mit der Ermahnung, dieselbe Gesinnung zu haben, und zweitens der sogenannte Philipperhymnus in 2,6-11 mit dessen Einleitung in Vers 5. Hier zeigt Paulus an Jesus Christus, was diese Gesinnung konkret bedeutet. Da aber beide Teile dasselbe Grundthema haben, eben das der rechten Gesinnung, werden sie vorläufig als ein zusammengehörender, thematischer Abschnitt angesehen.

4.) 2,12-18: Hier steht eine Aufforderung, in bezug auf das Heil nicht träge zu werden. Es geht eindeutig nicht mehr um die richtige Gesinnung. Der Hymnus ist klar beendet.

5.) 2,19-30: Dieser Abschnitt enthält ein korrespondenzartiges Schreiben über Pläne von Paulus, Timotheus bald nach Philippi zu schicken, und über die Sendung von Epaphroditus.

Dieser Abschnitt wäre formal und thematisch nach Vers 24 beim Wechsel von Timotheus zu Epaphroditus nochmals unterteilbar, wird aber durch das Thema "Sendung eines Mitarbeiters" eng zusammengehalten. Durch dieses klar umrissene Thema wird die Einheit offensichtlich nach oben und nach unten begrenzt.

6.) 3,1-16: Paulus verweist die Philipper eindringlich auf das negative Verhalten von Gegnern, u. a. indem er den Philippern einen kurzen autobiographischen Einblick gewährt. Ab Vers 12 geht er auf einen Aspekt seiner jetzigen Situation ein: auf sein Jagen nach dem Kampfpreis der Berufung Gottes.

Bei diesem Wechsel in Vers 12 wäre es möglich, nochmals einen Neubeginn eines Absatzes zu sehen. Doch wird der Text dadurch eng zusammengehalten, daß Paulus überall fast ausschließlich von sich erzählt. Vers 3,1 ist schwierig einzuordnen. Da der vorherige Abschnitt aber klar in sich geschlossen ist, soll er hier als Arbeitshypothese zuerst einmal zu dieser Einheit gerechnet werden.

7.) 3,17-21: Mahnungen werden hier an die Philipper gerichtet, sich die richtigen Vorbilder zu nehmen. (Auch dieser Abschnitt ist der erste von dreien, deren Inhalt Ethik ist.) Auch hier gibt es einen deutlichen Wechsel von einem Bericht von Paulus zu einer an die Philipper gerichteten Paränese.

8.) 4,1-3: Dieser Abschnitt enthält Mahnungen, die in 4,1 auf mehrere Personen, in 4,2f aber nur auf einzelne Gemeindeglieder bezogen sind. Deshalb fällt es oft schwer, einen Zusammenhang zwischen 4,1 und dem Übrigen zu sehen. Jedoch ist 4,1 thematisch und formal durch das ὥστε deutlich vom Vorhergehenden abgetrennt. Ebenso deutlich ist diese Abgrenzung zu 4,4ff. 4,1 und 4,2f verweisen in einem gewissen Sinn aufeinander, da in beiden Fällen die Beziehung zu diesen Ansprechpartnern mit besonders deutlichen Wörtern erklärt wird. Die "mehreren" sind Brüder, und zwar geliebte und ersehnte, ja Paulus betrachtet sie sogar als seinen Siegeskranz und seine Freude. Die "einzelnen" bezeichnet er als Mitarbeiter, einen sogar als Jochgenossen. Dennoch bleibt diese Einteilung sehr hypothetisch[113].

9.) 4,4-9: Die Philipper werden aufgefordert, sich zu freuen, sich nicht zu sorgen und dem Guten nachzudenken.

Hier sind einige Schlußmahnungen aneinandergereiht. Der Abschnitt wird durch das Thema der Schlußmahnungen inhaltlich eng zusammengehalten. Doch auf formaler Ebene ist er nochmals besonders scharf unterteilt. Wie 3,1 mit τὸ λοιπόν vom Vorhergehenden deutlich abgetrennt ist, so steht auch mitten in diesem Teil am Anfang von 4,8 τὸ λοιπόν. Auch dieser Frage muß noch nachgegangen werden[114].

10.) 4,10-20: Diese Einheit enthält einen Dank des Paulus für die von den Philippern erhaltene Gabe. Dies ist ein thematisch deutlich in sich abgeschlossener Abschnitt, der nach unten durch das Postskript und nach oben durch die Schlußmahnungen in 4,4-9 abgegrenzt ist[115].

Damit sieht man, daß gewisse Teile einer Textgliederung an der Textoberfläche sehr gut zu sehen sind, daß aber gerade das Briefkorpus zeigt, daß eine bestimmte vorgeschlagene Disposition zu Beginn nur vorläufig sein kann. Bei sämtlichen weiteren exegetischen Schritten muß diese Hypothese immer wieder kritisch in Frage gestellt werden.

Als nächster Schritt soll nun geprüft werden, ob und wie sich die einzelnen Texteinheiten aufeinander beziehen. Aus der Forschungsgeschichte sollte deutlich

---

113 Die Forschungsgeschichte zeigt, wie unterschiedlich stark hier der Zusammenhang gesehen wird. Lohmeyer sieht 4,1 als Überleitung zu 4,2ff an (Philipper, 6), Gnilka (und andere) findet nach 4,1 sogar einen Bruch, der 4,2 als anderes Brieffragment ausweist, während z.B. Pesch 4,1-3 als einen Abschnitt unter das Thema "Mahnungen" ordnet. Mein Lösungsvorschlag zu diesem Problem findet sich in 5.6.3.
114 Auch hier zeigt die Forschungsgeschichte große Differenzen. Pesch rechnet die Verse 4,4-7 und 4,8f zu verschiedenen Brieffragmenten, andere (etwa Bornkamm) sehen eine solch scharfe Trennung nicht (s.o.). Dibelius subsumiert sogar alle unter das Thema "allgemeine Mahnungen" (50).
115 Meine Gliederung wurde ursprünglich von der Revidierten Elberfelder Bibel inspiriert. Die Zürcher Bibel hat bis 3,1 und ab 4,10ff praktisch dieselbe Einteilung, außer daß sie die unter 1. erwähnte Unterteilung in 1,18 macht. Dazwischen weicht sie erheblich davon ab: 3,1; 3,2ff; 3,7ff; 3,15ff; 4,2f; 4,4ff; 4,8f. Die Lutherübersetzung 1984 teilt 1,1 bis 3,1ff sogar exakt in dieselben Einheiten ein, nimmt dann in 3,12 die oben erwähnte weitere Unterteilungsmöglichkeit vor, verzichtet aber auf die oben vorgeschlagene Unterteilung bei 3,17. 4,1-9 gibt sie als großen Abschnitt mit dem Thema "Mahnung zur Einigkeit und zur Freude im Herrn" an. Ab 4,10 stimmt auch diese Einteilung wieder mit der obigen überein.

geworden sein, daß das die schwierigste und wichtigste Frage ist und sich an ihr das Verständnis des Briefes entscheidet.

4 Der Aufbau des Briefkorpus

4.1 Der Schlüssel

Die Klärung des Aufbaus (Makrostruktur) des Philipperbriefes bietet wirklich anscheinend unüberwindliche Schwierigkeiten. Überall sind mehr oder weniger starke Spannungen zu finden, die sich nur gegen den Sinn und die Vielfalt des Textes harmonisieren lassen würden. Verschiedene Abschnitte sind stark von einander abgetrennt. Themen verschwinden und tauchen wieder auf, ohne daß die Logik dahinter sofort zu sehen wäre. Und dennoch wird am Ende dieses Kapitels begründet sein, daß der Philipperbrief ein erstaunliches sprachliches Kunstwerk ist. Um dem Leser die Argumentation möglichst plausibel zu machen, werde ich mich immer wieder auf mein eigenes Vorgehen beziehen, das mich zu diesem Resultat geführt hat. Zu Beginn war für mich wichtig, daß ich die Aufteilung der Wörter χαρά und χαίρειν[116], für deren Häufigkeit der Philipperbrief ja bekannt ist, auf die einzelnen Abschnitte (s. o.) untersuchte. Dies führte zum Resultat, daß immer mindestens eines dieser Wörter, häufig aber mehr, in irgendeiner Form in allen angenommenen Texteinheiten vorkommt, außer in der zweiten und in der siebten Texteinheit. Darauf versuchte ich aufzulisten, in welchen Abschnitten irgendwelche "Gegner" explizit erwähnt werden. Dies ist im ersten und im zweiten, aber auch im sechsten und im siebten Abschnitt der Fall. Dieses Ergebnis verstärkte nun eine Vermutung erheblich, die schon beim ersten Resultat aufgetaucht war. Listet man diese Beobachtungen auf, sieht dies wie folgt aus:

1.	Freude	Gegner	6	Freude	Gegner
2.		Gegner	7.		Gegner
3	Freude		8.	Freude	
4.	Freude		9.	Freude	
5.	Freude		10	Freude	

So kam ich zum ersten Mal zur Annahme, daß Paulus den ganzen Brief sprachlich parallel aufgebaut haben könnte, nämlich daß die Teile 6.-10. parallel zu den Teilen 1.-5. stehen könnten, das heißt, daß in den Teilen 6.-10. nochmals dieselben Grundthemen aufgenommen werden, wie sie schon in den Teilen 1.-5. behandelt werden. So gäbe es nur fünf verschiedene Grundthemen in diesem Briefkorpus, aber in je doppelter Ausführung. Sogleich fiel mir auf, daß sowohl der fünfte, als auch der zehnte Abschnitt korrespondenzartige Formulierungen enthalten, daß

---

116 Vgl. z.B. Schenk 332, χαρά 5x (größte Dichte bei Paulus), χαίρειν 9x (größte Dichte im NT).

Paulus nur im ersten und im sechsten Abschnitt ausführlich über sich selber berichtet und daß sowohl im dritten als auch im achten Abschnitt die Aufforderung, dieselbe Gesinnung zu haben, eine zentrale Bedeutung hat.

Ich werde nun aufgrund der ansatzweise erkannten Struktur diese 10 Texteinheiten beziehungsweise diese fünf Themenblöcke folgendermaßen bezeichnen:

1. 1,12-26 $= a^1$
6. 3,1-16 $= a^2$
$$a^1 + a^2 = A$$

2. 1,27-30 $= b^1$
7. 3,17-21 $= b^2$
$$b^1 + b^2 = B$$

3. 2,1-11 $= c^1$
8. 4,1-3 $= c^2$
$$c^1 + c^2 = C$$

4. 2,12-18 $= d^1$
9. 4,4-9 $= d^2$
$$d^1 + d^2 = D$$

5. 2,19-30 $= e^1$
10. 4,10-20 $= e^2$
$$e^1 + e^2 = E$$

Nun werde ich den Brief daraufhin untersuchen, ob er diese Hypothese, zu der er selber, vermittelt durch die - in den weiteren Schritten immer noch definitiv zu beweisende - Gliederung, mich geführt hat, klar und deutlich bestätigt, oder ob er sie wieder in Nichts auflöst. Dies tue ich, indem ich nun A,B,C,D und E einzeln untersuchen werde, ob sie wirklich jeweils einen eigenen Parallelismus bilden. Diese Untersuchung muß auf formaler und thematischer Ebene geschehen. Zur formalen Ebene gehören verschiedene Teilschritte, so die Frage nach lexikalischen, nach stilistischen und nach statistischen Hinweisen und Beweisen.

Das bisherige Ergebnis sieht, schematisch dargestellt, folgendermaßen aus:

A = a^1 Freude+ Gegner+ Selbstbericht + a^2 Freude+ Gegner+ Selbstbericht

B = b^1 Gegner + b^2 Gegner

C = c^1 Freude+ Gesinnung + c^2 Freude+ Gesinnung

D = d^1 Freude + d^2 Freude

E = e^1 Freude+ Korrespondenz + e^2 Freude+ Korrespondenz

4.2 Einheit A als formaler Parallelismus

Zuerst sollen die beiden Abschnitte der Einheit A (1,12-26 und 3,1-16) daraufhin untersucht werden, ob sie auf formaler Ebene einen Parallelismus[117] bilden. Die für die Exegese entscheidende thematische Ebene wird später eingehend untersucht. Hier ist soviel festzuhalten, daß in a^1 und in a^2 ein ausführlicher Selbstbericht von Paulus steht, was besonders bemerkenswert ist, da dies im Philipperbrief nur hier der Fall ist. Es fallen aber sofort zwei weitere parallele Unterthemen auf. So erklärt Paulus den Philippern in beiden Abschnitten, was ihm zum Heil dient, in a^1 im positiven Sinne, nämlich sein Leiden im Gefängnis, in a^2 im negativen Sinne, nämlich nichts, worauf er "im Fleisch Vertrauen" haben könnte. Auch geht Paulus in beiden Abschnitten auf das Thema des Sterbens und des Todes des an Christus Glaubenden ein. So steht in 1,21, daß das Sterben für ihn Gewinn ist, denn dadurch kann er bei Christus sein, wie er weiter unten in Vers 23 erklärt. In 3,10f erklärt Paulus, daß er Christi Tod "gleichgestaltet" werden möchte, um zur "Auferstehung von den Toten" zu gelangen.

Das Element der Freude[118] und auch das der Gegner[119] korrespondieren mindestens auf formaler Ebene miteinander. Ebenso gibt es mehr als ein Dutzend Wort-Parallelen allein durch Verben, Substantive, Adjektive und Adverben. Unter den besonders auffälligen ist der Gebrauch von θάνατος zu verzeichnen. Dieses Wort kommt im Philipperbrief sechsmal vor: Zweimal im Hymnus auf Christus bezogen (2,8), zweimal in e^1 auf Epaphroditus bezogen (2,27.30) und je einmal in a^1 (1,20) und a^2 (3,10) auf Paulus bezogen. Weiter fällt auf, daß Paulus in a^1 zweimal

---

117 Vorläufig wird der Begriff Parallelismus hier in einem sehr weiten Sinn verwendet. Auf einzelne Abschnitte bezogen, meint er, daß ein Abschnitt parallel zu einem anderen gestaltet ist. Eine nähere Eingrenzung dieses Begriffes soll erst weiter hinten folgen: vgl. 7.3.1.
118 1,18.18.25 und 3,1.
119 1,15ff und 3,2ff.

(1,22.24[120]) und in a^2 dreimal (3,3.4) die Wendung ἐν σαρκί gebraucht. Dort geschieht dies im negativen Sinn als Versuchung zum Selbstruhm, hier positiv als Ermöglichung des Dienstes an den Gemeinden. Diese Wendung kommt sonst nirgends in diesem Brief vor. Besonders wichtig aber sind die Parallelen der Wörter πείθειν und κερδαίνειν/κέρδος. So steht πείθειν, das nur sechsmal in diesem Brief vorkommt, damit aber hier schon seine größte Dichte im Neuen Testament hat[121], nur in diesen beiden Abschnitten je doppelt (1,14.25; 3,3f). Noch gewichtiger ist, daß die Wörter κερδαίνειν und κέρδος, die sehr selten bei Paulus vorkommen, nämlich κερδαίνειν sonst nur noch fünfmal im ersten Korintherbrief und eben hier in 3,8 einmal, und κέρδος hier nur je einmal in 1,21 und 3,7 und noch ein einzigesmal im Titusbrief, somit im Philipperbrief nur in A vorkommen[122].

Auch auf der Stilebene scheint es eine Entsprechung zu geben. In a^2 braucht Paulus erstaunlich häufig die gleichen Wörter zwei[123]- oder sogar dreimal[124]. Das Gleiche sieht man in a^1, auch hier gibt es zwei[125]- und dreifach[126] verwendete Wörter. Dieser stilistische Wortgebrauch scheint parallel zu sein.

Neben all diese Indizien, die jedes für sich allein genommen noch nicht allzuviel beweisen, tritt noch ein sehr schwerwiegendes Argument dazu. Setzt man diese zwei Einheiten einander gegenüber, sieht man, daß sie gleich lang sind. Zählt man die Wörter im griechischen Text[127], kommt man zu einem mehr als erstaunlichen Resultat. In a^1 stehen 243 Wörter, in a^2 250 Wörter. Dies entspricht einer Abweichung von nur knapp drei Prozent. Wenn man aber 3,1a nicht dazu rechnet, da es ja etwas isoliert steht und man meinen kann, daß Paulus hier zu

---

120 In 1,24: ἐν τῇ σαρκί, wobei angenommen wird, daß das ἐν wie im NA 26, gegen frühere Auflagen und gegen Kodex Alexandrinus und Sinaiticus mit Kodex Vaticanus und vor allem mit dem Papyrus 46 doch zum Text gehört. Möglicherweise betont Paulus mit dem Artikel seinen Entschluß, doch nicht sterben zu wollen.

121 Schenk, Philipperbriefe, 332.

122 Weitere parallele Wörter sind: ἀδελφός (1,12.14 und 3,1.13), μᾶλλον (1,12.23 und 3,4), γίνεσθαι (1,13 und 3,6), λοιπός (1,13 und 3,1), πλήν (1,18; 3,16), ἀλλά (1,18 und 3,7.8), ἔχειν (1,23 und 3,4.9), εἶναι (1,23 und 3,3.7.8), πίστις (1,25 und 3,9.9), καύχημα (1,26 und 3,3: καυχώμενος), Begriffe des Wissens und Erkennens (1,12: γινώσκειν; 1,22: γνωρίζειν und 3,8: γνῶσις; 3,10: γνῶναι) und Zahlwörter (1,23: δύο und 3,13: ἕν).

123 ἀδελφός (3,1.13), ἔχειν (3,4.9), κέρδος (3,7.8: Verb), γνῶσις (3,8.10: Verb), πίστις (3,9.9), ἀνάστασις (3,10.11: ἐξανάστασις), τέλειος (3,15.12: Verb) und φρονεῖν (3,15.15).

124 βλέπειν (3,2.2.2), εἶναι (3,3.7.8), ἐν σαρκί (3,3.4.4), πείθειν (3,3.4.4: Subst.), νόμος (3,5.6.9), διώκειν (3,6.12.14), δικαιοσύνη (3,6.9.9), ἡγεῖσθαι (3,7.8.8), ζημία (3,7.8.8: Verb), viermal kommt λαμβάνειν und davon abhängige Formen vor (3,12.12: καταλάβω.12: κατελήμφθην.13: κατειληφέναι), viermal Ἰησοῦς (3,3.8.12.14) und siebenmal Χριστός (3,3.7.8.8.9.12.14).

125 ἀδελφός (1,12.14), μᾶλλον (1,12.23), προκοπή (1,12.25), εὐαγγέλιον (1,12.16), πᾶς (1,13.25), πείθειν (1,14.25), περισσεύειν (1,26.14: Adv.), ἔρις (1,15.17: ἐριθεία), καταγγέλλειν (1,17.18), Ἰησοῦς (1,19.26), σάρξ (1,22.24).

126 οἱ δεσμοί μου (1,13.14.17), εἰδέναι (1,16.19.25), χαίρειν (1,18.18.25: Subst.), ζωή (1,20.21: Verb.22: Verb), μένειν (1,25.24: ἐπιμένειν.25: παραμένειν) und achtmal Χριστός (1,13.15.17.19.20.21.23.26).

127 Ohne besondere Bemerkung ist hier immer der im NA 26 aufgenommene Text gemeint.

42

Schlußermahnungen übergehen will[128], ist das Ergebnis noch auffälliger[129], denn so stehen sich je 243 Wörter gegenüber.

Die formale Ebene zeigt, daß die Einheit A vorläufig mit gutem Grund als Parallelismus betrachtet werden darf.

A	a^1 = 1,12-26	a^2 = 3,1-16
Thema	Selbstbericht (Freude/Gegner)	Selbstbericht (Freude/Gegner)
Unterthemen	Nützlich zum Heil	Schädlich zum Heil
	Das Sterben des Glaubenden	Das Sterben des Glaubenden
Wörter		
nur hier im Brief	κέρδος (1x)	κέρδος/κερδαίνειν (je 1x)
parall. gebraucht	θάνατος	θάνατος
	ἐν σαρκί. (2x pos)	ἐν σαρκί. (3x neg)
Stil	Zweierwiederholungen und	Zweierwiederholungen und
	Dreierwiederholungen	Dreierwiederholungen
Statistik	243 Wörter	250 Wörter (ohne 3,1a: 243)

Der Parallelismus von A

4.3 Einheit B als formaler Parallelismus

Nun kommen sowohl nach a^1 als auch nach a^2 je drei paränetische Texteinheiten. Je die beiden ersten, nämlich b^1 und b^2, sollen jetzt darauf hin untersucht werden, ob sie sich auch als Parallelismus aufeinander beziehen.

Bei genauer Betrachtung sieht man, daß das Grundthema von beiden gleich ist. Denn in beiden Abschnitten fordert Paulus in ausführlicher, aber doch allgemeiner Art zum richtigen Wandel, zur richtigen Lebensführung auf. Dies geschieht in keinem der anderen Abschnitte, denn überall sonst wird dies konkretisiert in eine Aufforderung zur Freude, zur rechten Gesinnung oder zu ähnlichem. Nur hier, in B ist dies nicht der Fall. In b^1 fordert Paulus zu einem dem Evangelium würdigen Wandel auf und in b^2 dazu, sich die richtigen Vorbilder zu nehmen. Dies ist inhalt-

---

128 So etwa Gnilka, 8.
129 3,1b gehört sicher zu a^2, vgl. 4.7.

lich praktisch eine identische Aussage, denn die richtigen Vorbilder zeichnen sich schließlich durch eine evangeliumsgemäße Lebensführung aus.

Auf formaler Ebene zeigt die Länge der beiden Abschnitte sofort an, daß sie auch praktisch die gleiche Größe haben. 82 Wörtern in b^1 stehen 90 Wörter in b^2 gegenüber. Schon dieses Resultat muß als gewichtiges Indiz für die parallele Planung der Einheit B durch Paulus genommen werden.

Auch im Wortmaterial gibt es interessante Entsprechungen. Am herausstechendsten ist das Verb πολιτεύεσθαι in 1,27 gegenüber dem Substantiv πολίτευμα in 3,20. Paulus gebraucht dieses Verb und dieses Substantiv nur gerade hier. Auch sonst finden wir im NT das Substantiv nirgends und das Verb nur einmal in einer Rede des Paulus in der Apostelgeschichte (23,1). Aber ausgerechnet in b^1 und b^2 stehen sie sich gegenüber. Ebenfalls steht dem σωτήρ von 3,20 das σωτηρία in 1,28 gegenüber. Nur σωτηρία kommt nochmals vor und zwar je einmal in 1,19 und in 2,12. Hingegen kommt das Wort ἀπώλεια nur hier in diesen Abschnitten im Philipperbrief vor (1,28; 3,19). Sowohl in b^1 als auch in b^2 ist es auf die Gegner bezogen.

Bei der stilistischen Gliederung des Inhalts erkennt man eine erstaunliche Übereinstimmung zwischen diesen beiden Einheiten. Beide bestehen aus zwei Teilen, der erste (1,27f+3,17-19) enthält das eigentliche Gebot, der zweite eine Heilsaussage (1,29f+3,20f). Der erste Teil ist jeweils noch weiter unterteilbar. So steht zuerst das eigentliche Gebot, nämlich eine dem Evangelium würdige Lebensführung zu haben (1,27) respektive sich die richtigen Menschen als Vorbilder für diesen Wandel zu nehmen (3,17), dann aber auch eine mehr oder weniger implizite Warnung vor den Gegnern des Evangeliums, d.h. vor falschen Vorbildern (3,18f) respektive vor Hindernissen für den evangeliumsgemäßen Wandel (1,28). Beide eigentlichen Gebote werden auch durch die Leitwörter ihres Inhalts quasi eingerahmt. So steht praktisch am Anfang von 1,27 und auch an dessen Ende das Wort εὐαγγέλιον. Dem gegenüber wird die Mahnung von 3,17 gerahmt durch die Begriffe συμμιμητής und τύπος.

Bis hierher ist der stilistische Aufbau streng parallel, nun gibt es aber noch chiastische Elemente in B. Gerade in den beiden Heilsaussagen wird das sichtbar. Schon der Inhalt von diesen steht in Spannung zu einander. Wird in b^2 die Umwandlung in den Leib der Herrlichkeit verheißen, so in b^1 erstaunlicherweise das Leiden für Christus, also etwas, das gar nicht unbedingt als Heil gilt, in beinahe paradoxer Weise doch als Gnadengeschenk bezeichnet. Das Gefälle dieser Heilsaussage geht von oben nach unten, vom Glauben zum Leiden, in b^2 aber von unten nach oben, vom Leib der Niedrigkeit zum Leib der Herrlichkeit. Auch die eigentlichen Gebote enthalten ein chiastisches Element. In beiden kommt die Lebensführung und ein Sehen derselben vor. In b^1 bezieht sich das Element der Lebensführung auf die Philipper als handelnde Personen und das Sehen auf Paulus. In b^2 ist genau das Umgekehrte der Fall. Weiter findet sich ein solches Element im Vergleich des Anfangs und des Schlusses beider Einheiten. Wenn b^1 in 1,27 mit der Blickrichtung auf Christus beginnt und mit der auf Paulus endet, so ist in b^2 wiederum das Umgekehrte der Fall.

Sieht man dies alles in B, so liegt die Schlußfolgerung nahe, daß diese beiden Abschnitte, schon von der formalen Ebene her betrachtet, ein kunstvoll geplanter Parallelismus sind.

B	b^1 = 1,27-30	b^2 = 3,17-21
Thema	Lebenswandel (Gegner)	Lebenswandel (Gegner)
Stilistischer Aufbau:		
par.: Teil 1	a) Ermahnung (mit Rahmen)	a) Ermahnung (mit Rahmen)
	b) Warnung	b) Warnung
Teil 2	Heilsaussage	Heilsaussage
chiastisch: Ermahnung	Wandel (Phil) Sehen (Paulus)	Wandel (Paulus) Sehen (Phil)
Heilsaussage	Glauben - Leiden	Leib der Niedrigkeit - Leib der Herrlichkeit
Anfang und Ende	Christus - Paulus	Paulus - Christus
Wörter: par.	σωτηρία	σωτήρ
nur hier bei Paulus	πολιτεύεσθαι (1x)	πολίτευμα (1x)
nur hier im Brief	ἀπώλεια (1x)	ἀπώλεια (1x)
Statistik	82 Wörter	90 Wörter

Der Parallelismus von B

4.4 Einheit C als formaler Parallelismus

Die beiden Abschnitte der Einheit C müssen hier untersucht werden. Diese bilden je den zweiten Teil der oben genannten paränetischen Triade. Deshalb geht c^1 auch strenggenommen nur bis 2,4, denn nachher beginnt die Einleitung zum Philipperhymnus. Dieser hat zwar noch dasselbe Grundthema, nämlich das der richtigen Gesinnung, aber der Ton liegt nicht mehr auf der Paränese. Paulus zeigt dort, welche Gesinnung der Herr Jesus Christus vorgelebt hat. Der Hymnus von 2,6-11 mit seiner Einleitung in 2,5 ist überhaupt eine Erscheinung in diesem Brief, die viele Fragen aufwirft. Zählt man die Wörter in den Abschnitten, so ist dies der einzige, der kein Gegenstück im Briefkorpus hat. Hält man jedoch nur 2,1-4 neben c^2, sieht man, daß auch diese beiden paränetischen Abschnitte gleich lang sind.

Hier soll also zuerst einmal 2,1-4 mit 4,1-3 verglichen werden. Die Fragen betreffs des Hymnus werden gesondert behandelt.

Wie schon erwähnt, fällt bei einem Vergleich sofort auf, daß das Thema von c^1 und c^2 dasselbe ist, nämlich die Aufforderung, dieselbe Gesinnung zu haben. Obwohl φρονεῖν sehr häufig in diesem Brief vorkommt, nämlich zehnmal, und somit hier die größte Dichte im NT hat[130], wird es nur zweimal mit τὸ αὐτό gebraucht, nämlich hier in diesen beiden Abschnitten je einmal. Während in c^1 dieses Gebot an alle geht, bezieht es Paulus in c^2 konkret auf zwei Personen, auf Euodia und Syntyche. Auch sonst gibt es hier einen ausschließlichen Gebrauch von gewissen Wörtern oder Wortzusammensetzungen. Χαρά, das im Philipperbrief die größte Dichte bei Paulus besitzt und fünfmal vorkommt[131], steht nur hier im Zusammenhang mit μου. Χαρά μου kommt nur in diesen beiden Abschnitten je einmal vor, und zwar jeweils in bezug auf die Philipper. Auch steht παράκλησις in c^1 dem doppelten Gebrauch von παρακαλεῖν in c^2 gegenüber. Dies sind Wörter, die ebenfalls ausschließlich hier vorkommen. Vergleicht man noch c^2 mit dem Philipperhymnus, findet man in beiden das Wort ὄνομα, das sonst im Brief fehlt. Desgleichen fällt es schwer, den doppelten Gebrauch von ἀγάπη in c^1 gegenüber dem zweimaligen Vorkommen von ἀγαπητός in c^2 als einen bloßen Zufall zu erklären.

Die Stilebene bietet hier nicht sofort Eindeutiges. Mehrere einzelne Hinweise, die, jeder für sich genommen, zufällig erscheinen könnten, ergeben doch als Summe einen bemerkenswerten Ertrag. Erstens stehen auf beiden Seiten vier doppelt gebrauchte Wörter. In c^1 sind dies ἀγάπη, φρονεῖν, ἑαυτός, und ἕκαστος, in c^2 ἀγαπητός, μου, ἐν κυρίῳ und παρακαλεῖν. Zweitens stehen auf beiden Seiten je zwei Fünferreihen. Diese sind in c^1 zuerst durch die fünf durch εἴ τις eingeleiteten Substantive gegeben und dann durch die fünf nach der Aufforderung zur selben Gesinnung aufeinander folgenden Partizipien. In c^2 führen die fünf Hinweise auf die Verbundenheit des Paulus mit den Philippern in 4,1 und die fünfmalige Erwähnung von Mitarbeitern in 4,2f, zweimal allgemein als "Mitarbeiter" oder "Jochgenosse" und dreimal konkret mit Namen, zu dieser Annahme.

Alles zusammen genommen zeigt, daß C ohne Hymnus gleichfalls ein eigener Parallelismus ist.

---

130 Schenk, Philipperbriefe, 332.
131 Ebd.

C	c 1 = 2,1-4 (+ 5-11)	c 2 = 4,1-3
Thema	Dieselbe Gesinnung (Freude)	Dieselbe Gesinnung (Freude)
Wörter nur hier im Brief	τὸ αὐτὸ φρονεῖν	τὸ αὐτὸ φρονεῖν
	παράκλησις (1x)	παρακαλεῖν (2x)
	χαρά μου	χαρά μου
	(ὄνομα [3x])	ὄνομα (1x)
par. gebraucht	ἀγάπη (2x)	ἀγαπητός (2x)
Stil	4 doppelt gebrauchte Wörter	4 doppelt gebrauchte Wörter
	2x 5er Reihe	2x 5er Reihe
Statistik	58 Wörter (ohne Hymnus)	53 Wörter

Der Parallelismus von C

4.5 Einheit D als formaler Parallelismus

In diesen beiden Abschnitten ist es auf den ersten Blick nicht leicht, ein einheitliches Grundthema zu erkennen. Was haben schon "Furcht und Zittern" in 2,12 mit der "allzeitigen Freude" in 4,4 zu tun. Deshalb soll diese Frage erst am Schluß kurz erwogen werden, ausführlich wird das dann später geschehen. Doch zuerst müssen diese beiden Abschnitte zeigen, ob sie ebenfalls in formaler Symmetrie stehen.

Wieder fällt auf, daß auch diese Abschnitte praktisch gleich lang sind, so besteht d^1 aus 115 Wörtern und d^2 aus 101.

Es gibt keine Wörter, die nur hier in diesem Brief gefunden werden, dafür aber solche, die nur hier auf eine ganz bestimmte Weise verwendet werden. So steht nur in diesen beiden Abschnitten πάντοτε am Anfang, und nur hier ist dieses Wort auf die Philipper bezogen[132]. Auch steht erstaunlicherweise nur hier das häufige χαίρειν zweimal hintereinander als Gebot. Auch die Stellung dieses "Doppelgebots" ist beachtenswert, denn in d^1 steht es ganz am Ende und in d^2 ganz am Anfang. Schon dies läßt wieder eine parallele Planung dieser Abschnitte vermuten.

Mit dem Stil schuf Paulus ein Meisterwerk. D erweist sich als eine Komposition, die von sehr hohem Können zeugt. Bei genauerem Hinsehen bemerkt man, daß in

---

132 Im Briefkorpus nur noch in 1,20, und zwar auf Paulus bezogen.

d[1] auffallend viele Wort-Parallelismen stehen. Im ganzen sind es zehn. Das heißt ein Sechstel bis ein Fünftel der Wörter dieses Abschnittes stehen in einem Parallelismus.

Es sind folgende:

1. ἐν τῇ παρουσίᾳ μου - ἐν τῇ ἀπουσίᾳ μου

2. φόβος - τρόμος

3. καὶ τὸ θέλειν - καὶ τὸ ἐνεργεῖν

4. γογγυσμός - διαλογισμός

5. ἄμεμπτος - ἀκέραιος

6. σκολιός - διεστραμμένος

7. εἰς κενὸν ἔδραμον - εἰς κενὸν ἐκοπίασα

8. θυσία - λειτουργία

9. χαίρειν - συγχαίρειν

10. χαίρειν - συγχαίρειν

Dem gegenüber findet man in d[2] nur zwei Parallelismen. Es sind folgende:

1. χαίρειν - χαίρειν

2. καρδία - νόημα

Dafür gibt es hier drei Wortreihen, d. h. nicht zwei Wörter werden sich gegenübergestellt, sondern mehrere. Diese sind:

1. προσευχή - δέησις - εὐχαριστία - αἴτημα

2. ἀληθής - σεμνός - δίκαιος - ἁγνός - προσφιλής - εὔφημος - ἀρετή - ἔπαινος

3. μανθάνειν - παραλαμβάνειν - ἀκούειν - ὁρᾶν

Aus dieser Liste kann man sehen, daß die erste Reihe aus vier, die zweite aus acht, und die dritte wieder aus vier Elementen besteht.

Bis hier ist das Ergebnis zwar sehr spannend, doch der Ertrag für die Erforschung von D läßt noch zu wünschen übrig. Dies ändert sich aber, sobald man die Menge der Elemente von den Parallelismen in d[1] und die der Parallelismen und der Reihen in d[2] zählt. Denn Paulus gebraucht auf beiden Seiten genau zwanzig Elemente. Auf einen Blick sieht dies so aus:

d^1		d^2	
1.	ἐν τῇ παρουσίᾳ μου	1.	χαίρειν
2.	ἐν τῇ ἀπουσίᾳ μου	2.	χαίρειν
3.	φόβος	3.	καρδία
4.	τρόμος	4.	νόημα
5.	καὶ τὸ θέλειν	5.	προσευχή
6.	καὶ τὸ ἐνεργεῖν	6.	δέησις
7.	γογγυσμός	7.	εὐχαριστία
8.	διαλογισμός	8.	αἴτημα
9.	ἄμεμπτος	9.	ἀληθής
10.	ἀκέραιος	10.	σεμνός
11.	σκολιός	11.	δίκαιος
12.	διεστραμμένος	12.	ἁγνός
13.	εἰς κενὸν ἔδραμον	13.	προσφιλής
14.	εἰς κενὸν ἐκοπίασα	14.	εὔφημος
15.	θυσία	15.	ἀρετή
16.	λειτουργία	16.	ἔπαινος
17.	χαίρειν	17.	μανθάνειν
18.	συγχαίρειν	18.	παραλαμβάνειν
19.	χαίρειν	19.	ἀκούειν
20.	συγχαίρειν	20.	ὁρᾶν

Doch dies ist noch nicht alles. Während in 2,12-18 die Parallelismen stilistisch gesehen eher lose aneinander gereiht sind, stehen die Reihen von 4,4-9 in einem großen Parallelismus zueinander. Der erste Teil davon ist 4,4-7 und der zweite folglich 4,8f. Diesen Parallelismus hat Paulus sogar speziell doppelt gekennzeichnet, indem er jeden Teil erstens mit einer Verheißung beschließt und zweitens darin noch die Wendung ἡ εἰρήνη τοῦ θεοῦ in 4,7 chiastisch auf die Wendung ὁ θεὸς τῆς εἰρήνης in 4,9 setzt[133]. So ergibt sich das Resultat, daß d[1], welches aus lauter Parallelismen besteht, die stilistisch eher lose aneinander gereiht sind, d[2] gegenüber steht, welches fast keine Parallelismen besitzt, dafür aber viele Reihen, die in einem großen strengen Parallelismus zueinander stehen. Das heißt, daß der "Mikrostil" und der "Makrostil" dieser beiden Abschnitte sich als "Stilchiasmus" gegenüberstehen.

	"Mikrostil"	"Makrostil"
2,12-18	viele Parallelismen	eine lose Aneinanderreihung
4,4-9	viele Reihen	ein straffer Parallelismus

Spätestens jetzt steht fest, daß sich auch D am einfachsten als Parallelismus erklärt. Deshalb und weil allen anderen Parallelismen dieses Briefes auch ein einheitliches Thema zugrundeliegt, muß man nun auch nach einem solchen fragen. Die Frage scheint zuerst nicht einfach, denn nochmals: Was haben "Furcht und Zittern" mit Freude und Sorglosigkeit (4,4.6) zu tun?

Doch der Zusammenhang ist eng. Es gibt einen gemeinsamen Nenner dieser Gegensätze. In beiden geht es um die Unverfügbarkeit des Heils. Paulus zeigt den Philippern in d[1], daß sie sich mit Furcht und Zittern, also mit Demut, um ihr Heil bemühen sollen, gerade weil sie nicht darüber verfügen, sondern darin abhängig sind von Gott, der schließlich ihr Heil bewirkt. Im Gegensatz dazu zeigt Paulus in d[2] die Kehrseite dieser Unverfügbarkeit des Heils und der daraus resultierenden Abhängigkeit von Gott. Leben die Philipper in dieser Abhängigkeit, gibt es für sie in allen Situationen nur noch Grund zur Freude. Denn wer nicht mehr selber über sein Heil verfügen muß, der kann sich in allen Anliegen dem anvertrauen, der darüber verfügt, und das ist Gott. So ist die Antwort dessen, der weiß, daß er nicht selber über sein Heil verfügen kann und muß, eine doppelte: Erstens soll er in Demut und Gehorsam demgegenüber leben, der darüber verfügt, und zweitens soll er sich nicht mehr sorgen, sondern sich allezeit freuen, weil er nicht mehr selber seines Glückes respektive seines Heiles Schmied sein muß, sondern weiß, daß Gott die Verantwortung dafür übernommen hat und trägt. Selbstverständlich hat der Glaubende, der nicht selber über sein Heil verfügt, dann doch eine delegierte Mitverantwortung, ist doch sowohl die Freude als auch der Gehorsam nicht das gegebene Heil selber, sondern die je angemessene Antwort auf dieses Geschenk. Paulus geht so weit, daß er die Philipper sogar zu einer Mitwirkung am Heil aufruft, aber dies eben als Zweites und nicht als Erstes, nicht als Aktion, sondern als Reaktion.

Der Glaubende lebt in einer gewissen Spannung. Auf der einen Seite muß er sich um seine Rettung bemühen, indem er mit "Furcht und Zittern" gehorsam ist, weil er sein Heil nicht im Griff hat, auf der anderen Seite darf er sich freuen und

---

133 Daß diese zwei Schlußmahnungen formal parallel aufgebaut sind, ist schon früher festgestellt worden, nur wurde daraus manchmal ein literarkritischer Bruch abgeleitet (z.B. Barth, G., 10).

muß sich nicht sorgen, denn Gott verfügt ganz und gar über sein Heil. Verkündet Paulus wirklich eine solche Spannung? Auf jeden Fall, denn er zeigt den Philippern ja im Selbstbericht, daß er selber in einer solchen Spannung steht. So berichtet er in a^1, wie er sich sebst im Gefängnis freue, obwohl ihm gewisse Leute noch zusätzlich Trübsal bereiten wollen, und wie ihm selbst das Sterben Freude bereitete. In a^2 zeigt er hingegen, wie er mit dem umgeht, was nicht nützlich zum Heil ist, aber doch eigentlich sehr angenehm wäre. Er achtet es für Dreck. Auch weiß er, daß er das Heil nicht selber besitzt, sondern er jagt ihm mit voller Kraft nach.

So wird deutlich, daß es in diesem Brief zwischen den Abschnitten noch andere Bezüge als nur die der Parallelismen gibt.

Doch zurück zu dieser Spannung. Der Glaubende lebt in einer solchen Spannung. Sie ist Realität. Es ist höchst wahrscheinlich, daß Paulus dies auch mit dem Stil ausdrücken wollte, und deshalb hier einen solch spannungsvollen, chiastischen Aufbau wählte. Paulus würde damit einem grundsätzlichen Anliegen der antiken Rhetorik entsprechen, nämlich den Inhalt auch formal angemessen (*aptum*)[134] auszudrücken.

D	d^1 = 2,12-18	d^2 = 4,4-8
Thema	Unverfügbarkeit des Heils (Ehrfurcht)	Unverfügbarkeit des Heils (Freude)
Stil mikro	10 Parallelismen	(2 Parallelismen) + 3 Reihen
- makro	lose aneinander gereiht	großer Parallelismus
	20 Elemente	20 Elemente
Wörter: par. gebraucht	2x χαίρετε (ganz am Schluß)	2x χαίρετε (ganz am Anfang)
	πάντοτε (nur hier am Anfang + auf Phil. bez.)	πάντοτε (nur hier am Anfang + auf Phil. bez.)
Statistik	115 Wörter	101 Wörter

Der Parallelismus von D

4.6 Einheit E als formaler Parallelismus

Im letzten dieser fünf Doppelabschnitte ist es nicht mehr so schwer, den vorliegenden Parallelismus aufzuspüren. Wie oben erwähnt, ist das Grundthema

---

134 Fuhrmann, 118f, und Lausberg, §464.

von beiden Teilen leicht sichtbar, da es sich jeweils um Korrespondenz handelt. So geht es in 2,19-30 darum, daß Paulus Timotheus zu den Philippern senden möchte und daß er Epaphroditus schon abgesandt hat. In 4,10-20 dankt Paulus für die durch Epaphroditus erhaltene Gabe der Philipper. Der Name Epaphroditus kommt nur in diesen beiden Abschnitten vor.

Obwohl es also um persönliche Mitteilungen und Anweisungen geht, erweisen sich die beiden Abschnitte als durchkomponiert. Dies fängt schon mit den ersten Wörtern dieser beiden Abschnitte an. So steht in beiden Abschnitten, und eben nur in diesen, als erstes Wort ein in der ersten Person konjugiertes Verb. Aber damit nicht genug, folgt doch sowohl dem ἐλπίζω von 2,19 als auch dem ἐχάρην von 4,10 jeweils δὲ ἐν κυρίῳ.

Doch dies ist erst der Anfang. Das Verb πέμπειν, das in diesem Brief mit fünfmaligem Vorkommen die höchste Dichte bei Paulus hat[135], begegnet nur in diesen beiden Abschnitten. Ebenso steht auch χρεία nur in e¹ und in e². Besonders beachtenswert ist ebenfalls, daß diese beiden Wörter je einmal in 2,25 und in 4,16 in einem engen semantischen Zusammenhang zu einander erscheinen.

Des weiteren findet man, daß das Wort ὑστέρημα in 2,30 den Wörtern ὑστέρησις in 4,11 und ὑστερεῖσθαι in 4,12 gegenübersteht. Auch dies sind Wörter, die nur hier in diesem Brief vorkommen.

Es scheint, daß das οὐδένα in 2,20 seine Entsprechung im οὐδεμία von 4,15 hat. Paulus vergleicht Timotheus mit der Gemeinde der Philipper. Beide gleichen sich darin, daß Paulus auf eine gewisse Weise keinen dem Timotheus vergleichbaren Mitarbeiter hat und ebenso auf eine andere Weise keine Gemeinde, die mit der der Philipper vergleichbar ist.

Es gibt noch viele andere Wörter, die in beiden Abschnitten vorkommen, etwa πατήρ in 2,22 und in 4,20, das im Briefkorpus sonst nur noch im Hymnus vorkommt. Doch diese Beispiele, deren Parallelität schon formal, ohne besonderen Einbezug des semantischen Umfelds, so offensichtlich sind, weisen stark auf eine parallele Planung dieser Abschnitte hin[136].

Stilistisch gesehen sind sich beide Abschnitte sehr ähnlich. Es gibt in beiden einige Wörter, die dreimal vorkommen[137] und vor allem viele, die zweimal vorkommen[138].

---

135 Schenk, Philipperbriefe, 332; πέμψαι (2,19.23.25.28 und 4,16).
136 Parallele Wörter: πᾶς (2,21.26.29 und 4,12.12.13), εὐαγγέλιον (2,22 und 4,15), ἔρχεσθαι (2,24 und 4,15: ἐξῆλθον), χαίρειν (2,28.29: Subst. und 4,10), προσδέχεσθαι (2,29 und 4,18), ἀναπληροῦσθαι (2,30 und 4,18: πεπλήρωμαι.4.19: πληρώσει), Ἰησοῦς (2,19.21 und 4,19), Χριστός (2,21.30 und 4,19), κύριος (2,19.29 und 4,10) und θεός (2,27 und 4,18.19.20).
137 e¹: ἐν κυρίῳ (2,19.24.29), εὐψυχοῦν (2,19.20: ἰσόψυχος.30: ψυχή); e²: εἰδέναι (4,12.12.15), περισσεύειν (4,12.12.18), θεός (2,18.19.20).
138 e¹: Ἰησοῦς (2,19.21), ταχέως (2,19.24), γινώσκειν (2,19.22), τὰ περὶ ὑμῶν (2,19.20), Χριστός (2,21.30), λειτουργός (2,25.30: λειτουργία); e²: φρονεῖν (4,10.10), ὑστέρησις

Zum Schluß ist das statistische Resultat auch eindeutig, denn es stehen 173 Wörter in e^1 169 in e^2 gegenüber. Auch diese Briefteile sind gleich lang.

Das Resultat ist hier also von der formalen Ebene her wieder eindeutig. E scheint von Paulus wirklich als Parallelismus konzipiert worden zu sein.

E	$e^1 = 2,19\text{-}30$	$e^2 = 4,10\text{-}20$
Thema	Korrespondenz (Freude)	Korrespondenz (Freude)
Stil	einige Wörter dreifach	einige Wörter dreifach
	viele Wörter doppelt gebraucht	viele Wörter doppelt gebraucht
Wörter: nur hier im Brief	χρεία (1x)	χρεία (2x)
	πέμπειν (4x)	πέμπειν (1x)
	ὑστέρημα (1x)	ὑστέρησις (1x) + ὑστερεῖσθαι (1x)
	Epaphroditus	Epaphroditus
parallel gebraucht	konj. Verb am Anfang (1.Pers.)	konj. Verb am Anfang (1.Pers.)
	δὲ ἐν κυρίῳ	δὲ ἐν κυρίῳ
	οὐδένα	οὐδεμία
Statistik	173 Wörter	169 Wörter

Der Parallelismus von E

Nimmt man diese vielen Text-Beobachtungen zusammen, ist meiner Meinung nach nur eine Interpretation möglich, die alle diese Phänomene einfach und widerspruchsfrei erklärt: a^1 bis e^1 sind parallel zu a^2 bis e^2 aufgebaut. Dieser Aufbau ist so streng durchgeführt, daß er nicht als nebensächliches symmetrisches Element in diesem Brief angesehen werden kann, sondern Paulus muß schon im voraus sämtlichen Stoff, den er verarbeiten wollte, nach diesen Parallelismuskriterien geordnet und erst dann mit der Niederschrift begonnen haben.

Hier wird natürlich zu fragen sein, ob sich Paulus mit diesem Konzept in eine bestimmte Tradition gestellt hat und was er damit bezwecken wollte. Auf jeden Fall zeigt schon die formale Ebene mit der Wortmaterial-, Wortgebrauch-,

---

(4,11.12: Verb), εἶναι (4,11.11), συγκοινωνεῖν (4,14.15: κοινωνεῖν), εἰς λόγον (4,15.17), χρεία (4,16.19), ἐπιζητεῖν (4,17.17) und πληροῦν (4,18.19).

Wortanzahl- und Stilfrage, daß Paulus diesen Brief äußerst kunstvoll und überlegt aufgebaut hat. Wie oben angedeutet, stützt dies auch die thematische Ebene. Was das für die Exegese bedeutet, muß noch eingehender behandelt werden. Auf jeden Fall steht fest: DieTextteile des Briefkorpus sind im Philipperbrief parallel geplant.

4.7 Die Funktion von 3,1b

Das Briefkorpus des Philipperbriefes besteht also aus fünf großen Parallelismen, die von Paulus mit hervorragendem Können aufgebaut wurden, ja man muß eigentlich sagen, komponiert wurden. Die einzelnen Teile der Parallelismen stehen auf beiden Seiten in derselben Reihenfolge zueinander. Diese beiden Reihenfolgen stehen sich in einem einzigen "Makro"-Parallelismus gegenüber. Schematisch dargestellt sieht das so aus:

$$(a^1 + b^1 + c^1 + d^1 + e^1) : (a^2 + b^2 + c^2 + d^2 + e^2)$$

Das scheint vielleicht selbstverständlich, doch muß es ausdrücklich festgestellt werden, denn die genau gleichen fünf Parallelismen könnten sich zusammengenommen auch als großer Chiasmus gegenüberstehen. Das sähe folgendermaßen aus:

$$(a^1 : b^1 : c^1 : d^1 : e^1) \times (e^2 : d^2 : c^2 : b^2 : a^2)$$

Das Briefkorpus des Philipperbriefes besteht aus einem einzigen großen Parallelismus. Ohne den Hymnus, dessen Funktion noch geklärt werden muß, stehen 671 Wörter im ersten Teil des Philipperbriefes 663 Wörtern im zweiten Teil gegenüber. Die beiden Hälften des "Makro"-Parallelismus sind praktisch gleich lang.

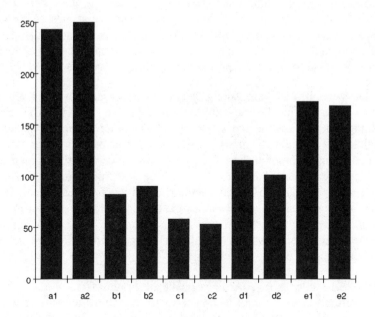

Die Länge der einzelnen Abschnitte graphisch dargestellt.

Nun ist vieles geklärt. Bezieht man dieses Resultat auf die in 3.3 vorgeschlagene Gliederung, sieht man, daß diese weitgehend dadurch gestützt und bestätigt wird, daß dieser große, fünfgliedrige Parallelismus sichtbar geworden ist[139].

Für A ist es eindeutig, daß die Längen beider Abschnitte von Paulus bewußt so geplant sind. Das Grundthema des Selbstberichtes hält sich durch. Unterthemen sind in dieses aufgenommen, deren Parallelität ist aber nicht mehr durch einen weiteren Parallelismus auf formaler Ebene zu zeigen. Denn Paulus hat z. B. auf die spezifische Länge dieser Unterthemen keine Rücksicht mehr genommen.

Noch deutlicher ist die Gliederung von B untermauert worden, in der allein der Stil schon genügen würde, um deren Parallelstellung nachzuweisen. Das wirkt sich natürlich sofort auf A und auf C aus, wird doch damit deren Ende respektive Anfang klar markiert. Dies ist übrigens nicht nur bei B, sondern auch bei allen anderen Parallelismen zu beachten.

Die Untersuchung von C hat die hier zuerst vorgeschlagene Gliederung in Frage gestellt. C ist zwar ein Parallelismus, allerdings gehört der Hymnus nicht dazu,

---

139 Wer hier die Gefahr eines Zirkelschlusses sieht, sollte als Experiment einen Gliederungsvorschlag für den Römerbrief oder die Korintherbriefe machen und nachweisen, daß diese Briefe als großer Parallelismus aufgebaut sind. Dies wäre ein absolut absurdes und unmögliches Unterfangen.

sondern steht wie ein erratischer Block in diesem großen Parallelismus. Auf der einen Seite hat er dasselbe Thema wie C, nähmlich das der richtigen Gesinnung, auf der anderen Seite aber ist die Ethik hier nicht mehr das eigentlich Zentrale. Es steht in c^2 auch nichts, was ihm entspricht. Auch die Länge zeigt dies. Wie paßt er also in diesen großen Parallelismus? Ist etwa doch nicht alles geplant im Konzept dieses Briefes, hat Paulus ihn später eingefügt? Ist er nicht ins Konzept aufgenommen, weil er nicht - wie heute allgemein angenommen wird - von Paulus selber stammt?

D hat sich ebenfalls als richtig gegliedert erwiesen, und vor allem ist ein wichtiger Beweis für die Einheit von d^2 gefunden worden. Die exegetische Forschung hat das Thema von 4,4-9 eigentlich immer als ein einheitliches, - als Sammlung von Schlußmahnungen - verstanden. Deshalb sahen sogar Vertreter von Dekompositionshypothesen diese Verse als zum gleichen Brieffragment gehörend an. Die scharfe formale Trennung von 4,4-7 zu 4,8f führte andere dazu, diese als nicht zusammengehörende Schlußmahnungen aus zwei verschiedenen Briefen anzusehen. Erkennt man aber, daß Paulus die beiden Teile als straffen Parallelismus aufgebaut hat, entfällt die Alternative, d^2 entweder auf Kosten der gut sichtbaren thematischen Einheit aufzuteilen oder durch Übergehen der offensichtlichen formalen Trennung als Einheit zu postulieren[140].

Das Gleiche gilt für E. Allerdings bleibt die Frage offen, wie sich 2,19-24 zu 2,25-30 verhält. Dies muß auf thematischer Ebene weiter untersucht werden, obwohl es ein kleines Problem ist, werden diese Teile doch durch das Thema "Sendung von Mitarbeitern" stark zusammengehalten.

Doch neben den Fragen betreffs des Hymnus sind noch zwei weitere Fragen zur Struktur offen geblieben. Diese Fragen betreffen ausgerechnet die crux interpretum des Philipperbriefes, also den Vers 3,1. Was ist die Funktion von 3,1a und 3,1b? Wie stehen sie zum Briefkorpus und was bedeuten sie eigentlich?

Diese Fragen sollen nun in umgekehrter Reihenfolge behandelt werden. 3,1b ist hier die eigentliche Schwierigkeit, denn obwohl hier τὰ αὐτά korrekt mit "dasselbe" übersetzt werden darf, kann diese Übersetzung trotzdem irreführend sein, denn im Deutschen wird hier nicht zwischen Plural und Singular unterschieden, wohl aber im Griechischen. Und hier steht ein Plural, und mit einem konkordanten Vergleich läßt sich leicht feststellen, daß in der paulinischen Literatur τὰ αὐτά selten vorkommt und immer auf eine Vielheit bezogen ist[141].

Das heißt, daß diese Wendung sich nicht nur auf den Aufruf zur Freude bezieht, wie es seit Bengel die Mehrzahl der Exegeten meinen. In 2,18 verwendet Paulus ausdrücklich einen Singular (τὸ αὐτό) im Zusammenhang mit dem Aufruf zur

---

140 s. o. bei Anm. 114.

141 Röm 2,1: Hier meint es alle von 1,18ff an aufgezählten Sünden (vgl. 1,32 und 2,2f: τὰ τοιαῦτα); Phil 3,1; 1 Thess 2,14: Auf die Leidenserfahrungen der Gemeinde in Thessalonich und der in Judäa bezogen; in Eph 6,9 ist es schwieriger zu sehen, auf was diese Wendung sich bezieht. Sicher bezieht sie sich aber auf mehrere Dinge, wahrscheinlich auf die drei Partizipien in 6,6-8.

Freude. Auch wenn man diesen adverbial verstehen kann, darf man diese Stelle nicht einfach übergehen[142]. Aber 3,1b bezieht sich auch nicht auf eine früher gegebene Warnung vor "Irrlehrern", wie andere vorschlagen, da damit der Plural ebenso wenig verständlich würde.

Geht man aber davon aus, daß Paulus hier nicht nur einen Plural schreibt, sondern auch einen meint, ergibt sich eine erstaunliche Bedeutung. Da das Briefkorpus ein großer Parallelismus ist und da 3,1b ganz am Anfang des zweiten Teiles dieses Parallelismus steht, ist klar, wieso dieser Satz hier zu finden ist. Paulus leitet damit den ganzen zweiten Teil und somit auch a^2 ein, indem er den Philippern sagt, daß es ihm nicht peinlich ist, dieselben Dinge nochmals zu schreiben, denn es bedeutet für sie, daß sie stark werden. Mit dem τὰ αὐτά meint er also nicht nur die Aufforderung zur Freude oder die Warnung vor Gegnern - das kann schon vom Griechischen her nicht sein - sondern er bezieht diese Wendung auf beides und auf alles, was noch kommt. Sicher, nicht alles ist Wiederholung der ersten Hälfte des Briefes im kongruenten Sinn, sondern auch komplementäre Ergänzung und Entfaltung. Aber neben dem vielen, das sich wörtlich wiederholt, kommen überall dieselben Grundthemen vor. Paulus zeigt an entscheidender Stelle, wie er diesen Brief respektive diese Rede konzipierte. 3,1b gehört nicht nur zum zweiten Teil des großen Parallelismus, sondern auch zu a^2.

4.8 Die Funktion von 3,1a

Ganz anders ist die Situation in 3,1a mit der Aufforderung zur Freude. Dieser Vers läßt sich weder in e^1 noch in a^2 befriedigend integrieren. In e^1 geht es eindeutig um ein anderes Thema, der Beginn von a^2 aber ist 3,1b. So steht dieses Sätzchen etwas verloren da in diesem Brief. Doch betrachtet man seine Stellung im Parallelismus, so sieht man, daß es das exakte Zentrum dieses "Makro"-Parallelismus bildet, indem es zwischen a^1-e^1 und a^2-e^2 steht. Dadurch liegt auch dessen Funktion auf der Hand. Wenn Paulus den Brief so exakt parallel aufgebaut hat, wollte er an dieser zentralen Stelle nicht irgendetwas aus dem Inhalt des Briefes stehen haben, sondern etwas, das ihm von zentraler Bedeutung gewesen war. Damit macht aber Paulus schon durch sein Konzept deutlich, daß ein Hauptthema dieses Briefes die Aufforderung zur Freude ist.

Der "ungehobene Stein des Anstoßes in 3,1"[143] ist damit nicht nur gehoben, sondern selber - wenn auch nicht zum Eckstein - zu einem der vielen tragenden Steine dieser Hypothese geworden.

Stimmt dieses Resultat, hat man damit einen texteigenen, nicht von außen herangetragenen Schlüssel zur Exegese dieses Briefes in der Hand. Ohne die für uns

---

142 Vgl. auch die anderen paulinischen Wendungen τὸ αὐτό mit Verb: Röm 12,16; 15,5; 1 Kor 1,10; 7,5; 2 Kor 13,11. Rolland (214) und O'Brien (350) hingegen übersetzen richtig.
143 Holtzmann, 285.

ungewohnte Struktur zu erkennen, hat J. A. Bengel das gesehen[144]. Paulus zeigt aber damit auch, daß er das rhetorische Metier so beherrschte, daß die Rhetorik ihre Wirkung tut, auch wenn der Hörer oder Leser ihr Muster nicht erkennt[145]. Bengel muß ein guter "Zuhörer" des Philipperbriefes gewesen sein.

4.9 Die Funktion des Hymnus 2,5-11

So bleibt nur noch die Frage des Hymnus offen. Da alle fünf Parallelismen praktisch den gleichen Umfang haben, besteht auch der große Parallelismus, den sie bilden, eigentlich aus zwei gleich langen Teilen. Der Philipperhymnus fällt hier aus der Reihe. Dieser Eindruck verblaßt aber sofort, wenn man den großen Parallelismus auflöst in seine fünf Grundthemen, indem man die einzelnen Abschnitte mit jeweils denselben Grundthemen zusammen nimmt. Stellt man a^1 zu a^2, b^1 zu b^2 und führt man dies bei allen fünf Parallelismen durch, so kommt der Hymnus genau zwischen c^1 (=2,1-4) und c^2 zu stehen. Da C aber der dritte von fünf Parallelismen ist, seine Mitte aber durch 2,5-11 gebildet wird, steht der Hymnus genau im Zentrum des Briefkorpus mit seinen fünf parallel aufgebauten Grundthemen. Der Hymnus ist somit das exakte thematische Zentrum des Briefes.

In der thematischen Mitte des Briefes an die Philipper steht der Herr Jesus Christus selber, seine Präexistenz, seine Menschwerdung, seine Erniedrigung bis zum Tod am Kreuz und seine Erhöhung, und auch die Aufforderung, ihm nachzueifern. Für Paulus ist das so im Mittelpunkt, daß er offensichtlich sämtliche Register zieht, nun dies auch auf formaler Ebene auszudrücken. Daß er damit den rhetorischen Anforderung der Antike mehr als genügend nachkommt, nicht nur etwas zu sagen, sondern dies auch auf eine mit dem Inhalt übereinstimmende Art und Weise auszudrücken, muß nicht mehr besonders erwähnt werden.

So wird ersichtlich, daß neben Bengel auch E. Lohmeyer ein sehr guter "Zuhörer" dieses Briefes war, hat doch dieses Zentrum des Briefes tief auf ihn gewirkt, denn er sah das Thema des Martyriums als für diesen Brief bestimmend an. Dies ist zwar nicht eine exakte Terminologie, wie R. Jewett nachweist, da es nicht um Martyrium - ein Begriff der zu dieser Zeit noch gar nicht die Bedeutung hatte, die Lohmeyer ihm beimißt - sondern viel allgemeiner um Leiden geht[146]. Doch immerhin war Lohmeyer praktisch der einzige, der den Vorrang dieses Themas erkannte. Er spürte auch, wie der Hymnus die Mitte bildet, freilich ohne dies auf formaler Ebene nachweisen zu können. "Dieser Hymnus ist keine Abschweifung, sondern die nun sichtbar gewordene Mitte aller Paränese,"[147] heißt es bei ihm. So konnte auch diese Aussage von Paulus ihre Wirkung sogar bei einem modernen

---

144 s. oben bei Anm. 14.
145 "Dagegen ist eine empirische Beherrschung oder eine schulrhetorische Erkenntnis der vom Redenden verwandten rhetorischen Formen beim Zuhörer nicht notwendig." Lausberg, 14.
146 Jewett, Epistolary Thanksgiving, 51.
147 Lohmeyer, Philipper, 7.

Menschen tun, ohne daß das dahinterstehende rhetorische Konzept dafür erkannt werden mußte.

Über die Gliederung und den formalen Aufbau dieses Hymnus sind sich die Exegeten - wie dies auch bei vielen anderen Themen des Briefes der Fall ist - gar nicht einig. Hawthorne stellt fünf verschiedene Positionen dar. Die einen teilen die Verse 2,6-11 in sechs Strophen mit je drei Linien (z. B. Lohmeyer) ein. Andere sehen sechs Reimpaare (Martin). Wieder andere entdecken nur fünf Strophen (z. B. Eckman), oder vier (Collange) oder sogar nur drei (Cerfaux). Alle diese Theorien müssen sich den Text durch gewisse Streichungen respektive mit Annahmen von späteren Interpolationen anpassen. Hawthorne meint dazu: "(...) the necessity of omitting words and phrases, or altering expressions to make the strophes come out right according to some preconceived notion of what they should be, makes one suspicious of the whole procedure and causes one to ask whether this is not just some sort of game that scholars play"[148].

Nochmals eine andere Hypothese trägt O. Hofius vor. In Weiterentwicklung von Jeremias' und Deichgräbers Vorschlag, sieht er den Parallelismus membrorum als bestimmendes Prinzip in diesem Hymnus. Im ganzen bestehe der Hymnus aus sieben Parallelismen (6a + b, 7a + b, 7c + d, 8a + b, 9a + b, 10a + b, 11a + b) und der vierte und der siebte hätten je einen Erweiterungssatz (8c, 11c)[149]. Die Stärke seines Vorschlages liegt darin, daß er den Text nicht durch Streichungen anpassen muß.

Nur eine Einteilung des Hymnus scheint akzeptiert zu sein. Diese geht von einer grundlegenden Zweiteilung aus[150]. Das διό am Anfang von 2,9 bildet klar einen markanten Einschnitt im Hymnus, der auch durch einen Subjektwechsel von Jesus Christus zu Gott markiert ist. Ebenfalls ist diese Zweiteilung des Hymnus thematisch sehr gut sichtbar. Ist in der ersten Hälfte Jesus Christus der, der sich selber erniedrigt, so ist es in der zweiten Hälfte Gott, der ihn erhöht, und die ganze Schöpfung, die ihm huldigt[151].

Weiter ist auch kaum umstritten, daß der Hymnus sowohl hellenistische als auch semitische Elemente besitzt. Die semitischen Elemente werden bei der Parallelismus membrorum-Hypothese von Hofius sehr gut sichtbar, ist der Parallelismus membrorum doch ein Grundbaustein der Psalmendichtung. Aber schon Lohmeyer findet zusätzlich in seinem Partizipial-, seinem Verbal- und seinem Nominalstil solche Elemente[152]. Auf der anderen Seite gibt es aber auch Begriffe und Wendungen wie Vers 10b, die nur in griechischer Sprache vorstellbar sind. So kommt er zum Schluß, "daß das Gedicht wohl ursprünglich griechisch geschrieben

---

148 Hawthorne, 76f.
149 Hofius, 8ff.
150 Müller, 19.
151 Auch Hawthorne (77) und G. Barth (41) bestehen auf dieser Einteilung, obwohl sie jede weitergehende Gliederung ablehnen.
152 Lohmeyer, Kyrios, 10f.

ist, aber von einem Dichter, dessen Muttersprache semitisch war; oder mit anderen Worten, es ist ein judenchristlicher Psalm."[153]

Dennoch ist die Frage noch nicht geklärt, wie streng der Hymnus aufgebaut ist, denn obwohl Lohmeyer schon die "Strenge der strophischen Bildung und die bis ins Feinste durchgeführte Gliederung" dieses Liedes postulierte[154], bleibt zu fragen, wie weit diese Strenge wirklich geht, wenn unterdessen so verschiedene Gliederungsvorschläge vorliegen.

J. Schattenmann hat 1965 eine sehr interessante und hilfreiche Studie zum neutestamentlichen Prosahymnus veröffentlicht, die weitgehend unbekannt geblieben ist[155]. Er zeigt, daß unser Hymnus nach zeitgenössischen Stilkriterien aufgebaut ist, wie sie sich auch in anderen neutestamentlichen, aber auch in hellenistisch-heidnischen Hymnen finden. Die erhaltenen Hymnen zeigen einen strengen Aufbau. Dieser besteht nicht aus einer nach einem bestimmten Schlüssel festgelegten Wortanzahl, sondern aus einer genau geplanten Silbenanzahl. Verschiedene Hauptteile sind gleich lang, und Schlüsselwörter sind zentral gesetzt.

Die zwei Teile des Philipperhymnus bestehen aus je 90 Silben, der zweite Teil evtl. auch aus 91 (Schattenmann streicht mit einigen Textzeugen das τό des τό ὄνομα)[156]. 91 ist die Dreieckszahl von 13[157]. Nach solchen Dreieckszahlen sind sämtliche von ihm untersuchten Hymnen aufgebaut. Schließlich steht das Wort σταυρός zentral im Mittelpunkt, wie dies auch bei anderen Hymnen mit deren jeweiligen Hauptbegriffen der Fall ist[158]. Stimmt das alles, muß der Hymnus auf das exakteste geplant worden sein.

Wenn das aber zwei genau gleich lange Abschnitte sind, die dieses Kunstwerk unterteilen, spricht das für ein paralleles Grundmuster. Der Vergleich der Bewegungsrichtungen in den beiden Teilen legt es nahe, besser von einem Chiasmus zu sprechen: Geht die Bewegung doch von ganz oben, von Gott, zuunterst hinunter zum Kreuz, um anschließend wieder zur vollen Herrlichkeit zurückzukehren. Diese chiastische Spannung zeigt sich auch gut beim Vergleich des Mittelwortes mit den Anfangs- und Schlußwörtern:

ὃς ἐν μορφῇ θεοῦ - σταυροῦ - εἰς δόξαν θεοῦ πατρός.

Damit würde auf formaler Ebene im Zentrum des großen Parallelismus des Philipperbriefes ein Chiasmus stehen, auf thematischer Ebene aber im Mittelpunkt dieses Christus-zentrierten Briefes das Kreuz.

---

153 Ebd., 9.
154 Ebd., 8.
155 Schattenmann, J., Studien zum neutestamentlichen Prosahymnus, München 1965.
156 Ebd., 14.
157 Ebd., 106.
158 Ebd., 12.

4.10 Der große Parallelismus des Philipperbriefes

Dieses frappante Ergebnis hat natürlich Konsequenzen auf verschiedenen Gebieten[159]. Man muß z. B. neu überdenken, wie Paulus seine Briefe geschrieben hat und was seine Voraussetzungen waren, überhaupt einen solchen Brief zu schreiben[160]. Doch an dieser Stelle müssen zuerst die unmittelbaren Konsequenzen für die Strukturebene des Philipperbriefes dargelegt werden.

Der Philipperbrief ist ein Schreiben, dessen Korpus aus zwei parallel stehenden Hälften besteht, die nochmals in je fünf weitere Parallelismen unterteilt sind. Mit dem Begriff Parallelismus ist hier nicht nur ein paralleler Anklang gemeint, sondern eher das, was man unter einem Parallelismus membrorum versteht, nur daß diese Stilfigur sich hier ungewohnterweise auf größere Texteinheiten bezieht[161].

Dieses Briefkorpus hat folglich zwei Zentren. Das eine steht zwischen den beiden Gliedern des großen Parallelismus, das andere zwischen den zehn sich zu je zwei Abschnitten gegenüberstehenden Texteinheiten. Beides sind Zentren, die allein schon durch ihre Stellung auf formaler Ebene als solche gekennzeichnet sind.

1. Zentrum:

$a^1 + b^1 + c^1 + d^1 + e^1 + 3{,}1a$: "freuet euch" $+ a^2 + b^2 + c^2 + d^2 + e^2$

2. Zentrum:

1. Thema:	$A = a^1$	+	a^2
2. Thema:	$B = b^1$	+	b^2
3. Thema:	$C = c^1$	+ Philipperhymnus +	c^2
4. Thema:	$D = d^1$	+	d^2
5. Thema:	$E = e^1$	+	e^2

---

159 Unterdessen ist auch Ph. Rolland diesem Aufbau auf der Spur. "L'Epître est structuré de manière très unifiée." Er beobachtet den engen Bezug zwischen dem Präskript und Proömium mit 4,10-20 und dem Prostskript (213). Vor allem hat er auch die zwei großen parallelen Teile des Philipperbriefes entdeckt: 1,12-2,30; 3,1-4,20 ("deux parties parallèles"). Von den fünf Parallelismen entdeckt er drei. 1,12-26 steht 3,1-16 gegenüber, 1,27-2,18 gegenüber 3,17-4,9, 2,19-30 gegenüber 4,10-20. Diese sind exakt die gleichen wie in dieser Arbeit. Allerdings erwähnt er die weitere Dreiteilung der Paränese nicht. Auch er sieht im zweiten Hauptteil eine Art von Wiederholung des ersten. Das τὰ αὐτὰ übersetzt er richtig mit "les mêmes choses" (214). Er erwähnt ebenfalls viele der Wort-Parallelen in diesen je drei Teilen.

160 Vgl. 8.2.

161 Näheres dazu unter 7.3.

3. Beide Zentren in ihrer Stellung zu einander:

Abschnitte:	1.	2.	3.	4.	5.	Zentrum	6.	7.	8.	9.	10
Parallelismen:											
						freuet euch!					
$A = a^1$	a^1										
$+ a^2$							$+ a^2$				
$B = b^1$		b^1									
$+ b^2$								$+ b^2$			
$C = c^1$			c^1								
$+ Zentrum$						$+ Hymnus$					
$+ c^2$									$+ c^2$		
$D = d^1$				d^1							
$+ d^2$										$+ d^2$	
$E = e^1$					e^1						
$+ e^2$											$+ e^2$
						freuet euch!					

Da das "freut euch" zwischen e^1 und a^2 steht, ist es hier zweimal zu finden, nämlich nach e^1 und vor a^2, aber dieselbe Höhe zeigt an, daß es sich um dasselbe handelt.

Daß beide Zentren etwas miteinander zu tun haben, zeigt neben ihrer Position im Parallelismus ein weiteres Indiz. In 3,1a geht es um die Freude ἐν κυρίῳ, und der Hymnus entfaltet gemäß 2,5 die richtige Gesinnung ἐν Χριστῷ Ἰησοῦ. Diese Aussagen sind dadurch verbunden, daß sie beide in den Bereich des Herrn Jesus Christus gehören.

Wenn Paulus zwei Aussagen in einem Brief so zentral gesetzt hat, ist es berechtigt zu fragen, ob diese Aussagen dann nicht überall im Brief immer wieder vorkommen und wie sie sich zueinander verhalten. Dies wird ein wichtiger Schlüssel für die Exegese sein, falls dessen Anwendung auf den ganzen Brief zeigt, daß er paßt. Das muß im folgenden geprüft werden.

Zusammenfassung

Paulus hat mit dem Philipperbrief auf formaler Ebene ein sprachliches Kunstwerk geschaffen. Die Makrostruktur des Briefkorpus wird durch die Parallelität des Aufbaus von Phil 1,12-2,30 einerseits und 3,1-4,20 andererseits gegeben. Beide Hälften bestehen aus je fünf sich entsprechenden Teilen. Der erste Teil enthält je einen längeren Selbstbericht, die drei mittleren Teile paränetische Weisungen und der letzte Teil Korrespondenz. Die Parallelität zeigt sich u. a. an der identischen Länge, am auffälligen Gebrauch von gleichem Wortmaterial und an sich entsprechenden formalen Strukturen innerhalb der fünf parallelen Abschnitte.

Formale Zentren des Aufbaus sind der Hymnus mit der auf das Kreuz hinführenden Gesinnung Christi (2,5-11) und der Aufruf zur Freude im Herrn (3,1a).

5 Die Themen des Briefkorpus

5.1 Der Aufbau des Briefkorpus als Sinnträger

Für die antike Rhetorik ist die Rede eine Einheit, die in sich harmonisch gegliedert und geplant ist. So ist einer der fünf notwendigen, allgemein anerkannten Schritte zur Herstellung einer Rede, daß man das Material für diese "nicht nur hinsichtlich der Anordnung, sondern auch nach der Bedeutung und entsprechend seinem Urteil ordnen und zusammenstellen"[162] muß. Inhalt und Form müssen übereinstimmen. Aussagegehalt und Aussagegestalt müssen sich decken[163]. Wie weit im Philipperbrief rhetorische Stilmerkmale verarbeitet sind, muß weiter unten gefragt werden[164]. Ebenfalls muß der Brief nach epistolographischen Stilmerkmalen abgetastet werden, und es muß geprüft werden, wie sehr sich Form und Inhalt auf der brieflichen Ebene entsprechen[165]. Aber allein schon die antike Redetheorie gibt genügend Grund, um diesen antiken Text thematisch von seiner formalen Gestalt her zu untersuchen, da vermutet werden kann, daß sich die formale und die thematische Ebene entsprechen.

In der formalen Behandlung der Parallelismen A bis E wurde deren thematische Parallelität kurz angedeutet; diese muß nun eingehender untersucht werden. Vor allem aber muß mit einem starken Einfluß des Themas "Freude im Herrn" und des Hymnus überall im Briefkorpus gerechnet werden, da diesen beiden Themen auf formaler Ebene eine solch zentrale Stellung gegeben wird.

Deshalb wird zuerst das Thema von 2,5-11 und dessen Bedeutung im Briefkorpus untersucht, dann soll die Bedeutung des zentral gestellten Aufrufes zur Freude geprüft werden, um darauf mit diesem Ertrag die fünf Parallelismen einzeln auf ihren thematischen Bezug zu untersuchen. Es soll das sorgfältige formale Konzept, das sich im Briefkorpus gezeigt hat, konsequent als Schlüssel für die thematische Erschließung des Briefes gebraucht werden. Der Brief selber muß zeigen, ob dieser Schlüssel paßt und ob dadurch sein Inhalt verständlicher wird.

5.2 Das Thema des Hymnus

Die formale Ebene hat die Zweiteiligkeit des Hymnus gezeigt. Im ersten Teil 2,6-8 geht es um die Selbsterniedrigung von Jesus Christus und im zweiten Teil 2,9-11 geht es um dessen Erhöhung durch Gott und um deren Folgen. Der ganze

---

162 So bei Cicero, 121 (vgl. 257).
163 Ebd., 281.
164 Vgl. 7.2.
165 Vgl. 7.1.

Hymnus wird mit Vers 5 paränetisch eingeleitet, obwohl dieser selber nicht mehr paränetisch ist, wie noch gezeigt wird.

Der Hymnus teilt jedoch die Meinungen der Exegeten etwa gleich stark, wie dies der Philipperbrief als Ganzes tut. Nicht nur seine Struktur ist umstritten[166], sondern auch seine Urheberschaft, die Abfassungszeit, die Interpretation seiner Christologie, die Funktion im Zusammenhang des Briefes und anderes mehr. Auf diese Probleme soll hier nur insoweit eingegangen werden, als sie für diese Arbeit wichtig werden. Der Hymnus soll nur in seiner Funktion in und für diesen Brief untersucht werden. Selbstverständlich werden sich daraus dennoch gewisse Konsequenzen für einige von diesen Fragestellungen geben.

Luther übersetzte 2,5 mit "ein jeder sei gesinnt, wie Jesus Christus auch war". Hauptproblem in diesem Satz ist, daß im Griechischen im zweiten Teil das Verb fehlt. So wie Luther übersetzt, wird damit der Weg Christi im Hymnus als Vorbild dargestellt. Dieses Verständnis war sehr lange kaum angefochten. Haupt sah im Weg Christi das "Muster"[167] und Lohmeyer das "Beispiel"[168]. In der neueren Forschung wurde hingegen diese Position häufig bestritten. Käsemann sieht im Hymnus "eine Darstellung des Heilsgeschehens". "Man wird also bei dem Verständnis bleiben müssen, daß Vers 5 den Hymnus einleitet und die Philipper ermahnt werden, sich untereinander so zu verhalten, wie es im Bereich des Christus angemessen ist."[169] Gnilka versteht den Hymnus nicht exemplarisch, sondern soteriologisch. Mit dem "in Christus" fordere Paulus die Philipper auf, jene Gesinnung zu haben, die sich "im Einfluß- und Machtbereich des persönlichen Christus" gezieme[170]. Ähnlich versteht G. Barth Vers 5: Es geht "um die Gesinnung, die in Christus Jesus gilt, die durch das Heilsgeschehen begründet ist, die im Bereich des Christus angemessen ist."[171] Nicht nur mit der Bedeutung von "in Christus" argumentierend, lehnt auch G. Friedrich jene Auslegung ab: "Sollte Christus nur als Vorbild für die selbstlose Gesinnung gezeigt werden, dann würden die Verse 6-8 genügen."[172] Die Verse 2,9-11 widersprächen dieser Auslegung, da sie von der Erhöhung Christi sprechen, die nicht ethisches Vorbild sein könne.

Unter diesem Vorbehalt aber scheint keiner von den genannten Exegeten einen gewissen paränetischen Vorbildcharakter des Hymnus abzustreiten. Besonders deutlich sichtbar ist das bei G. Barth. Für ihn ist "der Vorbildgedanke durchaus eingeschlossen"[173].

Neuerdings vertritt Hawthorne[174] wieder eine konsequente Vorbildauffassung[175]. Er verweist auf die parallele Stellung von ἐν Χριστῷ ᾽Ιησοῦ zu ἐν ὑμῖν

---

166 s.o. bei Anm. 148.
167 Haupt, 63.
168 Lohmeyer, Kyrios, 13.
169 Käsemann, 91.
170 Gnilka, 110.
171 Barth, G., 41.
172 Friedrich, 1976, 151.
173 Barth, G., 41.
174 Hawthorne, 80f.

und betont, daß diese grammatikalische Parallelstellung auch eine Parallelbedeutung impliziert. Damit kommt er aber wieder zu einer dem Sinn nach der Übersetzung von Luther ähnlichen Auslegung.

Die weitere Exegese des Hymnus und des Briefes wird zeigen, daß diese alte Deutung auch wegen anderer Gründe plausibler ist[176]. Auch wenn bei Paulus das Geschehen, von dem der Hymnus berichtet, sicher soteriologische Bedeutung hat, und es wahrscheinlich ist, daß er auf diese mehr implizit als explizit vorausgesetzte soteriologische Bedeutung aufbaut, so hat der Weg Christi im Philipperbrief eindeutig Vorbildfunktion[177]. Doch um das zu sehen, muß man zuerst diesen Weg Christi genauer betrachten.

Wie gesagt besteht dieser im Hymnus beschriebene Weg aus zwei Teilen: Zuerst die Selbsterniedrigung und dann die Erhöhung durch Gott. In Vers 6 bis 8 geht es um die Selbsterniedrigung. Die Selbsterniedrigung ist sehr dynamisch dargestellt. Es ist eine Abfolge von Taten. Eine Erniedrigung führt von etwas Höherem zu etwas Niederem. Während der Inhalt des "Niederen", der Tod am Kreuz, allgemein anerkannt wird, ist die Bestimmung des "Höheren" ein weiterer strittiger Punkt in der Philipperexegese. Die ältere Exegese hat darin eindeutig die Präexistenz von Jesus Christus gesehen[178]. Doch in letzter Zeit wurde dieser Gedanke vehement zugunsten einer Auffassung abgelehnt, die diese Stelle als Adamstypologie im Sinne eines bloßen Menschseins Christi versteht.

Ein Vertreter dieser Richtung ist M. Rissi. Er meint, daß sich Jesus Christus als wahrer Mensch nicht der Sünde Adams schuldig gemacht habe, indem er sich wie dieser selbst erhöhte, sondern daß er gerade das Umgekehrte tat und sich selber erniedrigte und gehorsam wurde bis zum Tod am Kreuz. Das ἐν μορφῇ θεοῦ ὑπάρχων deutet er mit Hilfe von Gen 1,27 als Beschreibung des wahren Menschseins nach dem Bilde Gottes[179]. Das ἐν ὁμοιώματι ἀνθρώπων γενόμενος und das ἐν σχήματι εὑρεθεὶς ὡς ἄνθρωπος in Vers 7 versteht er als sachliche Parallele dazu[180].

Doch eine solche Auslegung birgt große Schwierigkeiten in sich. Erstens steht im Hymnus nichts davon, daß Jesus Christus ἐν ὁμοιώματι ἀνθρώπων war, son-

---

175 Meiner Meinung nach favorisiert er unnötigerweise die schlecht bezeugte Lesart φρονεῖσθω, da ἐν ὑμῖν zusammen mit φρονεῖτε "in euch" heiße, und dies zu sagen überflüssig wäre, da man eine Gesinnung nicht außerhalb von sich haben könne. Es scheint, daß Hawthorne hier zu individualistisch denkt, denn der Ansprechpartner von Paulus ist schließlich die ganze Gemeinde. Wenn man τοῦτο φρονεῖτε ἐν ὑμῖν als "diese Gesinnung sei in euch" mit "in eurer Gemeinde" oder "in euren Beziehungen" versteht, hat man mit φρονεῖτε keine Probleme.
176 Auch gegen Lohse, der die ethische Vorbildbedeutung der "Nachahmung Christi" bei Paulus prinzipiell bestreitet (38f).
177 Vgl. dazu Röm 15,5-7: Zu "derselben Gesinnung untereinander gemäß Christus" (15,5) gehört ein Verhalten, das dem von Christus gleich ist (15,7). Jesus Christus hat hier im Zusammenhang mit der richtigen Gesinnung eine eindeutige Vorbildfunktion.
178 Z. B. Lohmeyer, Kyrios, 13.
179 Rissi, 3317.
180 Ebd., 3320.

dern daß er es wurde (γενόμενος), daß also eine Bewegung vom "In-Gestalt-Gottes-Sein" (Vers 6) zum Menschsein stattgefunden hat. Es fällt auf, daß Rissi zu diesem γενόμενος schweigt. Die Kenosis reduziert er auf die Lebenshingabe[181]. Weiter wird Jesus Christus durch diese Auslegung zu einem sündlosen Idealmenschen. Ein solcher müßte aber für Paulus einen klaren Widerspruch zu seiner im Römerbrief aufgeschriebenen Auffassung darstellen, daß οὐκ ἔστιν δίκαιος οὐδὲ εἷς (3,10). Rissi wird nicht müde zu zeigen, daß es sich trotz allem nicht um eine Idealgestalt handle[182] und die Sündlosigkeit zwar entscheidend wichtig[183], aber das Problem, daß alle Menschen außer Christus Sünder sind, gar kein Thema in diesem Hymnus sei[184]. Diese Auslegung führt somit in echte Schwierigkeiten.

N. T. Wright[185] unterscheidet mindestens zehn signifikant unterschiedliche Verständnisse von Vers 6. Diese werden von ihm ausführlich behandelt und tabellarisch dargestellt. Er selber kommt zu einer klassischen, gut begründeten Präexistenzauslegung. Jesus Christus war vor seiner Selbsterniedrigung Gott gleich[186]. Er weigerte sich, einen Vorteil daraus zu ziehen, und erniedrigte sich gehorsam[187]. Wright beachtet ebenfalls die Parallele von Christus und Adam, aber er versteht sie im Gegensatz zu Rissi noch antithetischer. "Adam, in arrogance, thought to become like God: Christ, in humility, became man."[188]

Eine meiner Meinung nach noch weiterführende Interpretation findet sich bei C. A. Wanamaker. Auch er sieht in 2,6 eine Präexistenzaussage. Nur versteht er diese, und damit den ganzen Hymnus unter dem Vorzeichen einer Sohn-Gottes-Christologie. Bei ihm ist eine eingehende Kritik der Adamchristologien zu finden. Er kritisiert bei solchen Auffassungen u. a., daß sie den scharfen Kontrast zwischen dem ἐν μορφῇ θεοῦ ὑπάρχων und dem μορφὴν δούλου λαβών nicht sehen wollen. Er selber kann diesen betonen, versteht er doch das ἐν μορφῇ θεοῦ ὑπάρχων als Ausdruck der Gottes-Sohnschaft von Jesus Christus: "The word μορφή was often used in discussing the relationship of a child to his parents because, as everyone from time immemorial has observed, children to a greater or lesser extent resemble their parents in outward appearance."[189] Es geht also um eine Gottgleichheit im Sinne einer Gleichheit von Vater und Sohn und nicht um eine Funktionsgleichheit oder eine Wesensgleichheit, wie dies bei Wright den Anschein hat. Der Sohn gleicht dem Vater, auch wenn er noch nicht dessen Stellung innehat oder sogar dessen Erbe angetreten hat. So gesehen hat die erste Hälfte des Hymnus ihre Entsprechung in anderen Briefen von Paulus, in denen es um die Sendung des

---

181 Ebd., 3316.
182 Ebd., 3324.
183 Ebd.
184 Ebd., 3320.
185 Bei ihm ist auch eine ausführliche Diskussion der "res rapta"-, "res retinenda"- und "res rapienda"- Problematik zu finden.
186 Ebd., 344.
187 Ebd., 351.
188 Ebd., 348.
189 Wanamaker, 183f.

Sohnes in diese Welt geht (Röm 8,3-4; Gal 4,4-5). Die zweite Hälfte hat ebenfalls ihre Entsprechung an Stellen, in denen es darum geht, daß der, der schon Sohn ist, Macht und Herrschaft von Gott empfängt (Röm 1,4)[190].

Das οὐχ ἁρπαγμὸν ἡγήσατο versteht Wanamaker so, daß Christus nicht nach derselben Stellung trachtete, wie sie der Vater hatte[191], sondern sich selbst erniedrigte und so auf die Ehrenstellung mit allen dazu gehörenden Vorteilen verzichtete, die dem Sohn rechtmäßig zusteht. Er wurde Sklave. Der Sklave steht in scharfem Gegensatz zur Sohnesstellung. Deshalb, weil der Sohn sich vollkommen erniedrigte, erhöht ihn nun der Vater über alle Maßen und gibt ihm die Stellung, nach der er selber nicht gegriffen hat. "What Christ refused to grasp at God has granted as a reward for his self-abasement and suffering."[192]

Der wie Gott Seiende oder eben der Sohn Gottes entäußerte sich seiner Stellung. Durch diese Kenosis wurde er Sklave. Der Sklave hat im antiken Haushalt die extreme Gegenposition zum Hausherrn und dessen Familie. Diesen wurde gedient, jener mußte dienen. Jesus Christus wurde das Sklavesein nicht einfach zugeteilt, sondern er übernahm diese Rolle aktiv. Das gilt übrigens für die ganze Erniedrigung, sogar für den Gehorsam, denn er "wurde" gehorsam. Es scheint, daß diese "Selbstversklavung" Schlüsselbegriff für die ganze Erniedrigung ist. Nur so ist plausibel, wieso der Hymnus nicht das zu erwartende Gefälle Mensch, Sklave, Tod, Kreuzestod enthält, sondern daß zuerst die Bezeichnung Sklave kommt. Das Sklavewerden des Sohnes führt dazu, daß er sich seiner Stellung entleerte (ἐκένωσεν) und seine Rechte aufgab, indem er Mensch und eben Sklave wurde, und sich erniedrigte bis zum Tod, ja bis zu einer der entehrendsten Todesarten der Antike, dem Kreuzestod. Nicht nur das Sklavesein ist ein deutlicher Gegensatz zum Sohnsein, sondern auch die Menschwerdung ist der Göttlichkeit des Sohnes scharf gegenübergestellt. Ebenso verhält es sich mit der Erniedrigung des Unsterblichen zum Tod und mit der Verunehrung des Sohnes durch den Verbrechertod am Kreuz.

Selbsterniedrigung und Selbstentleerung heißen folglich für Jesus Christus: nicht auf seiner göttlichen Vorrangstellung beharren oder gar sie erweitern, sondern Sklave werden, Mensch werden, sein Leben loslassen und seine Ehre aufgeben.

Aufgrund dieser Selbsterniedrigung erhöht ihn nun Gott aufs äußerste (ὑπερύψωσεν). Dieses Verb erscheint sonst nirgends im Neuen Testament[193]. Hier wird damit ausgedrückt, daß Christus von Gott mehr erhöht wird, als aufgrund seiner Erniedrigung zu erwarten war. Das ist ein Hinweis, daß man in Vers 6 besser nicht von einer Wesens- und Funktionsgleichheit, sondern von der Sohnschaft ausgeht. Denn in 2,9-11 wird Jesus in diese Funktionsgleichheit, ja sogar fast

---

190 Ebd., 184.
191 Ebd., 188.
192 Ebd., 190.
193 Liddle-Scott, "exalt exceedingly". Nur Phil 2,9 wird als Beleg angegeben. Für das Passiv gibt es ebenfalls nur biblische Belege: Ps 36,35; 96,9 (LXX).

Wesensgleichheit eingesetzt. Der Vater gibt ihm seinen eigenen Namen und Titel "Herr". Sowohl der hebräische Titel "Herr" als auch der Name Gottes wurden bekanntlich damals synonym mit "Herr" (*adonai*) ausgesprochen. Oder mit der Sohn-Vater-Terminologie ausgedrückt, heißt dies: Gott der Vater hat seinen Sohn Jesus Christus das Erbe antreten lassen[194]. Er ist nun der κύριος[195].

Die Folge dieser Erhöhung ist, daß die ganze Schöpfung nun diesen Jesus Christus anbetet, indem sie ihre Knie in seinem Namen beugt und bekennt, daß der Herr (Kyrios) Jesus Christus ist. Die Einsetzung des Sohnes in die Stellung des Vaters führt zuletzt wiederum zur Verherrlichung Gottes des Vaters, εἰς δόξαν θεοῦ πατρός.

Was der Sohn losgelassen hat, bekommt er mehr als zurück. Weil er den scharfen Kontrast vom Sohnsein zum Sklavesein nicht gescheut hatte, ist dieser Kontrast noch schärfer geworden, indem der Sklave nicht nur wieder in die Sohnesstellung eingesetzt wurde, sondern sogar in die des Herrn (Kyrios).

Die Selbsterniedrigung des Sohnes hat somit drei Konsequenzen. Die erste Konsequenz ist eine soteriologische. Der Vater erhöht den Sohn unvergleichlich. Das Heil wird dem, der sich selber erniedrigt hat, in überfließender Weise zuteil. Die zweite Konsequenz kann man im weitesten Sinn als missionarisch bezeichnen. Die ganze Schöpfung bekennt Jesus als den Herrn. Die dritte Konsequenz ist eine doxologische. Durch die Erniedrigung des Sohnes und dessen Erhöhung durch Gott und seine Anbetung durch die ganze Schöpfung wird der Vater selber verherrlicht.

Ist dies aber der Inhalt des Hymnus, wird das Folgen für den ganzen Inhalt des Briefkorpus haben, dessen thematisches Zentrum er schließlich ist. Was dies für Folgen sind und wie weit sich das Thema des Hymnus im ganzen Philipperbrief niederschlägt, muß nun in der Beziehung des Hymnus zu den einzelnen Parallelismen gefragt werden.

5.2.1 Der Hymnus und sein Verhältnis zur Einheit A

Schon in A wird ein Zusammenhang mit dem Hymnus deutlich. Auch Paulus befindet sich in einer Art von Selbstentäußerung. Er ist in Fesseln, d. h. im Gefängnis, und es gibt gewisse Leute, die das Evangelium auf eine Weise verkünden, die Paulus schaden soll. Am ehesten ist hier an eine Form von Rufmord zu denken. Das Freiwilligkeitsmoment seiner Kenosis ist zwar nur implizit vorhanden, aber es ist da. Denn schließlich ist er wegen seines Dienstes für Christus im

---

194 Für Käsemann hingegen ist ein quantitativer Zuwachs bei der Erhöhung nicht möglich (83). Dies ist eine Konsequenz daraus, daß er den Hymnus aufgrund eines postulierten hellenistisch-mythischen Schemas interpretiert und nicht aufgrund der Sohn-Gottes-Christologie.

195 Vgl. Hahn: "Auf der andern Seite wird aber eine alttestamentliche Stelle auf den Erhöhten übertragen, die ursprünglich von der Einzigkeit Gottes als des Kyrios sprach (Jes 45,18-25). Die dort allein Gott gebührende Verehrung und Exhomologese wird auf Jesus übertragen." 121.

Gefängnis (schon die Wendung δεσμοί μου in 1,13 erinnert an den unfreien "Sklaven") und nur deshalb wird er verunglimpft, obwohl ihm doch von seiner hohen jüdischen Abstammung (3,5) her Ehre gebühren würde[196]. Besonders interessant sind die Folgen dieser Selbstentäußerung. Durch seine Gefangenschaft haben das ganze Prätorium und "alle übrigen" etwas über Christus erfahren, und Christus wird nun durch viele vermehrt verkündigt (1,13f). Das heißt doch nichts anderes, als daß jetzt schon mehr "Knie sich beugen" und mehr "Zungen" Jesus Christus als Herrn "bekennen". Durch die Selbsterniedrigung von Paulus findet somit dieselbe Reaktion statt, wie dies im Hymnus als zweite Konsequenz der Selbstentleerung Christi geschieht: Der Sohn wird als Herr angebetet und bekannt. Deshalb ist dies für Paulus Grund zur Freude (1,18). Auch in der Erniedrigung, die Paulus noch vollzieht, ist die missionarische Konsequenz schon sichtbar geworden.

Aber noch etwas anderes ist für ihn Grund zur Freude. Er weiß, daß diese Ereignisse ihm selber zum Heil dienen werden (1,18f), und dies heißt im Sinne des Hymnus ausgedrückt, daß diese Selbstentleerung seiner Freiheit und seiner Ehre zu seiner Erhöhung durch Gott führen wird. Paulus erwartet auch für sich eine soteriologische Konsequenz.

Nun steigert Paulus die Parallelität noch zusätzlich. Er sagt, daß das Sterben für ihn Gewinn ist, ja, daß er sogar Lust dazu habe, denn dann wäre er bei Christus. Das Sterben ist die vollkommene Erniedrigung, das σὺν Χριστῷ εἶναι die Erhöhung über alle Maßen. Hier tritt das Moment der Freiwilligkeit ganz stark in den Vordergrund. Paulus weiß nicht, was er wählen soll (τί αἱρήσομαι οὐ γνωρίζω). Zum Sterben hätte er Lust, aber auch das Bleiben hat Vorteile, denn dann kann er noch mehr "Frucht der Arbeit" bringen (1,22f) und zum "Gedeihen" der Philipper wirken (1,25). Die Folge davon wäre, daß Jesus Christus vermehrt und intensiver verkündigt wird. Es scheint, daß Paulus in seiner konkreten Situation sich entscheiden muß, ob er mehr auf seine eigene vollkommene Erhöhung zugehen oder mehr zur Verherrlichung Christi unter den Menschen beitragen soll. Interessant ist, daß er sich hier nicht für seine Erhöhung entscheidet, sondern für die Möglichkeit, den Philippern und anderen noch länger dienen zu können. Damit streicht er sehr deutlich heraus, daß es hier ebenfalls um seinen freiwilligen Entscheid geht.

Paulus scheut sich nicht einmal, noch weiter zu gehen, um dieses freiwillige Element hervorzuheben. Auch hier läßt er die inhaltliche Ebene mit der formalen Ebene korrespondieren. A. J. Droge zeigt in einer Arbeit zum Thema Suizid in der antiken Welt und besonders bei Paulus, daß Paulus in Phil 1,21-26 Wortmaterial gebraucht, das durchaus vergleichbar ist mit dem von antiken Philosophen und anderen, die überlegt haben, ob sie freiwillig aus dieser Welt scheiden sollen[197]. Wenn Paulus hier wirklich die Freiwilligkeit in seinem Leiden und betreffs weiteren Leidens sogar mit zeitgenössischem Freitodvokabular ausdrückt, ist dies ein weiteres Indiz für seinen kreativen Umgang mit der Sprache.

---

196 s. u.
197 Droge, Mori lucrum, Paul and Ancient Theories of Suicide.

Daß Paulus hier nicht wirklich die Suizidmöglichkeit in Betracht zieht, wird vom Parallelismus A her eindeutig[198]. Da Droge auf die Struktur des Briefes nicht achtet, kommt er hier zu einem Fehlschluß, wenn er sagt: "... it would indeed be correct to assume that Paul had in mind the possibility of suicide ..."[199]. Nach ihm soll Paulus sich hier wirklich überlegt haben, ob er sich umbringen solle, und dies wäre für die Antike gar nichts Ungewöhnliches gewesen, wird doch dort der Freitod als letzte Möglichkeit, dem irdischen Leiden zu entfliehen, häufig vertreten und anerkannt[200]. Ein solcher Suizid kann sogar als Martyrium angesehen werden[201]. Doch gilt dies hier nicht im Philipperbrief.

Dieser Abschnitt und der Hymnus sind sehr deutlich aufeinander bezogen. Paulus versteht seine Situation im Lichte der Erniedrigung und Erhöhung von Jesus Christus. Er versucht, Christus gleich zu werden. Es gibt aber doch einen Unterschied zwischen Paulus und Jesus Christus. Auch wenn Paulus in seinem Eifer für den Herrn versucht, qualitativ dasselbe zu tun, so ist ein quantitativer Unterschied zu Christus allgegenwärtig. Paulus trachtet nicht danach, selber zur Herrenstellung erhöht zu werden, sondern danach, bei diesem Herrn zu sein. Nirgendwo deutet er an, daß sein Dienst die ganze Schöpfung zur Anbetung des Herrn führen wird, sondern er ist vielmehr dazu da, daß ein gewisser Teil dieser Schöpfung - explizit seine Umgebung im Gefängnis und die Gemeinde in Philippi - das Evangelium hört und darin gestärkt wird. Doch ebenso ist es wichtig, die Parallele zu sehen, denn eine Stärkung im Evangelium und die Verbreitung des Evangeliums führt dazu, daß schon jetzt mehr Menschen Jesus Christus als Herrn anerkennen und bekennen und ihm huldigen.

In den Versen 3,1-16 scheint das oben dargestellte Konzept des Hymnus ebenfalls durch. Liest man diesen Abschnitt bewußt auf diesem Hintergrund, zeigen sich weitere erstaunliche Bezüge. Christus achtete es nicht als einen Raub, zu sein wie Gott. Ebenso "achtete" Paulus seine hohe jüdische Abstammung (3,5f) nicht als einen Raub, indem er auf all diese Vorzüge sein Vertrauen gesetzt hätte, obwohl er ἐν σαρκί dazu allen Grund gehabt hätte. Er entäußerte sich dieser Vorzüge, um Christus zu gewinnen. Wenn Paulus von Christus in negativer Weise sagte, οὐχ ἁρπαγμὸν ἡγήσατο (2,6), sagt er hier von sich in positiver Weise, ἥγημαι διὰ τὸν Χριστὸν ζημίαν und verstärkt ἡγοῦμαι σκύβαλα (3,7f). Dies ist als Selbstentäußerung gemeint, und sein damit beabsichtigtes Ziel ist: Christus zu gewinnen und in ihm gefunden zu werden (3,9: εὑρεθῶ, vgl. par in 2,7: εὑρεθείς) - oder, mit anderen Worten, seine Erhöhung. Hier scheint wiederum die soteriologische Konsequenz durch. Doch wieder ist ein gewisser Unterschied gewahrt. Die Ausdrücke, mit denen Paulus seine Selbsterniedrigung bezeichnet, sind viel heftiger, ja sogar polemisch, im Gegensatz zu denen, mit denen er den Weg Christi versteht. Grund dafür könnte sein, daß Paulus tatsächlich früher der Versuchung nicht widerstanden hat, anstatt auf Gott auf seine Privilegien zu vertrauen.

---

198 s. u. bei Anm. 270.
199 Droge, 285.
200 Ebd., 281f.
201 Ebd., 277 und 285. Die erzwungene Selbsttötung von Seneca bezeichnet Tacitus als Trankopfer (*libare*), Tac, ann 15,64.

Wenn diese Auslegung stimmt, verschwinden die antijüdischen Spitzen in 3,2-11[202]. Seine jüdische Abstammung und seine vollkommene Gerechtigkeit nach dem Gesetz sind nicht das Grundübel schlechthin, sondern anerkannt hohe Werte, die aber, gerade weil sie hohe Werte sind, auch die Versuchung in sich bergen, daran festzuhalten und darauf, und damit zuletzt auf sich zu vertrauen. Die Parallelität sieht folgendermaßen aus:

Hymnus	3,2-11
In Gestalt Gottes sein	Jüdische Abstammung
Sein wie Gott	Gerechtigkeit nach dem Gesetz
Nicht als einen Raub achten (ἡγεῖσθαι)	Als Verlust achten (ἡγεῖσθαι)
Erhöhung über alle Maßen	Christus zu gewinnen (beziehungsweise Teilhabe an der Auferstehung)

Würde man den Hymnus nur im Sinne einer Adamtypologie verstehen, wie dies etwa Rissi tut, und dennoch den Bezug zu diesem Abschnitt nicht leugnen, käme man zu deutlich antijudaistischen Aussagen. Wenn Paulus dort Christus als den Menschen herausstreichen würde, der den Weg des alten Adams nicht gegangen ist, sondern sich selber erniedrigt hat, identifizierte Paulus hier das Judentum mit der Sünde Adams und charakterisierte es als typischen Versuch, Gott gleich zu sein.

So wie wir den Hymnus verstanden haben, betrachtet Paulus dies alles nicht grundsätzlich als etwas Negatives, sondern als etwas Gutes, das aber gerade deshalb die Gefahr in sich birgt, daß man daran festhält respektive es für einen Raub achtet, und nicht bereit ist, es loszulassen[203]. Die höchst polemisch als "Hunde", "schlechte Arbeiter", "Zerschneidung" (3,2) Angegriffenen scheinen gerade diesen Weg des Verzichts auf Privilegien, wie er duch Christus im Hymnus vorgegeben ist, nicht zu befolgen.

Diese Auslegung wird durch die folgenden Verse 3,12-16 weiter unterstützt. Denn hier schimmert überall durch, daß für Paulus nicht nur ein jüdisches Selbstverständnis die Gefahr in sich birgt, auf Fleisch zu vertrauen, sondern ebenso der Glaube an Jesus Christus. Auf jeden Fall betont Paulus, daß er nicht von sich denkt, "es" ergriffen zu haben oder vollkommen zu sein, sondern er jagt dem Heil (βραβεῖον τῆς ἄνω κλήσεως) nach, um es einmal ergreifen zu können. In alledem aber weiß er, daß er selber schon von Christus ergriffen ist. Hier beschreibt Paulus eine Spannung. Er jagt selber dem Heil nach, obwohl, oder besser gesagt, gerade weil er von Gott die Verheißung des Heils erhalten hat. Offensichtlich muß die Verheißung zum Vertrauen auf Christus führen und darf nicht als Vorwand zum Vertrauen auf sich mißbraucht werden.

---

202 Näheres zu 3,2ff in 5.4.2 und 5.4.3.

203 Auch Wright sieht diese Parallele zwischen 2,6ff und 3,4ff. "I suggest, however, that in 3,4ff Paul is first outlining the privileged status he enjoyed (...) as a member of Israel, the people of God, and then showing that, because of Christ, this membership had to be regarded as something not to be taken advantage of. He did not give up his membership: he understood it in a new way." (347).

Nimmt man dies alles aus diesem Abschnitt zusammen, wird deutlich, daß, wie Christus seine Ehrenstellung nicht festgehalten hat, sich auch Paulus seiner jüdischen Ehrenstellung entäußert und sie nicht als einen Vorwand dafür gebraucht, seines Heiles gewiß zu sein. Nun aber achtet er unaufhörlich darauf, seine jetzige Stellung als an Jesus Christus Glaubender nicht als neue Ehrenstellung zu mißbrauchen, sondern ist beständig darauf bedacht, sich zu entäußern, wie er dies im parallelen Abschnitt 1,12-26 zeigt. Auch hier ist der enge thematische Bezug zum Hymnus sichtbar, und der quantitative Unterschied wird ebenfalls deutlich. Auch wenn Paulus alle seine Rechte losläßt, kann er sich nicht so sehr erniedrigen, wie Christus dies getan hat, denn er befand sich nicht wie dieser auf derselben göttlichen Höhe, aber immerhin doch auf einer Ebene der speziellen göttlichen Erwählung.

Paulus beendet A, indem er in 3,15 sich selber und die Philipper zu dieser Gesinnung auffordert. Denn das τοῦτο φρονῶμεν wird in diesem Zusammenhang nichts anderes heißen. Dazu kommt, daß diese Wendung eine direkte wörtliche Anspielung auf das τοῦτο φρονεῖτε des Hymnus (2,5) ist.

Es scheint, daß das συμμορφιζόμενος τῷ θανάτῳ αὐτοῦ, εἴ πως καταντήσω εἰς τὴν ἐξανάστασιν τὴν ἐκ νεκρῶν in 3,10f praktisch als Synonym zu 2,5ff gebraucht wird und exakt den Inhalt der richtigen Gesinnung ausdrückt, indem hier die beiden Bewegungsrichtungen des Hymnus knapp dargestellt sind.

Der Hymnus hat sich für das Verstehen von A als angemessener Schlüssel erwiesen. Viele Dinge des Inhalts kann man deutlicher erkennen. Selbstverständlich gilt auch hier, daß die verschiedenen Ebenen der Exegese sich gegenseitig stützen müssen und sich nicht widersprechen dürfen, um diese Auslegung aufrecht erhalten, absichern und weiterführen zu können.

Bis jetzt ist aber klar, daß der Hymnus mindestens Paulus als Vorbild dient, und zwar nicht nur der erste Teil, sondern auch die zweite Hälfte. Das Argument von G. Friedrich, daß jene nicht Vorbildfunktion habe und deshalb auch der ganze Hymnus nicht[204], hat sich nicht bestätigt.

5.2.2 Der Hymnus und sein Verhältnis zur Einheit B

Auch in B läßt sich der Einfluß des Hymnus deutlich nachweisen, vor allem in den beiden Heilsaussagen (1,29ff; 3,21). So sagt Paulus den Philippern, daß ihnen nicht nur der Glaube an Jesus Christus, sondern auch das Leiden für ihn aus Gnaden geschenkt worden ist (1,29ff). In dieser Reihenfolge heißt dies, daß ihnen nicht nur der vorteilhafte Stand des Glaubens gegeben ist, sondern damit der dazugehörende Weg in die Erniedrigung. Das bedeutet für die Philipper, daß das Geschenk des Glaubens auch die Selbsterniedrigung impliziert, und ihnen somit der erste Teil des Weges Christi vorgegeben ist. Interessant ist, daß Paulus hier in

---

204 Friedrich, 1976, 151.

Anspielung auf die Erniedrigung Christi χαρίζεσθαι gebraucht, obwohl dies im Hymnus auf die Erhöhung bezogen ist[205].

Nun kommt - fast stereotyp - in der parallelen Verheißung in 3,21 die direkte Anspielung auf den zweiten Teil des Hymnus. Wie dort Christus, der sich selbst erniedrigte (2,8: ἐταπείνωσεν ἑαυτόν), erhöht wird, verheißt Paulus hier dem Leib der Niedrigkeit (σῶμα τῆς ταπεινώσεως) der Philipper die Erhöhung respektive die Mitumgestaltung (μετασχηματίσει) in die Gleichgestalt (σύμμορφον) des Leibes der Herrlichkeit Christi. Der Wortgebrauch fällt noch durch andere Elemente auf, denn hier gebraucht Paulus ebenfalls Wörter, die stark an den Hymnus erinnern. Das σύμμορφον und das μετασχηματίσει verweisen auf das μορφῇ θεοῦ und auf das ἐν σχήματι ὡς ἄνθρωπος des Hymnus (2,6f). Auch hier verwendet Paulus somit Ausdrücke, um den Philippern die Erhöhung zu verheißen, die im Hymnus für die andere Seite des Weges Christi gebraucht werden, nämlich für die Bewegung von der Höhe zur Selbsterniedrigung. Paulus wählt eine spiegelverkehrte Anwendung der Begrifflichkeit.

Diese beiden parallel geplanten Heilsaussagen sind somit sogar in ihren wörtlichen Anspielungen auf den Hymnus parallel konstruiert. Wenn Paulus in 1,29 über die Erniedrigung der Philipper spricht und dies mit einem Schlüsselbegriff aus dem Erhöhungsweg Christi tut und ihnen später die Erhöhung zusichert und dies mit Begriffen des Erniedrigungsweges Christi ausdrückt, ist dies sicher kein Zufall.

Bei 3,18 scheint es mir höchstwahrscheinlich, daß Paulus an Gegner, die den Weg des Hymnus nicht gehen, denkt. Denn wenn er sie als Feinde des Kreuzes Christi bezeichnet, ist dies durchaus als eine Anspielung auf eine Verweigerungshaltung gegenüber diesem Weg zu verstehen; denn das Kreuz steht im Hymnus im Zentrum dieses Weges (2,9). Der Begriff σταυρός kommt übrigens nur an diesen beiden Stellen im Philipperbrief vor.

Ebenso erinnert das ὑποτάξαι τὰ πάντα in 3,21 an 2,10f. Denn diese Stelle und die des Hymnus weisen auf die alles überragende Herrenstellung Christi hin. Er kann sich alles unterwerfen, und die ganze Schöpfung bekennt ihn als Herrn.

5.2.3 Der Hymnus und sein Verhältnis zur Einheit C

Der Bezug des Hymnus zur Einheit C ist ganz offensichtlich. Nicht nur rahmen c¹ und c² den Hymnus ein, sondern in jedem dieser Abschnitte ist der zentrale Gebrauch von φρονεῖν offensichtlich. Der Hymnus wird mit diesem Verb in 2,5 eingeleitet, und in 2,2 und 4,2 steht das auffällige τὸ αὐτὸ φρονεῖν. Meiner Meinung nach muß man - wenn man den Philipperbrief in seinem Zusammenhang verstehen

---

205 Auch wenn einmal mit Genitiv und einmal mit Akkusativ, so ist es doch bemerkenswert, daß τὸ ὑπέρ beidemal in direktem Kontext zu diesem Wort vorkommt.

will - das τοῦτο φρονεῖν und damit den ganzen Hymnus, auf den diese Wendung sich bezieht, als inhaltliche Bestimmung des τὸ αὐτὸ φρονεῖν verstehen[206].

Doch sieht man Kommentare an, kann man feststellen, daß dieser Bezug manchmal einfach übergangen wird. Noch F. F. Bruce legt das "dieselbe Gesinnung zu haben" einfach im Sinne von einer allgemeinen Aufforderung zur Einmütigkeit und Einstimmigkeit aus. "He is pleading, indeed, for unanimity of heart."[207] Selbstverständlich fordert Paulus hier Einmütigkeit, aber es ist nicht irgendeine Einmütigkeit, nicht irgendeine Gesinnung, wenn es nur die gleiche ist, sondern es ist die Gesinnung Jesu Christi. Daß diese Forderungen in 2,2 und 4,2 inhaltlich in dieser Weise qualifiziert sind, muß man wegen des Zusammenhanges und wegen der Stellung zum Hymnus dringend annehmen. Paulus fordert sowohl Euodia und Syntyche in 4,2 als auch die Philipper in 2,2 dazu auf, alle untereinander dieselbe Gesinnung zu haben, nämlich die von Jesus Christus. Das bedeutet: Den Weg der Selbstentäußerung zu gehen!

So verstehe ich auch τὸ ἕν φρονοῦντες (2,2). Es ist der Weg Christi, der Weg der Selbsterniedrigung mit der Hoffnung auf Erhöhung durch Gott, nach dem die Philipper trachten sollen.

Weitere Merkmale in c[1] stützen diese Auslegung. Wie Jesus sich selber demütigte (2,8: ἐταπείνωσεν), sollen die Philipper Demut (2,3: ταπεινοφροσύνη) als Grundhaltung haben. Ebenfalls sollen sie den anderen als überragender achten (ἡγούμενοι) als sich selbst. Dies erinnert natürlich an Jesus Christus, der seine überragende Stellung losließ und sie nicht als einen Raub achtete (2,6: ἡγήσατο).

Überhaupt steht alles, was auf das τὸ αὐτὸ φρονεῖν in 2,2 folgt (2,2-4), in direkter inhaltlicher Beziehung zur Erniedrigungsthematik des Hymnus. Das τὴν αὐτὴν ἀγάπην ἔχοντες läßt hier schon aufhorchen, denn die erste Hälfte des Hymnus wurde in der Forschungsgeschichte schon als eigentliche Beschreibung wahrer ἀγάπη verstanden[208]. Bei σύμψυχοι τὸ ἕν φρονοῦντες wurde dieser Bezug soeben aufgezeigt. Die κενοδοξία und die ἐριθεία sind das Gegenteil dieser Gesinnung. Daß ἀλλήλους ἡγούμενοι ὑπερέχοντας ἑαυτῶν auf die Selbsterniedrigung hinweist, wurde ebenfalls schon erwähnt; und das σκοποῦντες καὶ τὰ ἑτέρων scheint auch auf Jesus Christus zu verweisen, der allerdings nicht nur auch, sondern ausschließlich auf das der anderen bedacht war. Paulus fordert also die Philipper auf, gemeinsam die Gesinnung von Jesus Christus zu haben, und entfaltet diese Aufforderung unter ständiger Bezugnahme auf den Hymnus in Richtung auf eine konkrete Situation der Philipper, die bis jetzt allerdings noch nicht genügend deutlich geworden ist, bei der es sich aber irgendwie auch um Probleme mit Selbstüberhebung und Stolz handeln muß. Der Parallelismus C ist folglich sehr direkt mit dem Hymnus verknüpft.

---

206 Beide τὸ αὐτὸ φρονεῖν in c[1] und in c[2] scheinen das τοῦτο φρονεῖν des Hymnus auch auf sprachlicher Ebene einzurahmen.
207 Bruce, 62 und 138.
208 Wright, 347.

Es gäbe noch weitere Bezugspunkte in C zu untersuchen, wie z. B. das Wort στέφανος in 4,1, das nach einem Erhöhungszusammenhang fragen läßt, doch immerhin wurde bis jetzt auch für C ein sehr bemerkenswerter inhaltlicher Zusammenhang mit dem Hymnus festgestellt.

5.2.4 Der Hymnus und sein Verhältnis zur Einheit D

In D gibt es viel weniger deutliche Bezüge. Aber dennoch ist auch in diesem Parallelismus der Bezug zum Hymnus offensichtlich. In 2,12 leitet Paulus seine Mahnungen mit einem Lob an die Philipper ein. Sie sind allezeit gehorsam gewesen (ὑπηκούσατε). Der Gehorsam ist aber auch im Hymnus sehr wichtig. Jesus Christus wurde gehorsam (2,8: ὑπήκοος) hinsichtlich seiner Selbsterniedrigung. Offensichtlich will Paulus, auch wenn er diesen Ausdruck nachher nicht mehr gebraucht, die Philipper dazu bringen, weiterhin in diesem Gehorsam zu leben und das wird heißen, er will, daß sie auch in Zukunft in einer Haltung der Selbsterniedrigung und Demut oder, wie er es hier nennt, mit Furcht und Zittern leben. Dieser Ausdruck meint, wie sich später zeigen wird[209], mit Ehrfurcht. Ehrfurcht beinhaltet aber Gehorsam und Demut. Für den Gläubigen, der sich selbst erniedrigt, sind Freiwilligkeit und Gehorsam nicht mehr Widersprüche, sondern sie fallen in der Christusnachfolge zusammen.

Die Philipper leuchten wie Sterne im Kosmos (2,15). Der Kosmos besteht aus der ganzen Schöpfung und ist somit synonym für die die ganze Schöpfung umfassende Triade der Himmlischen, Irdischen und Unterirdischen, die sich gemäß dem Hymnus vor Christus beugen werden (2,9f).

Nachdem Paulus die Philipper mit neuen Worten und auch mit einer neuen Blickrichtung dazu aufgefordert hat, sich selber zu demütigen, kommt er in 2,17 wieder auf seine eigene Gesinnung zur Selbsterniedrigung zu sprechen, indem er sich mit einem Trankopfer vergleicht, das ausgegossen (σπένδομαι) wird. Damit spielt er wiederum auf die Möglichkeit eines gewaltsamen Todes an[210]. Er sagt, daß sein Tod ein Trankopfer aufgrund des Opfers und des Dienstes an ihrem Glauben wäre (ἐπὶ τῇ θυσίᾳ καὶ λειτουργίᾳ τῆς πίστεως ὑμῶν). Diese Formulierung ist nicht einfach zu verstehen. Ich nehme an, daß sich θυσία und λειτουργία auf den von Paulus für die Philipper beabsichtigten Wandel entsprechend der Gesinnung Christi beziehen. Das in der paulinischen Literatur seltene Wort θυσία[211] wird einmal für Christus verwendet (Eph 5,2) und einmal auf die Opferpraxis Israels bezogen (1 Kor 10,18). Es ist schwierig, zwischen diesen Stellen und Phil 2,17 eine Verbindung herzustellen. Viel leichter ist dies mit Röm 12,1. Auch dort wird dieser Ausdruck für ein ethisches Verhalten verwendet. Die Gläubigen sollen ihre Körper als lebendige Opfer darbringen. Noch enger ist der Bezug zu Phil 4,18. Paulus bezeichnet die Unterstützung der Philipper, mit der sie

---

209 Vgl. 5.7.1.
210 Die erzwungene Selbsttötung von Seneca bezeichnet Tacitus als Trankopfer (*libare*), Tac ann 15,64.
211 Röm 12,1; 1 Kor 10,18; Eph 5,2; Phil 2,17 und 4,18.

der Gesinnung Christi nachgekommen sind[212], als wohlgefälliges Opfer. Die Gesinnung Christi resultiert für Paulus aber aus dem Glauben an denselben. Deshalb denke ich, daß er mit "dem Opfer und dem Dienst eures Glaubens" meint, daß sein möglicher Tod die Philipper in der Gesinnung Christi, zu der sie durch ihren Glauben aufgerufen und zugerüstet sind, fördern würde. Sein Tod würde den Philippern in der Nachfolge Christi dienen[213]. Dies erinnert an die missionarische Folge des Hymnus, das Niederfallen der ganzen Schöpfung vor Jesus Christus.

In 4,4-9 gibt es außer dem "Kyrios" in 4,5 kaum einen wörtlichen Bezug zum Hymnus (2,11). Aber dennoch scheint sich unter dieser Betrachtungsweise ein ausgefallener Wortgebrauch von Paulus zu klären. Das Wort τὸ ἐπιεικές kommt im ganzen Neuen Testament nur hier in dieser Form vor. Denn eigentlich ist es ein Adjektiv[214], das Paulus hier in substantivierter Form gebraucht. Das eigentliche Substantiv ἡ ἐπιείκεια gebraucht er übrigens auch nur einmal in 2 Kor 10,1. Nach Bauer ist die ursprüngliche Bedeutung von ἐπιεικές "nachgiebig", es wurde dann aber durch Aristoteles fast zu einem Fachbegriff mit der Bedeutung "billig denken", das heißt, ohne nachdrücklich auf dem Rechtsstandpunkt zu bestehen. Später kommt die Bedeutung "mild" und "gütig" noch dazu. In hellenistischer Zeit repräsentierte dieser Begriff ein sittlich- philosophisches Ideal[215].

Paulus will mehr von den Philippern, als daß sie einfach ein hellenistisches sittliches Ideal verwirklichen, er will daß sie die Gesinnung Christi leben. Meiner Meinung nach fordert er sie mit diesem Wort genau dazu auf. Es ist nicht einfach eine Wiederholung von 2,5, sondern er will, daß sie die Gesinnung Christi so deutlich leben, daß auch Menschen, die Christus nicht kennen, sie sehen können. Da jene aber Christus nicht kennen, können sie grundsätzlich eine gelebte Gesinnung Christi nicht als solche erkennen. Deshalb ist dieser Wortgebrauch am besten in dem Sinne zu erklären, daß Paulus die Philipper dazu auffordert, die Gesinnung Jesu Christi so deutlich zu leben, daß auch andere Menschen darin ihr sittliches Ideal der ἐπιείκεια verwirklicht sehen können. Denn wer sich demütigt, besteht nicht auf seinem Rechtsstandpunkt, schlägt nicht einfach zurück, und ist mild und gütig. Auf formaler Ebene ist es bedeutsam, wie Paulus, wenn er den Blick der Philipper auf ihre heidnische Umwelt leitet, dies sofort in seinem Wortgebrauch sich widerspiegeln läßt.

Es ist beachtenswert, daß Lohmeyer schon zu einer ähnlichen Auslegung von 4,5 gekommen ist: "Der Milde steht im genauen Gegensatz zu dem, der auf das Recht pocht; ihm geht grundsätzlich Gewaltlosigkeit über Gewalt, Hinnahme und Hingabe über Selbstbehauptung in Kampf und Streit. So ist es nur ein anderes

---

212 s. u. bei Anm. 337.
213 Das ἐπί übersetze ich kausal (Liddle-Scott III,1), da Paulus hier sagt, daß sein Sterben für den Glauben und den Dienst der Philipper eine Bedeutung hat. Auch bei einer Übersetzung im lokalen Sinn, kann ich mir nur diese Bedeutung vorstellen. Diese wäre dann allerdings verschwommener ausgedrückt.
214 Auch als solches ist es sehr selten: 1 Tim 3,3; Tit 3,2; 1 Pt 2,18; Jk 3,17.
215 Vgl. z.B. Seneca, de clementia. Vgl. Bauer, 593.

Wort für Sanftmut, die Jesus von sich bekennt, für die Demut, die Christus in seinem Erdenleben bewiesen ... hat."[216]

Es läßt sich sogar fragen, ob Paulus nicht auch mit allem, was er in 4,8f erwähnt, wieder auf diese Gesinnung anspielt. Er verknüpft die beiden Reihen in 4,8 und 4,9 sehr eng, indem er die erste mit ταῦτα λογίζεσθε und die zweite mit ταῦτα πράσσετε beschließt. Es ist durchaus möglich, daß die acht tugendhaften Eigenschaften, die ebenfalls aus dem ethischen Vokabular der hellenistischen Umwelt stammen[217] und denen sie nachdenken sollen, auch Anspielungen auf die gelebte richtige Gesinnung sind, denn die Gedanken, auf die Paulus die Philipper neben dem Thema der Freude hauptsächlich in diesem Brief gebracht hat, sind doch erstens die Gesinnung Christi selber, zweitens Beispiele aus seinem eigenen Leben, wie er diese Gesinnung nachzuleben versucht, und drittens seine Aufforderung an sie, ebenfalls dieser Gesinnung nachzueifern. Ferner ist diese Gesinnung zwar nicht alles, was sie von Paulus bis jetzt gelernt, empfangen, gehört und gesehen haben und tun sollen, aber doch in diesem Brief das Wichtigste und Herausragendste.

5.2.5 Der Hymnus und sein Verhältnis zur Einheit E

Auch in E ist dieser Bezug zum Hymnus sichtbar. Paulus lobt Timotheus in 2,19-24, daß er nicht das Eigene sucht, sondern sich um die Philipper kümmert. Das dürfte eine Anspielung auf eine Haltung der Selbsterniedrigung von Timotheus sein, der demnach die Philipper höher als sich selber achtet. Paulus läßt aber den Bezug zum Hymnus noch ganz wörtlich anklingen. Wie der Sohn Gottes, Jesus Christus, Diener (δοῦλος) wurde (2,7) - ein Diener der Menschen und Gottes des Vaters (2,11) - so dient (ἐδούλευσεν) Timotheus wie ein Kind dem Vater (2,22). Timotheus lebt folglich die Gesinnung der Selbsterniedrigung.

In 2,25-30 erhält Epaphroditus dasselbe Lob. Auch er hat die Gesinnung Christi gelebt. Denn wegen des Werkes Christi ist er todkrank geworden. Er hat sich beinahe bis zum tiefsten Punkt, dem Tod erniedrigt (2,30: μέχρι θανάτου; Hymnus 2,8: μέχρι θανάτου). Dies geschah aber nach Paulus nicht einfach durch Schicksal oder durch göttliche Fügung, sondern er hat sein Leben selber aufs Spiel gesetzt (παραβολευσάμενος). Auch bei dieser Erniedrigung war ein aktives und freiwilliges Element dabei. Die Erhöhung blieb nicht aus, sondern Gott hat den Epaphroditus wieder gesund gemacht und so sich seiner erbarmt.

Paulus erachtet es nach dessen Genesung für notwendig (2,25: ἡγέομαι), ihn zurück nach Philippi zu schicken. Das Verb erinnert an die Verse 2,6 und 3,7f, in de-

---

216 Lohmeyer, Philipper, 168.
217 Gnilka hält es sogar für möglich, daß Paulus hier einen vorgegebenen stoischen Tugendkatalog übernommen hat, 221f.

nen es den freiwilligen Verzicht auf Privilegien andeutet. Ob Paulus hier andeutet, daß er Epaphroditus gerne bei sich behalten hätte[218]?

Auch in 4,10-20 spielt der Hymnus, wie später noch zu zeigen ist[219], eine nicht unwichtige Rolle. Hier sollen zwei Punkte vorweggenommen werden. Nachdem Paulus in 4,10 den Philippern seine Freude über ihre Unterstützung ausgedrückt hat, erklärt er ihnen in 4,11-13, daß er sich nicht deshalb freut, weil er von dieser existentiell abhängig gewesen wäre. Denn er hat gelernt, sowohl demütig zu sein, als auch Überfluß zu haben. Mit diesem Sein in der Demut (ταπεινοῦσθαι), errinnert Paulus an Jesus Christus, der sich gedemütigt hat (2,8: ἐταπείνωσεν). Paulus hat, mit anderen Worten gesagt, gelernt, sowohl erhöht als auch erniedrigt zu sein. Er hat gelernt, die Gesinnung, die in Jesus Christus war, selber zu leben.

In 4,15 spricht er von der Rechnung des Gebens und Nehmens. Es läßt sich hier erst vermuten - was später deutlich wird[220] - daß Paulus damit ebenfalls auf die Gesinnung Christi hindeutet, indem er das Verschenken von dem, was man hat, und das Wiederum-beschenkt-Werden hier mit kaufmännischem Vokabular beschreibt. Damit kommt man aber zu dem eher unerwarteten Resultat, daß Paulus die Gesinnung Christi mit einer Handelsterminologie beschreibe, als ob er meine, man könne sich durch richtiges Verhalten die Erhöhung durch Gott erkaufen.

Es lohnt sich, die verschiedenen zentralen Varianten, wie Paulus über die Erhöhung spricht, miteinander zu vergleichen. Schon in A gebraucht er Ausdrücke aus der Ökonomie, indem er von Verlust und Gewinn spricht. Diese sind ganz klar auf die Erniedrigung und Erhöhung bezogen, wie dies oben gezeigt wurde. Paulus ist bereit, alles, was er hat, seine Vorteile bezüglich seiner ehrenvollen Abstammung, seine Freiheit, seinen Ruf und sogar sein Leben auf der Verlust-Seite zu subsumieren, wenn er dadurch auf der Gewinn-Seite sein Sein mit Christus und eine größere Verbreitung des Evangeliums verbuchen kann.

Demgegenüber steht aber ein Wortgebrauch, der in eine ganz andere Richtung weist. In 1,29 verheißt Paulus den Philippern das Gehen des Weges Christi als Gnadengeschenk, indem er dieses zwar zuerst auf die Erniedrigung bezieht, aber damit auch die Erhöhung meint. Die parallele Verheißung in 3,21 und der parallele Wortgebrauch zum Hymnus macht das deutlich. Beides ist Gnade Gottes. Doch genau diese Gnade ist bei Paulus immer unverfügbarer und unverrechenbarer freier Entscheid Gottes (Röm 9,14-18). Noch expliziter kommt dieses Element in e[1] vor, dem e[2] mit dieser "Rechnung des Gebens und Nehmens" gegenübersteht. Für die Erhöhung respektive die Gesundung des Epaphroditus gibt Paulus nur einen Grund an: Gott hat sich seiner erbarmt. Aber das Erbarmen Gottes ist gerade so unverre-

---

218 ἡγεῖσθαι kommt im Phil 6x vor (2,3.6.25; 3,7.8.8). Sonst erscheint es in der paulinischen Literatur nur noch in den Pastoralbriefen und in 2 Kor 9,5. Die überlegte Konzeption des Phil und der häufige Gebrauch des für Paulus seltenen Wortes im Phil scheinen mir eine Auslegung all dieser Stellen im Zusammenhang mit dem Hymnus geradezu notwendig zu machen.

219 Vgl. 5.8.3.

220 Vgl. 5.8.3.

chenbar und unerwerbbar wie die Gnade Gottes (Röm 9,15). Nachdem Paulus sich in A soviele Gedanken über Verlust und Gewinn gemacht hat, bringt er am Schluß wie als Gegengewicht den anderen Aspekt. Er denkt von sich nicht, das Heil ergriffen zu haben, sondern er jagt ihm in der Hoffnung nach, es ergreifen zu können (3,12ff). Nachdem Paulus lange über die Erniedrigung und die Erhöhung auf ökonomische Weise beinahe Berechnungen angestellt hat, läßt er die Philipper als Abschluß seines Selbstberichtes spüren, daß er sich betreffs seiner zukünftigen Erhöhung seiner Abhängigkeit von der Gnade Gottes voll bewußt ist.

Wie können sich aber diese zwei antithetischen und scheinbar widersprüchlichen Pole überhaupt gegenseitig dulden? Diese Frage kann hier vorerst nicht beantwortet werden[221]. Doch etwas sehr Erstaunliches läßt sich dazu im Hymnus selber finden. Weil Jesus sich selber erniedrigte, wurde er erhöht. Die ganze Erhöhungsseite wird durch das "deshalb" (διό) eingeleitet. Dadurch wird die Erhöhung kausal von der Erniedrigung abhängig gemacht. Gott hat gehandelt, weil Jesus gehandelt hat. Das erinnert sehr stark an die Handelsterminologie. Weil Jesus sich demütigte, hat Gott ihn über alle Maßen erhöht. Der Hymnus fährt fort, indem er sagt, daß die Erhöhung Christi darin bestand, daß Jesus den Namen über allen Namen als Gnadengeschenk bekommen hat (ἐχαρίσατο), also aus freiem gnadenhaften Entschluß Gottes. So ist die Erhöhung Christi auch beides, direkte berechenbare Folge seiner Erniedrigung und doch zugleich Gnadenakt Gottes.

Im Philipperbrief läßt sich somit zeigen, daß der formal zentral gesetzte Hymnus auch die thematische Mitte ist, von der her und auf die hin sich alles andere lesen läßt. Paulus hat in diesem Brief mit großer Kunstfertigkeit all die verschiedenen Dinge, über die er schreibt, unter den Gesichtspunkt der Gesinnung Jesu Christi gestellt. Jeder Abschnitt ist allein schon von diesem Aspekt her sorgfältig geplant. Das gleiche gilt natürlich auch für den Hymnus. Wenn aber Inhalt und Sprache des Hymnus und des Briefes so sehr ineinander verschränkt sind, muß neu danach gefragt werden, wer diesen Hymnus geschrieben hat. Die einfachste Erklärung scheint mir zu sein, daß Paulus den Hymnus doch selber komponiert hat, und zwar speziell für den Philipperbrief[222].

Liest man den Brief auf diese Weise, kann er, den die exegetische Forschung häufig als inkohärent auffaßte, fast eindimensional erscheinen. Dieser Eindruck stimmt, aber nicht der Brief erweckt diesen Eindruck, sondern die Fragestellung. Hier wurde versucht, einer einzigen Frage unter ausdrücklicher Ausklammerung von anderen Fragen, die ebenfalls durch den Aufbau des Briefes aufgeworfen werden, nachzugehen. Eine solche Auslegung ist nur legitim, wenn die anderen Fragen folgen. Diesen Fragen sollen nun die nächsten Kapitel gewidmet sein.

---

221 s. u. bei Anm. 358.
222 Vgl. ausführliche Diskussion in 7.3.2.

Der thematische Inhalt des Hymnus ist jedenfalls in allen Abschnitten des Briefkorpus von Bedeutung[223]. Diese Abschnitte handeln nicht immer von demselben, wie die weitere Exegese zeigen wird. Paulus systematisiert aber die verschiedensten Themen unter die Gesinnung Christi. Den Gläubigen in Philippi und auch ihm selber ist mit der Gesinnung Christi ein für ihren Wandel normatives Vorbild gegeben. Es geht darum, den gleichen Weg zu gehen, den Christus auch gegangen ist, den Weg des Dienstes durch Selbsterniedrigung. Ziel ist nicht, eine Christusgleichheit zu erreichen, denn Paulus läßt überall einen quantitativen Unterschied zwischen dem Weg Christi und dem von ihm und von anderen bestehen. Das Ziel ist aber, bei Christus zu sein. Weiter muß man beachten, daß der Schlüsselbegriff der Selbsterniedrigung nicht das Leiden, sondern das Dienen ist[224]. Paulus verherrlicht weder das Leiden, noch sieht er es als etwas Gutes an sich an, sondern das Leiden ist, wenn es aus der Gesinnung Christi resultiert, Mittel zum Zweck. Es ist kein Ziel für den an Jesus Christus Glaubenden. Ziel ist das von Gott geschenkte Zusammensein mit Christus, die Verbreitung des Evangeliums und die Verherrlichung des Vaters. Ziel ist die soteriologische, die missionarische und die doxologische Folge der Selbsterniedrigung in der Nachfolge Christi.

Zusammenfassung

Der Philipperhymnus (2,5-11) bildet die thematische Mitte des Briefes. Der Weg Christi wird den Gläubigen als Vorbild dargestellt. Christus hat seine Sohnesstellung freiwillig verlassen und mit der eines Sklaven vertauscht. Für seinen Dienst verzichtet er auf sämtliche ihm zustehenden Privilegien und nimmt sogar den Verbrechertod in Kauf. Doch sein Verhalten hat durch die Gnade Gottes drei Konsequenzen: 1. Die soteriologische - seine Erhöhung in die Funktion des Vaters. 2. Die missionarische - seine Anerkennung durch die ganze Schöpfung. 3. Die doxologische - die Verherrlichung Gottes. Auch die Gläubigen sollen freiwillig zu Dienern Christi werden, indem sie zugunsten des Nächsten auf ihre jeweiligen Privilegien verzichten. So werden sie zu Christus erhöht, das Evangelium durch ihren Dienst ausgebreitet und Gott verherrlicht. Das Muster des Hymnus ist in jedem Abschnitt des Briefes präsent.

---

223 Vgl. Wright, 352; mit einer vorsichtigen Formulierung sagt er: "... the hymn was originally written by Paul himself precisely in order to give Christological and above all theological underpinning to the rest of Philippians...".

224 Im Unterschied zu Lohmeyer mit seiner Martyriumsthese und auch zu Walter: Walter sieht im Philipperbrief ebenfalls (allerdings nur im Hauptbrieffragment B, das vor allem Kapitel 1 und 2 enthält) "das Thema des Leidens um Christi und des Evangeliums willen" als die Hauptsache an. Anders als Lohmeyer findet er aber nicht in der Situation des Martyriums das einheitsstiftende Element zwischen Paulus und den Philippern, sondern diesen ist das Leiden im Glauben ein Problem (422ff). Paulus will zeigen, daß gerade das Leiden eine positive Bestätigung des Glaubens sein kann.

5.3 Das Thema der Freude im Herrn

Das "Freut euch im Herrn" von 3,1a ist das zweite Zentrum in der formalen Komposition des Briefkorpus. Bei diesem Thema ist es aber - anders als beim Inhalt des Hymnus - allgemein anerkannt, daß es eine zentrale Rolle im ganzen Philipperbrief spielt. Was dies für eine Rolle ist und wie sich diese zu der des Hymnus verhält, soll hier untersucht werden. Zusätzlich muß auch gefragt werden, wie die Freude im Herrn inhaltlich bestimmt wird.

Zum ersten Mal kommt das Wort χαίρειν im Briefkorpus in 1,18 vor. Paulus freut sich, wenn das Evangelium, auf welche Art auch immer, mehr verkündigt wird. Schon an dieser Stelle zeigte sich uns ein enger Zusammenhang mit dem Hymnus, denn das Evangelium wird schließlich stärker verkündigt, weil Paulus im Gefängnis und damit in einem Zustand der Kenosis ist. Und genau in diesem Zusammenhang steht auch das nächste χαίρειν. Paulus wird sich freuen, weil das Leiden im Gefängnis ihm zum Heil dienen wird. Paulus freut sich, weil seine Erniedrigung die missionarische Folge der Erniedrigung Christi - das ist die vermehrte Anbetung des Herrn - schon sichtbar gemacht hat, und er auch die erste Konsequenz des dem Herrn entsprechenden Verhaltens, die soteriologische Erhöhung, erhofft. In 1,25 hofft Paulus, daß er bleiben wird und somit der Glaubensfreude der Philipper dienen kann. Da er aber sein Bleiben ebenfalls in den Kontext des Hymnus stellt, ist auch hier dieser Bezug da[225].

In a² kommt das Stichwort χαίρειν nur in 3,1a vor. Dieser Satz bildet, wie gesagt, eines der Zentren des Briefes.

In beiden Teilen von B kommen χαρά und χαίρειν überhaupt nicht vor.

Aber in 2,2, also zu Beginn von C, ruft Paulus die Philipper dazu auf, seine Freude zu erfüllen, indem sie dieselbe Gesinnung haben. Die Freude des Paulus hängt demnach eng damit zusammen, daß die Philipper die Gesinnung Christi leben. Hier ist die Verknüpfung des Themas des Hymnus mit dem Thema "Freude" äußerst offensichtlich. Die beiden Zentren scheinen richtig ineinander verschränkt zu sein.

Im parallel dazu stehenden 4,1 lobt Paulus die Philipper, daß sie seine Freude sind. Das ist um so erstaunlicher, als er sie gerade noch aufgefordert hat, seine Freude zu erfüllen (2,2). Das ist zweifellos eine Spannung im Text, die weiterer Klärung bedarf[226].

In 2,17 und 2,18 folgt eine doppelte Aussage des Paulus, daß er sich freut, und ein doppelter Aufruf, daß die Philipper sich freuen sollen. Auslöser für seine Freude ist die Möglichkeit des Märtyrertodes, der dem Glauben der Philipper dienen soll, also die Möglichkeit, den Weg Christi bis zum tiefsten Punkt zu gehen und damit den Philippern zu dienen. Dies soll für die Philipper Grund zur Freude

---

225 Vgl. 5.2.1 zu Phil 1,25.
226 Vgl. 5.6.3.

sein. Interessant ist, wie er hier seine Freude und die Freude der Philipper aufeinander bezieht. Beide freuen sich (χαίρειν) und sollen sich mit dem anderen mitfreuen (συγχαίρειν).

Auch in 4,4 erscheint ein doppelter Aufruf zur Freude. Die Philipper sollen sich allezeit freuen. Dieser Aufruf ist formal nicht eng mit etwas anderem verknüpft, doch folgt unmittelbar danach der Aufruf zur Milde (τὸ ἐπιεικές), die, wie oben gezeigt[227], ein anderer Ausdruck für die gelebte Gesinnung des Herrn ist. Die Gesinnung Jesu Christi und die Freude im Herrn stehen wieder nahe beieinander.

Im Parallelismus E kommt sowohl χαρά als auch χαίρειν vor. Das Wiedersehen mit Epaphroditus wird die Philipper erfreuen (2,28), und sie sollen ihn mit aller Freude aufnehmen, denn um des Werkes Christi willen hat er sein Leben riskiert (2,29). Wenn Paulus in 2,28 die normale Wiedersehensfreude meint, so ist er in 2,29 schon wieder bei der Freude, die mit dem Hymnus zusammenhängt. Die Philipper sollen Epaphroditus in Freuden aufnehmen, da er diese Gesinnung gelebt hat.

In 4,10-20 ist interessant, daß "freuen" nur einmal vorkommt, aber daß Paulus mit dem "ich habe mich sehr gefreut" seinen Dank für die Geldspende einleitet und somit betont. Wie oben angedeutet[228], hat auch diese Geldspende etwas mit der gelebten Gesinnung Christi zu tun. Es besteht also auch hier ein enger Zusammenhang mit dem Hymnus.

Die Freude im Herrn und das Gehen des Weges Christi sind somit eng miteinander verwoben. Es gibt aber noch einen zweiten Bezug zur Freude im Herrn. Die Freude des Paulus und die Freude der Philipper werden eng miteinander verbunden. Die Philipper sollen sich freuen, wenn Paulus sich selber für sie erniedrigt (1,25; 1,17f). Umgekehrt freut sich Paulus über die Geldspende der Philipper (4,10), und sie sollen seine Freude erfüllen (2,2), ja sie sind sogar seine Freude (4,1). Meiner Meinung nach flicht Paulus das Element der gegenseitigen Freude auf formaler Ebene durch ein stilistisches Gleichgewicht ein, indem sich die Wörter χαρά und χαίρειν achtmal auf die Philipper beziehen und, nimmt man noch das χαρά des Proömiums von 1,4 dazu, auch achtmal auf Paulus.

Zwischen der Gesinnung Christi und der Freude im Herrn gibt es einen engen Zusammenhang. Nur in 2,28 scheint Paulus, wenn er von der Wiedersehensfreude der Philipper redet, von einer Freude zu sprechen, die nicht in direktem Zusammenhang mit dem Hymnus steht. Sonst wahrt er den Zusammenhang[229].

---

227 s. o. bei Anm. 215.
228 s. o. bei Anm. 220.
229 Neuerdings wird dieser wichtige Zusammenhang auch von Schoon-Janssen gesehen: "Paulus betont also quer durch den ganzen Phil hindurch die Zusammengehörigkeit von Kreuz und Freude." (135). Auch Walter sagt im Hinblick auf die Aussage des Briefes, daß "auch und gerade unter der Bedrohung durch Widerspruch und Leid Grund zur Freude gegeben ist" (433).

Nimmt man alle Stellen zusammen, gibt es für Paulus in diesem Brief nur zwei Gründe zur Freude. Erstens freut sich Paulus, wenn aufgrund seiner Selbsterniedrigung das Evangelium mehr verkündigt wird und dies ihm selber zum Heil dient (1,18). Er freut sich also nicht am Leiden selber, sondern an den sichtbaren und erwarteten Folgen dieses Leidens. Überhaupt verherrlicht Paulus nirgends das Leiden. Das Leiden ist, wie gesagt, nichts Positives. Es kann allerdings äußerst positive Folgen haben, wenn es aus der Haltung des Dienens entspringt. Paulus würde sich so sogar freuen, wenn er für die Philipper sterben müßte, denn dies wäre ein Sterben für ihren Glauben (2,17f).

Zweitens freut sich Paulus, wenn auch die Philipper diese Gesinnung leben. Er freut sich an ihrer Teilnahme am Evangelium (1,5), er würde sich noch mehr freuen, wenn sie dieselbe Gesinnung noch reichlicher hätten (2,2), ja die Philipper sind sogar seine personifizierte Freude (4,1), und die Geldspende der Philipper hat ihn sehr erfreut (4,11).

Grund zur Freude ist für Paulus in diesem Brief, wenn er selber der Gesinnung von Jesus Christus nachkommt und wenn die Philipper genau das Gleiche tun.

Außer der Wiedersehensfreude bei der Ankunft des Epaphroditus gibt Paulus den Philippern ebenfalls nur zwei Gründe zur Freude an, zu der er sie so dringend aufruft. Der erste Grund für ihre Freude soll der Dienst des Paulus an ihnen sein. Sie sollen sich über diesen Dienst freuen, sowohl wenn er bei ihnen bleibt (1,25) als auch, wenn er stirbt (2,17f), weil beides ihrem Glauben dient. Der zweite Grund zur Freude soll für sie der Dienst und die Hingabe des Epaphroditus sein (2,29), der schließlich ihr Gesandter ist. Die Philipper sollen sich freuen, wenn andere für sie oder sogar in ihrem Auftrag diese Gesinnung leben.

Die Freude, zu der Paulus in diesem Brief aufruft, ist von ihm beachtenswert begründet. Grund zur Freude für ihn und für die Philipper soll die gelebte Gesinnung Christi sein, und zwar wenn man selber diese Gesinnung lebt und auch wenn andere dieser Gesinnung nachkommen, oder, mit anderen Worten gesagt, Grund zur Freude ist, wenn man selber, oder auch andere, voll und ganz am Evangelium teilnimmt. Es scheint, daß eine solche Freude für Paulus die Freude im Herrn ist (3,1; 4,4; 4,10). Die Freude im Herrn ist somit nicht irgendein allgemeines, freudiges Gefühl. Es ist die Freude in und an der gelebten Gesinnung Christi, die zur Verherrlichung Christi führt, wie sie im Hymnus dargestellt ist. Wer den Weg Christi geht, hat Grund zu dieser Freude. Allen Grund zu dieser Freude hat man auch, wenn andere diesen Weg gehen.

Es muß beachtet werden, daß es für Paulus auch Gründe gibt, sich nicht zu freuen. Diese Gründe wirken natürlich einschränkend auf seinen Aufruf zur allzeitigen Freude in 4,4. Paulus freut sich nicht, sondern kann sogar weinen, wenn Menschen diesen Weg in die Selbsterniedrigung nicht gehen und dadurch Feinde des Kreuzes sind (3,18f). Ebenfalls freut er sich nicht, wenn jemand anderes als er selber beim Dienen leiden muß. Dies kann ihn schwer betrüben, wie die Erkrankung von Epaphroditus gezeigt hat (2,27). So sieht man auch darin, daß das Leiden für ihn prinzipiell nichts Gutes ist (s. o.), sondern daß eine Verweigerung des Dienstes und damit der Möglichkeit zum Leiden etwas sehr Schlimmes ist, nämlich Feindschaft gegen das Kreuz.

Weiter zeigt dieser Vergleich, daß die Freude des Paulus und die Freude der Philipper eng aufeinander bezogen sind, und damit auch der Weg und das Handeln des Paulus auf das der Philipper und umgekehrt. Das Gehen des Weges Christi, wie er im Hymnus aufgezeigt wurde, und die wechselseitige Freude im Herrn tragen zu ihrer Gemeinschaft bei.

Zusammenfassung

Der Aufruf zur Freude im Herrn und das Leben nach der Gesinnung Christi sind im Philipperbrief eng miteinander verbunden. Nicht irgendeine Freude ist gemeint, sondern die durch die Nachahmung Christi bedingte. Grund zur Freude im Herrn ist die gelebte Gesinnung Christi. Wer ihr entsprechend lebt, soll sich freuen. Aber nicht nur die eigene Nachahmung Christi ist Grund zur Freude, sondern auch die von anderen Gläubigen. So freut sich Paulus, wenn er sich selber erniedrigen kann und dadurch die drei Konsequenzen der Gesinnung Christi (soteriologisch, missionarisch, doxologisch) sichtbar werden. Er freut sich aber auch am Dienst der Philipper. Die Philipper sollen sich ebenfalls wegen seiner und ihrer Gesinnung freuen.

5.4 Paulus, ein Nachahmer Christi (Das Thema der Einheit A)

Nun müssen die fünf Parallelismen auf ihren speziellen Inhalt hin befragt werden. Dies geschieht auf der Basis des bis jetzt Erkannten. Der Parallelismus A, der die Verse 1,12-26 und 3,1-16 umfaßt, wird zuerst untersucht. Die Hauptfrage lautet: Was bedeutet es inhaltlich für a^1 und a^2, daß diese beiden Abschnitte auf formaler Ebene so streng parallel zueinander formuliert werden?

Es wurde schon kurz festgestellt, daß es in beiden Abschnitten thematisch um einen ausführlichen Selbstbericht geht. Dies allein wirft natürlich schon die Frage auf, wieso Paulus ausgerechnet im Philipperbrief im Verhältnis zur Gesamtlänge so viel von sich selber berichtet und was dieser Selbstbericht für eine Funktion hat. In Unterthemen geht es dann, wie bereits angedeutet, in beiden um Motive wie: Was ist für Paulus nützlich und was ist für Paulus schädlich zum Heil? Wie beurteilt er seinen Tod?

Bevor die Abschnitte aufeinander bezogen werden, soll jeder für sich betrachtet werden.

5.4.1 Paulus im Gefängnis

In a^1 will Paulus den Philippern über seine gegenwärtige Situation im Gefängnis berichten. Er will sie über die Dinge, die ihn betreffen (τὰ κατ' ἐμέ), informieren

(Vers 12). Schaut man nun den Inhalt dieser Dinge an, sieht man, daß er von nichts berichtet, was nicht in einem äußerst engen Bezug zum Evangelium steht. So sagt er, daß seine Umstände zur Förderung (προκοπή) des Evangeliums beigetragen haben, bevor er darauf eingeht, was dies überhaupt für Umstände sind.

Die προκοπή ist vor allem ein Terminus technicus der stoischen Philosophie[230] und meint dort den sittlichen Werdeprozeß des Menschen weg von den schlechten Dingen hin zu der Tugend. Paulus betont, wenn er diesen Ausdruck hier gebraucht, den Wachstumsaspekt des Evangeliums. Es ist kein inhaltliches Anwachsen des Evangeliums, sondern ein Gedeihen der Menschen, denen es von Paulus verkündigt und vorgelebt wird. Ganz am Schluß des Abschnittes nimmt er das Wort wieder auf (1,25)[231], bezieht es nun aber nicht auf das Evangelium, sondern auf die Antwort auf dieses, nämlich auf den Glauben. Er gebraucht es am Anfang mehr im quantitativen Sinn: Das Gedeihen des Evangeliums besteht darin, daß für alle in der Umgebung des Paulus dessen Fesseln in Christus leuchtend geworden sind (1,13) und die meisten der Brüder das Evangelium selber nun viel mutiger weiter verkünden (1,14-17). Am Schluß steht es mehr im Sinne einer qualitativen Vermehrung des Evangeliums: Wenn Paulus noch nicht stirbt, sondern hier bleibt, dient das zum Gedeihen des Glaubens der Philipper (1,25). Es scheint, daß dieser Begriff Paulus als Rahmen für diesen Abschnitt dient. Seine Umstände sind dadurch geprägt, daß sie zum Gedeihen des Evangeliums beitragen (1,12-18), und seine Gedanken und seine Entscheidungen in diesen Umständen unterstehen alle dem Ziel des weiteren Gedeihens des Glaubens (1,19-26).

1,12 leitet das Briefkorpus ein. In diesem Vers gibt Paulus einen Grund an, wieso er diesen Brief schreibt. Er will den Philippern über sein gegenwärtiges Ergehen im Gefängnis berichten. L. Alexander, der den Philipperbrief konsequent und exklusiv von den epistolographischen Aspekten her zu verstehen versucht, nimmt - unter diesen Voraussetzungen folgerichtig - sogar an, daß dieser Vers das zentrale Thema des ganzen Briefes vorstellt[232]. Das ist sicher eine Überbewertung dieses Verses[233]. Doch ist es durchaus wahrscheinlich, daß das τὰ κατ' ἐμέ in 1,12 so etwas wie eine Titel- oder Inhaltsangabefunktion für ganz A ausübt. Schließlich geht es in beiden Abschnitten, wie gesagt, je um einen ausführlichen Selbstbericht.

Aus dem Zusammenhang des Briefes wird ersichtlich, daß die Philipper über die Kerkerhaft des Paulus informiert waren. Es ist auch wahrscheinlich, daß sie ihm die Unterstützung schon im Wissen um seine Gefangenschaft geschickt haben. Diese Hilfe wäre demnach dazu bestimmt, Paulus in seiner Gefangenschaft zu unterstützen (1,7). Hingegen nötigt der Text des Philipperbriefes nirgends zur Annahme, daß die Philipper über die Gefangenschaft des Paulus zutiefst bestürzt oder sogar befremdet waren. Aber ganz sicher haben sie ein Interesse daran gehabt, zu erfah-

---

230 Stählin, ThWNT 6, 703ff, bes. 706. Philo, der diesen Begriff häufig verwendet, übernahm ihn ebenfalls aus der stoischen Tradition (709f).
231 Es kommt im Neuen Testament nur hier in diesem Abschnitt des Philipperbriefes und in 1 Tim 4,15 vor. Das Verb in Lk 2,52; Röm 3,13; Gal 1,14; 2 Tim 2,16; 3,9.13.
232 Alexander, 95.
233 Vgl. 7.1.2.

ren, wie es Paulus im Gefängnis ging und ob und was für ein Ende dieser Haft sich abzeichnete.

Paulus betont in Vers 12 nicht nur, daß seine Umstände dem Gedeihen des Evangeliums förderlich waren, sondern er sagt ausdrücklich, daß sie dies "mehr" waren (μᾶλλον). Dieses "mehr" bezieht sich explizit auf nichts. Es gibt kein "mehr als". Der Grund für dieses Fehlen ist, daß der Bezug implizit deutlich genug ist. Seine jetzigen, auf den ersten Blick widrigen Umstände sind dem Evangelium förderlicher, als es für ihn vorteilhaftere Umstände wären. Die Erklärung für diese Aussage folgt in Vers 13 und 14. Seine Gefangenschaft dient gemäß seiner Aussage in Vers 13 dazu, daß seine ganze Umgebung dadurch das Evangelium gehört hat. Vers 14 bringt den zweiten Grund für 1,12. Die meisten Brüder wagen wegen Paulus das Evangelium nun mutiger zu verkünden. Das Evangelium wird also *mehr* Menschen verkündet, als wenn Paulus nicht im Gefängnis wäre. In 1,15-17 kommt eine Einschränkung dieser Aussage in der Richtung, daß einige von diesen, die durch Paulus Mut gefaßt haben, das Evangelium so verkünden, daß es Paulus schaden soll. In Vers 18 aber entkräftet er diese Einschränkung, indem er sie in ihr Gegenteil verkehrt und aufzeigt, daß diese vermeintliche Einschränkung gerade dem Gedeihen des Evangeliums dienen muß, denn Hauptsache ist, daß das Evangelium, auf welche Weise auch immer, verkündet wird.

Dahinter steht, wie in 5.2 gezeigt, das Verstehensmuster einer gelebten Gesinnung Christi. Die Gesinnung Christi besteht erstens aus Dienen und Selbsterniedrigung und damit auch aus der Möglichkeit, in Leiden zu geraten. Zweitens besteht sie aus den drei Folgen der Selbsterniedrigung, die von Gott durch Gnade garantiert werden. Erstens ist das die Erhöhung durch Gott, zweitens die allgemeine Verehrung des Sohnes und drittens dadurch die Verherrlichung Gottes des Vaters. Auch wenn dem Zuhörer dieses Verstehensmuster in a[1] noch verschlossen ist und es erst später im Hymnus entschlüsselt wird, steht es doch, wie gezeigt, deutlich im Hintergrund.

Paulus erklärt den Philippern seine schwierige Situation im Gefängnis damit, daß sie durch sein Dienen und seine Selbsterniedrigung zustande gekommen ist. Ebenfalls ist die zweite Konsequenz dieser Haltung schon darin sichtbar geworden, daß Jesus Christus vermehrt verkündigt und dadurch auch verehrt wird.

Auch zeigt Paulus, daß diese missionarische Konsequenz für ihn Grund zur Freude ist. Die Freude, die er meint, ist die Freude im Herrn, die unzertrennbar mit dem Gehen des Weges Christi verbunden ist[234].

Paulus bleibt ganz in diesem Verstehensmuster, wenn er am Ende von Vers 18 seine Perspektive ändert, weg von seiner Vergangenheit hin auf seine Zukunft, weg von der jetzigen Freude hin auf die zukünftige Freude, weg von der zweiten, missionarischen Konsequenz des Hymnus hin zur ersten, soteriologischen Konsequenz, zur Erhöhung durch Gott an die Seite des Herrn.

---

234 s. o. bei Anm. 229.

Mit diesem Wechsel ist auch der Inhalt von 1,18c -21 schon skizziert. Paulus wird sich auch zukünftig freuen, denn er weiß, daß seine jetzige Situation zu seinem Heil dienen wird. Interessant ist, daß zu seiner jetzigen Situation auch diejenigen Leute gehören, die ihm schaden wollen. Auch sie müssen seinem Heil dienen. Hier schimmert das "Berechnungselement" seines Heiles durch. Sofort schränkt Paulus dies ein, indem er andeutet, daß ihm sein Heil nicht einfach durch sein Bemühen zusteht, sondern dieses Heil auch von der Unterstützung (ἐπιχορηγία) des Geistes Jesu Christi und - ganz besonders bemerkenswert - von den Gebeten der Philipper abhängig ist.

In Vers 20 ändert sich seine Blickrichtung innerhalb desselben Satzzusammenhangs ganz zur Zukunft hin. Das wegen seiner Selbsterniedrigung halb errechnete und halb erhoffte zukünftige Heil steht im Hinblick auf seinen künftigen Wandel allein auf Hoffnung.

Wenn Paulus auf seinen bisherigen Wandel zurückblickt, dann ist er mit hoffnungsvoller Sicherheit - vielleicht ist dies der beste Ausdruck dafür - betreffs seines Heiles erfüllt. Blickt er aber auf seinen zukünftigen Wandel, ist die Sicherheit zugunsten der Hoffnung ganz gewichen. Paulus hofft, daß er in nichts zuschanden wird, sondern daß Jesus Christus durch ihn verherrlicht wird. Das hat für ihn erste Priorität, auch Priorität vor seinem eigenen Leben. Dafür ist er auch bereit zu sterben. Unter diesen Vorzeichen führt er die Todesthematik ein. Wenn er aber für Christus sterben kann (Vers 21), ist das für ihn Gewinn, denn dann, und erst dann ist die erste Konsequenz des Hymnus ganz erreicht und er zu Christus erhöht[235].

Paulus will sicherlich mit diesen Versen die Philipper über sein Ergehen im Gefängnis trösten und ihnen die Angst nehmen, daß er umkommen könnte. Sogar wenn es geschähe, wäre das für ihn ein Gewinn, denn das hätte seine Erhöhung zur Folge.

In 1,22-26 zeigt Paulus den Philippern sein Dilemma. Nicht die Umstände bedrängen ihn, sondern die Notwendigkeit für ihn, der Christus um jeden Preis verherrlichen will, zwischen der ersten und der zweiten Konsequenz des Hymnus wählen zu müssen. Stirbt Paulus für Christus, ist das für ihn viel besser, denn es bedeutet, ganz mit Christus zu sein, und somit seine eigene, vollkommene Erhöhung. Lebt er aber weiter, kann er fortfahren, Arbeitsfrucht bei den Philippern zu bringen, also zur vermehrten Verehrung von Christus beizutragen. Das viel Bessere für ihn ist das Sterben für Christus, das Notwendigere ist aber das Dableiben für die Philipper. Für Paulus ist es keine Frage, daß er die Gesinnung Christi leben will. Nur das "Wie" ist für ihn eine Frage. Da die Gesinnung Christi die Interessen der anderen höher achtet als die eigenen, wählt Paulus nicht das für sich Bessere, die Selbsterniedrigung bis zum Tod, sondern das notwendigere Bleiben zur Förderung der Philipper.

---

235 Es spricht sehr gegen die Suizidtheorie von Droge, daß Paulus hier so vorsichtig von seinem zukünftigen Heil spricht. Droge müßte nachweisen, wie Paulus durch einen Freitod Christus verherrlichen möchte. Meiner Meinung nach ist das ausgeschlossen.

Allerdings könnte er sich auch ein Sterben für die Philipper vorstellen (2,17), doch klammert er diesen Gesichtspunkt im Abschnitt a[1], in dem es um seine Umstände geht, aus. Das ist ein weiterer Hinweis darauf, daß Paulus seine baldige Freilassung für wahrscheinlich hält und diese nun den Philippern ankündigt.

Es ist auch zu beachten, daß Paulus im ganzen Abschnitt nur von sich berichtet. Dieser Selbstbericht bezieht aber am Schluß - am Ende des Verses 1,23 - plötzlich die Philipper ganz stark ein. Paulus zeigt dort, daß er in allem ganz auf die Philipper ausgerichtet ist.

Faßt man a[1] zusammen, sieht man, daß Paulus den Philippern über sein Ergehen im Gefängnis nur streng nach dem Verhaltensmuster der Gesinnung Christi berichtet. Seine jetzige Situation dient der Verkündigung des Evangeliums und seinem eigenen Heil. Er befürchtet auch nicht seine Hinrichtung, die sein vollkommenes Heil bedeuten würde. Sein einziges Problem - jedenfalls das einzige, das er erwähnt - ist, daß er wählen muß zwischen zwei verschiedenen Möglichkeiten, die Gesinnung Christi zu leben. Wenn er stirbt, würde dies sein eigenes Heil bedeuten. Wenn er aber bleibt, kann er dem Ergehen und Heil der Philipper dienen. Hauptkriterium in dieser Frage sind für ihn nicht seine Interessen, sondern die der Philipper. Paulus lebt also durch und durch die Gesinnung Christi.

Es bleibt zu fragen, wieso Paulus das so macht. Verfällt er hier nicht etwa doch dem von ihm so verpönten Selbstrühmen? Was ist die Funktion von a[1] und damit auch von a[2] im Argumentationsstrang des Philipperbriefes? Dieser Frage kann erst später nachgegangen werden[236].

5.4.2 Die Gegner als negative Vorbilder

Wie bereits erwähnt, besteht auch a[2] aus einem Selbstbericht. Der Hauptunterschied besteht wohl inhaltlich darin, daß Paulus in 1,12-26 ausführlich über sein konkretes Ergehen im Gefängnis schreibt, in 3,1-26 fehlt aber diese Perspektive. Über die Auslegung dieser Verse ist schon viel gestritten worden.

Doch zuerst zu 3,1. 3,1a gehört nur uneigentlich zu a[2], bildet dieser Aufruf zur Freude im Herrn doch das Zentrum des Briefkorpus. 3,1b ist die Einleitung zu a[2] und überhaupt zur zweiten Hälfte des Briefkorpus. Nun kehren dieselben Dinge beziehungsweise Themen wieder, die bis jetzt schon vorgekommen sind.

Mit 3,2 ist man aber schon inmitten eines der ganz großen Probleme des Philipperbriefes, nämlich bei der Frage, wer die Gegner sind, von denen Paulus hier spricht, und welches Gewicht sie für den Inhalt des Briefes haben.

Dazu gehört auch die Frage nach dem βλέπετε. Ist es eine scharfe Warnung vor Gegnern oder ruft Paulus damit nur zu einer Betrachtung der Gegner auf? Bis in die jüngste Zeit ist eine Deutung von βλέπετε im Sinne einer scharfen Warnung

---

236 Vgl. 5.5.

sehr gebräuchlich. Noch Bruce legt es in seinem Kommentar in diesem Sinne aus[237]. Auch im letzten Jahrhundert findet man solche Auslegungen, so zum Beispiel bei de Wette[238]. Doch auch Lohmeyer[239], Gnilka[240], G. Barth[241] und viele andere erklären das βλέπετε so. Neuerdings wurde gezeigt, daß eine solche Übersetzung unmöglich ist. Wenn auf βλέπετε ein Akkusativ folgt, kann es nur mit "seht euch an" übersetzt werden[242]. Damit vermindert sich aber die Schärfe der Aussage von 3,2 erheblich. Die Philipper sollen sich also nicht vor den Hunden, vor den bösen Arbeitern und vor der Zerschneidung in acht nehmen, sondern sie ansehen.

Wer sind aber diese Gegner? Eine ausführliche Forschungsgeschichte zu diesem Thema mit all ihren Variationen würde ganze Bände füllen. Jewett bringt eine gute, knappe Übersicht dazu. Er zählt sechs Hauptvarianten der Gegnerbestimmung auf. So werden sie von W. Schmithals als gnostische Missionare mit libertinistischen Tendenzen verstanden. H. Köster sieht sie als Gnostiker mit perfektionistischer Gesetzesauslegung an. A. F. J. Klijn betrachtet sie als Juden. J. Müller-Bardorff tritt für eine Gegnerschaft ein, die aus Spiritualisten mit sowohl judaistischen als auch libertinistischen Tendenzen besteht. B. Reicke sieht in der Gegnerschaft Judaisierer und Gnostiker. J. Gnilka schlägt vor, daß es sich dabei um θεῖος-ἀνήρ-Missionare handelt[243]. Der siebte Vorschlag kommt von Jewett selber. Er sieht in den Gegnern sogar drei unterschiedliche Gruppen. In 1,15ff und in 2,21 richtet sich Paulus gegen θεῖος-ἀνήρ-Missionare, in 3,17ff gegen Libertinisten und in 3,2ff gegen judaisierende Missionare[244].

Meiner Meinung nach bringt C. Mearns einen weiterführenden Lösungsvorschlag. Für ihn gibt es nur eine Gruppe von Gegnern. Diese sind "judaisierende Christen". Es ist in etwa dieselbe Bewegung wie jene, welche die Gemeinden von Galatien verwirrte. Mearns gibt eine detaillierte Beschreibung der Gegner. "The opponents are Judaizing Christians who have not attached special saving significance to the cross, who are confident in their religious and moral perfectionism guaranteed by adherence to circumcision and the Torah, and who believe they possess here and now most of the promises of God in a situation of predominantly realized eschatology. They aimed to give pneumatic Christians ethical anchorage in Jewish-Christian moral and religious traditions, against what they perceived as dangerous antinomian trends in Pauline Christianity."[245] Das Problem an Mearns' Ansatz ist, daß er die Gegner immer noch überbewertet und die

---

237 Vgl. Bruce, 103.
238 De Wette, "Hütet euch", 209.
239 Lohmeyer, 124.
240 Gnilka, 184.
241 G. Barth, "Nehmt euch in Acht", 55.
242 So bei Schoon-Janssen, 124f, und Garland, 165f, die sich beide auf die Arbeit von Kilpatrick, G.D., "Blepete, Philippians 3,2". In memoriam Paul Kahle, BZAW 103, 1968, 146-148, beziehen.
243 Jewett, Conflicting Movements, 362 mit weiteren Literaturangaben.
244 Ebd., 390.
245 Mearns, 202.

Gegnerthematik als eigentliche Grundthematik dieses Briefes ansieht. Das Konzept aber, das Paulus diesem Brief zugrunde legte, widerspricht dieser Annahme.

Ich selber vertrete unter Berücksichtigung des Gesamtaufbaus des Philipperbriefes folgende Hypothesen zur Gegnerproblematik:

1. Die Gegner spielen für Anlaß und Zweck des Briefes eine eindeutig sekundäre Rolle.
2. Die Gegner haben im Philipperbrief vor allem die Funktion von negativen Vorbildern.
3. Für Paulus sind die Gegner judaisierende Christusgläubige, die die Beschneidung predigen und "Dienen" und "Leiden" ablehnen.
4. Dennoch waren die Philipper auf irgendeine Weise mit solchen Gegnern konfrontiert.
5. Bei den Gegnern von Paulus in 1,15-17 handelt es sich wahrscheinlich nicht um dieselben Gegner wie sonst im Brief, doch diese können kaum näher umschrieben werden.
6. Die Vollkommenheitsthematik gehört nicht zur Gegnerthematik.

Ein wichtiger Hinweis für die sekundäre Rolle der Gegner ist, daß sie im Brief wenig vorkommen. Dies ist übrigens ein Argument, dem erstaunlicherweise bis jetzt kaum Beachtung geschenkt worden ist. Im Abschnitt 3,1-16, der vielleicht die zentralste Bedeutung für diese Diskussion hat, kommen die Gegner explizit nur gerade im kurzen Vers 2 vor. Auch in Vers 4 spricht Paulus nicht mehr direkt über die Gegner, sondern explizit nur noch über sich selber. Somit thematisiert er die Gegner ausdrücklich nur mit 10 von 250 Wörtern. In 1,12-26 geht er nur mit 22 von 243 Wörtern auf die Gegner ein (Verse 15-17). In b^1 geht es zwar in 20 Wörtern um ein Problem mit Gegnern, davon sagen aber nur zwei (τῶν ἀντικειμένων) ausdrücklich etwas über die Gegner selber aus, der Rest geht darum, wie die Philipper sich gegenüber solchen verhalten sollen. In b^2 sind es 38 Wörter. In den restlichen sechs Abschnitten des Briefkorpus und in den drei weiteren, die es einrahmen, kommt diese Thematik überhaupt nicht vor[246]. Damit geht es nur in 90 Wörtern des Philipperbriefes explizit um Gegner. Das sind ungefähr fünf Prozent von den 1624 Wörtern des gesamten Briefes. Allein das spricht gegen eine Überbewertung dieser Frage. Dazu kommt noch, daß Paulus den Philippern nur in b^1 ausdrücklich eine Anweisung gibt (1,28), wie sie mit sogenannten Gegnern umgehen sollen. So entscheidend wichtig kann für Paulus die Gegnerfrage bei der Abfassung des Philipperbriefes nicht gewesen sein.

Von noch größerer Bedeutung ist aber, daß das Konzept des Briefes zeigt, daß für Paulus ganz andere Themen zentral sind[247].

---

246 Das Vorwort spricht noch aus einem weiteren Grund gegen eine größere Bedeutung der Gegnerfrage, vgl. in 6.1 die vielfältigen Anspielungen des Proömiums auf die Themen des Briefes, bei denen eine Gegnerproblematik fehlt.
247 Zusammenfassung davon in 5.10.

Neuerdings wurden auch andere Exegeten gegenüber der Betonung der Gegnerproblematik mißtrauisch. G. Barth bemerkt, daß man der näheren Charakterisierung der Gegner nicht zuviel Bedeutung beimessen soll[248]. L. Alexander, der den Philipperbrief als "family-letter" bezeichnet, kommt zu folgendem Schluß: "Moreover, if this is the letter's primary function, it relieves us of the need to posit some major heresy or conflict within the church as the main reason for writing; the admonition and warnings can assume a more subordinate role in the letter plan"[249]. D. E. Garland formuliert es noch schärfer: "There are no external opponents in view, and all quests for their identity and party line are red herrings."[250]

Die Hauptfunktion der Gegnerthematik ist die des negativen Vorbildes. Die Gegner dienen somit als abschreckendes Beispiel. Paulus beschreibt sie einerseits als genaue Antitypen zu sich selbst und zu solchen, die die Gesinnung Christi leben. Andererseits fordert er die Philipper sogar explizit und deutlich auf, diese Gegner als abschreckendes Anschauungsmaterial zu verwenden. Er tut dies nicht nur durch das dreifach wiederholte und betonte βλέπετε in 3,2, sondern auch durch 3,18f. Diese Ausführungen über die Gegner werden in Vers 17 begründet[251]. Hier ruft Paulus die Philipper auf, seine Mitnachahmer zu werden und auf die zu blicken, die ihn und seine Mitarbeiter zum Vorbild haben.

Die Gegner sind auch qualitativ deutliche Antitypen zu denen, die die Gesinnung Christi leben. In ihrem Leben steht anders als bei Jesus Christus und bei Paulus nicht das Kreuz im Zentrum, sondern sie sind sogar Feinde des Kreuzes Christi (3,18) und jagen nicht nach dem Kampfpreis der Berufung nach oben (3,14), sondern sinnen auf das Irdische (3,19). Sie leben also nicht nach der richtigen Gesinnung, sondern nach einer, die der von Jesus Christus genau entgegengesetzt ist. Sie sind nicht bereit, sich selber zu erniedrigen und zu dienen, sondern sie suchen ihre Selbsterhöhung. Auf diesem Hintergrund steht auch 3,2. Die "Hunde", die "schlechten Arbeiter", die "Zerschneidung" sind diejenigen, die im Gegensatz zur richtigen Gesinnung (3,3ff) leben. Und auf diesem Hintergrund sind wohl auch die Widersacher (οἱ ἀντικείμενοι) von 1,28 zu verstehen. Das wird ausdrücklich in Vers 29 mit seiner durch ὅτι eingeleiteten Leidensverheißung gekennzeichnet. Besonders interessant ist, daß die Grundbedeutung des im Neuen Testament seltenen Wortes (ἀντίκειμαι) "den Gegensatz bilden zu" heißt.

Ich nehme an, daß es sich um judaisierende Christusgläubige handelt, die die Beschneidung forderten und die vielleicht nicht einmal selber ursprünglich Juden waren. Dafür spricht, daß Paulus im deutlichen Gegensatz zu ihnen seinen Verzicht auf seine jüdischen Vorzüge betont (3,2ff). Mearns zeigt, daß die Begriffe κοιλία und αἰσχύνη in 3,19 wahrscheinlich Euphemismen für das beschnittene männliche Geschlechtsteil sind[252]. Sie fordern die Beschneidung für alle Gläubigen (vgl. auch

---

248 Vgl. Barth, G., 55.
249 Alexander, 99.
250 Garland, 166.
251 Deutlich gekennzeichnet und eingeleitet durch γάρ.
252 Vgl. Mearns, 198 (z. B. LXX Ps 132,11; 2 Sam 7,12; 2 Sam 16,11; Sir 23,6).

das polemische κατατομή in 3,2). Paulus sieht aber in der Beschneidungsforderung an Nichtjuden den Glauben an Christus, der allein Soter ist, gefährdet. Selbsterniedrigung, Dienen und Leiden sind für sie Kategorien, die von ihrem Erwählungsdenken ausgeschlossen werden. Es ist gut möglich, daß Paulus hier von denen redet, durch die er die galatische Gemeinde in existentieller Gefahr sah, oder von solchen, die doch eine ähnliche Auffassung wie jene vertreten[253].

Die Philipper haben von solchen Gegnern oder sogar von den Problemen in Galatien gehört und mußten sich vielleicht auch schon mit solchen Problemen auseinandersetzen. Auf jeden Fall hat Paulus mit ihnen schon öfters darüber gesprochen (3,18). Es ist gut möglich, daß die Philipper durch diese gegnerische Bewegung irgendwie erschreckt wurden (1,28), aber es gibt keinen Hinweis im Philipperbrief, daß Paulus für die Philipper eine akute Gefahr sah, daß sie sich diese Lebensweise aneignen würden. Aber da dieses Problem den Philippern bekannt war, konnte Paulus die Gegner zur Unterstützung des Hauptthemas des Briefes als abschreckendes Beispiel gebrauchen[254].

Es ist gut möglich, daß es sich hier nicht primär um eine bestimmte Gruppe von christusgläubigen Menschen gehandelt hat, die mit ihren von der paulinischen Lehre abweichenden Lehren umherzog und diese in seinen Gemeinden verkündigte, sondern daß es sich um ein viel tiefer liegendes, strukturelles Problem der jungen Gemeinden handelte. Unter den Nichtjuden waren es zuerst die "Gottesfürchtigen", die zum Glauben an Jesus Christus kamen. "Die Mitglieder der paulinischen Gemeinden sind also schon judaisierende Heiden, Grenzgänger zwischen Nichtjuden und Juden gewesen, bei denen es naturgemäß nach einer Generation spätestens zum vollen Übertritt zum Judentum, also zum Status eines Proselyten kam."[255] So war der Gedanke, sich beschneiden zu lassen, von vornherein in gewisser Weise naheliegend. Zusätzlich kann durch Schutzlosigkeit und Verfolgung die Verlockung erheblich gestiegen sein, ganz zum Judentum überzutreten. "Denn bei den Juden genossen sie nicht nur Unterstützung, sondern als Juden auch einen besseren, das heißt gewachseneren Minderheitenstatus, der ihnen einen besseren Schutz offerierte."[256] Gut möglich, daß es ein Grundproblem der jungen Gemeinde war, Schutz vor Verfolgung und Leiden in der Beschneidung zu suchen. Dieser Weg, das Leiden zu vermeiden, wird, wie der Galaterbrief zeigt, von Leuten vehement verkündet worden sein (z. B. Gal 5,11f). Die philippische Gemeinde wurde selber schon mit dem Leiden konfrontiert (Phil 1,29), doch zeigt der Philipperbrief,

---

253 Vgl. ebd., 202.
254 Schoon-Janssen zeigt ein weiteres Indiz dafür, daß diese judaisierenden Gegner kein wirkliches Problem für die Philipper waren, sondern für sie als negatives Beispiel gebraucht werden. "Das Fehlen jeglicher auf das AT gestützter Argumentationen im Phil ist vor allem deshalb bemerkenswert, weil die Philipper es in 3,2ff. scheinbar mit judaistischen Gegnern zu tun haben. Auch aus dem Fehlen von AT-Zitaten bestätigt sich hier also nochmals der Beispiel-Charakter von 3,2-11." (145). Dieses Argument scheint mir plausibler als das von Koch, der dieses Fehlen von Schriftzitaten mit den "erschwerten Abfassungsbedingungen der Haft" (nur für Phil A: 1,1-3,1; 4,4-23), in der Paulus die Schrift nicht vorliegt, erklärt, und der das gleiche Phänomen in Brief B mit der kurzen Abfassungszeit begründet (96f).
255 Stegemann, 122.
256 Ebd.

daß sie dieser Versuchung weitgehend widerstanden hat. Doch das Problem war ihr offensichtlich bekannt. Paulus konnte so diese Gegnerschaft ohne nähere Erläuterungen als abschreckendes Beispiel gebrauchen.

Sie haben nach Paulus nicht nur die der richtigen Gesinnung entgegengesetzte Haltung, sondern Paulus zeigt den Philippern, daß ihr ganzer Weg dem Weg Christi entgegengesetzt ist. Jesus Christus hat in seiner göttlichen Vorrangstellung nicht nach Ehre und Macht getrachtet, sondern er hat sich selber völlig erniedrigt. Deshalb wurde er von Gott in alle Ehre und Macht eingesetzt. Die Gegner jedoch trachten nicht danach, sich selbst zu erniedrigen, sondern danach, sich selber zu erhöhen. Ihr Ende ist nicht die Erhöhung, sondern die definitive Erniedrigung.

Paulus hat die Ausdrücke, mit denen er in 3,2 die Gegner charakterisiert, so ausgewählt, daß sie diese Bewegung von der Selbsterhöhung in die Erniedrigung mitschwingen lassen. Die Gegner wollen zum auserwählten Volk, den Juden, gehören, und nicht zu den von diesen manchmal als Hunde bezeichneten Heiden[257]. Indem sie sich aber selber durch die Beschneidung erhöhten, sind sie genau das geworden, was sie nicht sein wollten: Hunde. Möglicherweise denkt Paulus hier sogar an die soteriologische Folge der Selbsterniedrigung, nur daß diese aufgrund ihrer Selbsterhöhung gerade negativ ausgefallen ist, das heißt, sie sind erniedrigt worden. Sie wollten Gottes Arbeiter sein, sind aber zu schlechten Arbeitern geworden. Paulus spielt damit eventuell darauf an, daß auch die missionarische Folge bei ihnen in pervertierter Weise zum Tragen gekommen ist. Sie wollten zu den nach der Thora von Gott erwählten Beschnittenen gehören, sind dabei aber verschnitten, das heißt kastriert worden und sind somit nach der Thora kultunfähig (vgl. Gal 5,12). Gut möglich, daß Paulus mit dem Wort andeutet, daß er bei ihnen auch die doxologische Konsequenz pervertiert sieht. Ein Kultunfähiger kann Gott nicht verherrlichen.

Auch in 3,19 scheint der Aspekt der Selbsterhöhung, der in die Erniedrigung führt, durch. Ihr eigenes Ziel (τέλος) ist sicherlich das Heil, ihr Ende (τέλος) aber ist das Verderben.

Nur in 1,28 kann man sehen, daß die Philipper die Irrlehre nicht nur wahrgenommen haben, sondern auch irgendwie damit konfrontiert sind. Sie sollen sich von den Gegnern nicht erschrecken lassen. Doch auch mit dieser Stelle kann man nicht beweisen, daß die Philipper solche Gegner schon persönlich kennengelernt haben, und schon gar nicht, daß ein Teil der Gemeinde in der Gefahr ist, diese Lehre anzunehmen. Denn schon der Bericht über solche Probleme in anderen Gemeinden kann erschrecken und verwirren.

Bei den Gegnern von Paulus in 1,15-17, die ihm im Gefängnis Mühe bereiten, gibt es keine Anzeichen dafür, daß es sich dabei um dieselbe Gegnergruppe wie sonst im Brief handelt.

---

257 Strack/Billerbeck, 724f.

Die Vollkommenheitsaussagen in 3,12 und in 3,15 gehören nicht primär zur Gegnerthematik. Diese Verse wurden häufig dazu verwendet, eine enthusiastische Frömmigkeit in Philippi nachzuweisen, gegen die Paulus in diesem Brief Stellung nimmt: Die Philipper leben in einem enthusiastischen Vollkommenheitsideal, das Paulus hier korrigiert. Diese Hypothese hat zur Voraussetzung, daß die Gegnerthematik primärer Grund zur Niederschrift des Briefes war[258].

Paulus sagt in 3,12 von sich, daß er "es" nicht ergriffen habe und daß er nicht vollendet sei (τετελείωμαι). Paulus bezieht das auf seine Auferstehung aus den Toten (3,11) und zuvor auf sein Gleichgestaltetwerden mit dem Tod Christi (3,10), damit aber deutlich auf sein Gehen des Weges Christi bis zur äußersten Entäußerung und dadurch zur höchsten Erhöhung, zu seinem Heil. Im Gehen dieses Weges ist Paulus noch nicht vollkommen geworden, er ist noch nicht zu seinem Heil gelangt. Und genau das erläutert er nun ausführlich in den Versen 12 bis 14. Er hat das Heil noch nicht ergriffen, aber er jagt ihm nach, denn er ist von Christus ergriffen. In seinem Heil ist er noch nicht vollkommen. Möglicherweise spielt Paulus mit dem Wort τελειοῦν, das er sonst nie gebraucht, auf die Mysteriensprache an. Denn dieser ist auch ein Ausdruck des Mysterienwesens[259]. Paulus hat die höchste Weihe noch nicht erlangt, die Einweihung in sein Heil. Aber er jagt ihr nach. Der Weg dazu ist die Gesinnung Christi.

Noch deutlicher kommt diese Anlehnung an die Mysteriensprache in 3,15 zum Zuge. Soviele nun vollkommen oder Eingeweihte (τέλειοι)[260] sind, die sind so gesinnt (τοῦτο φρονῶμεν), wie es eben Christus auch war. Diejenigen, die die Gesinnung Christi haben, sind Eingeweihte und Vollkommene. Sie sind dies nicht betreffs ihres persönlichen Heils, sondern betreffs des Weges zu diesem. Die Konsequenz ist, daß Paulus hier die Nachfolge Christi mit Mysterienvokabular beschreibt. Derjenige, der den Weg Christi geht, ist wie ein Eingeweihter, der mit dieser Weihe auf die höchste Weihe, die er noch nicht hat, zugeht, die Einweihung in die Totenauferstehung durch Christus. Mit dieser Sprache kann er das Schon und das Noch-Nicht in der Nachfolge Christi ausdrücken. Wer die Gesinnung Christi lebt, der ist reif im Glauben an Jesus Christus geworden; doch gerade dieser muß sich durch Bescheidenheit auszeichnen, wie eben Paulus, der alle seine Privilegien aufgab, um Christus zu gewinnen, und deswegen doch nicht sich rühmt und sich nicht auf dem Heil ausruht, sondern ihm erst recht nachjagt.

Natürlich will Paulus mit diesen Begriffen die Philipper auch etwas lehren; aber er tut das nicht, indem er einen ihrer Idealbegriffe - Vollkommenheit als enthusiastisches Ideal - aufnimmt und ihn kritisch uminterpretiert. Sondern er nimmt mit τέλειος einen seiner eigenen Idealbegriffe auf. Diesen Begriff verwendet er zum Beispiel im Zusammenhang mit einer Gesinnung, die derjenigen von Christus entspricht und so nicht höher von sich denkt, als es sich geziemt (Röm 12,2f)[261]. Die Gläubigen sollen zu Vollkommenen werden (1 Kor 2,6), die feste Speise vertragen

258 So z. B. Jewett, Conflicting movements, 373.
259 Vgl. Bauer, 1615: Phil 3,12 wird dort in dieser Weise interpretiert.
260 Mit Bauer, 1614: Τέλειος als Terminus technicus der Mysteriensprache.
261 Vgl. par zu Phil 2,3.

(3,1f)[262]. Paulus sichert dieses Vollkommenheitsideal in 3,12 gegen die Gefahr eines falschen Verständnisses ab, damit er es in 3,15 positiv verwenden kann. Im Gegensatz zum Mysten der Mysterienreligionen, der durch die Weihe mehr zu Gott erhöht ist beziehungsweise mit der Gottheit vereinigt ist, zeichnet sich der in die Gesinnung Christi Eingeweihte dadurch aus, daß er sich freiwillig selber erniedrigt. Die letzte Einweihung oder, anders gesagt, die vollkommene Erhöhung ist allein Gottes Sache. Paulus nimmt offensichtlich immer wieder die Sprache der Umwelt auf, kann diese aber eigenwillig uminterpretieren.

Bei den an Christus Glaubenden ist der Vollkommene nicht derjenige, der sich durch geheime Kultriten erhöht, sondern derjenige, der sich in der Welt real erniedrigt und Sklavengestalt annimmt. Dieser ist ein Myste. Und genau dieses Element nimmt Paulus in e² nochmals auf. In 4,12 sagt er im ausdrücklichen Zusammenhang mit der Selbsterniedrigung[263], daß er in das alles eingeweiht (μεμύημαι) sei. Mit diesem Zusammenhang wird deutlich, daß Paulus die Vollkommenheitsbegriffe nicht gebraucht, um irgendeiner enthusiastischen Frömmigkeit der Philipper gegenüberzutreten, sondern um mit diesen Begriffen die Gesinnung Christi weiter zu entfalten[264].

Ebenfalls ist es gut möglich, daß das beinahe unmittelbar folgende τέλος (3,18) in diesem Zusammenhang steht. Dies würde die antitypische Funktion der Gegner nochmals unterstreichen. Im Gegensatz zu den wahren τέλειοι, die sich selber erniedrigen, um das τέλος, das Heil zu erlangen, vermeiden jene die Selbstentäußerung und gelangen deshalb zu ihrem τέλος (Ende), das ihr Verderben ist.

Kurz zusammengefaßt kann man sagen, daß es sich bei den Gegnern um judaisierende Christusgläubige handelt, die für die Beschneidung aller Gläubigen eintreten, um dadurch Leiden und Verfolgung zu vermeiden. Die Philipper kennen dieses Problem und sind in der Gefahr, sich davon erschrecken zu lassen, auch wenn es kein Anzeichen dafür gibt, daß ein Teil von ihnen selber dieser Gefahr erlegen ist. Paulus gebraucht die bekannte Gefahr, um die Vertreter dieses Weges als abschreckendes Beispiel von solchen darzustellen, die den Weg Christi, wie er im Hymnus vorgegeben ist, nicht gehen.

5.4.3 Paulus, der Unvollendete

Doch zurück zu 3,2. Wenn hier von einer Warnung auch nichts zu sehen ist, so muß doch festgehalten werden, daß diese Stelle für den ganzen Philipperbrief und auch im Vergleich zu den anderen Stellen über die Gegner außerordentlich heftig ist. Die drei scharfen, je durch ein knappes βλέπετε eingeleiteten Ausdrücke bedürfen, da sie, wie gezeigt, keine dringende Warnung vor Gegnern sind, ihrer

---

262 Vgl. auch 1 Kor 14,10; Eph 4,13; Kol 1,28.
263 s. o. bei Anm. 218.
264 Einen weiteren Grund dafür, wieso er diese Mysteriensprache gebraucht, wird unten bei Anm. 488 deutlich.

Heftigkeit wegen einer Erklärung. Diese liegt wohl weder in der Psyche des Paulus noch in neuen, soeben bei ihm eintreffenden Informationen, sondern in einer rhetorischen Notwendigkeit. Wenn Paulus am Ende des ersten Teiles des Philipperbriefes so schreibt, als wolle er seinen Brief sogleich abschließen - wie dies viele Exegeten richtig festgestellt haben[265] -, muß er damit rechnen, daß die Aufmerksamkeit der Zuhörer, die wohl nur noch Schlußgrüße erwartet haben, bei 3,1a schon rapide nachgelassen hat. 3,1b leitet zwar die zweite Hälfte des Philipperbriefes ein, ist aber zu fein formuliert, als daß damit die Aufmerksamkeit der Zuhörer wieder voll hergestellt wäre. So muß Paulus nun in 3,2 das Problem lösen, wie diese Aufmerksamkeit wieder zu gewinnen ist. Er erreicht das mit diesem schlagartigen Einsatz. Dazu sagt Watson in seiner rhetorischen Analyse des Philipperbriefes: "Very conceivably, the tonal shift is designed to regain audience attention and receptivity"[266]. Neben diesem rhetorischen Aspekt kommt sicher auch dazu, daß Paulus mit seinen Gegnern nie zimperlich umgeht, sondern immer starke Worte findet, besonders wenn er in deren Tätigkeit eine grundsätzliche Gefährdung des Evangeliums erkennt (vgl. Gal 5,12).

In 3,3-11 zeigt er den Philippern, wie er im Gegensatz zu jenen schlechten Vorbildern nicht auf Fleisch, sondern auf Christus vertraut und wie er darum bemüht ist, sich selber zu erniedrigen. In dieses vorbildliche Verhalten werden die Philipper in 3,3 mit dem ἡμεῖς einbezogen. In 3,4-6 zeigt er den Philippern, daß er selber am meisten Grund hätte, auf Fleisch zu vertrauen. Interessant ist in Vers 5, daß er die eigentliche Privilegienaufzählung mit der Berufung auf seine Beschneidung am achten Tag beginnt. Das ist ein Indiz dafür, daß die Beschneidung für die Gegner besonders wichtig war.

In 3,7-9 zeigt Paulus, wie entschlossen er ist, sich dieser Privilegien - entsprechend dem Hymnus - zu entäußern, um dadurch zu Christus erhöht zu werden. Hier schimmert wieder die ökonomische Komponente durch. Paulus schildert seine Selbsterniedrigung als Mittel zum Zweck. Der Zweck ist seine Erhöhung zu Christus. Doch in 3,10-11 tritt dieser Aspekt zugunsten der Abhängigkeit von Gottes Gnade zurück. Zum schon erreichten Sein mit Christus gehört auch die Gemeinschaft oder Teilnahme an seinen Leiden und das Umgestaltetwerden in seinen Tod (Vers 10). Die angestrebte Auferstehung aus den Toten ist etwas noch nicht Erreichtes, sondern in der Zukunft Liegendes.

In Vers 12 bis 14 wird diese gnadenhafte Abhängigkeit sogar zum dominierenden Aspekt. Paulus denkt von sich nicht, daß er das Heil im Griff hat. Er weiß nur, daß er von Christus ergriffen ist. Dies gibt ihm die Motivation, mit voller Kraft diesem Heil nachzujagen. Er unterscheidet sich also von den Gegnern nicht darin, daß er nicht auch nach dem Heil strebt, sondern daß für ihn die Beschneidung nicht Zeichen seiner Heilssicherheit ist. Aber nicht nur die Beschneidung gibt ihm keine Heilssicherheit, sondern auch seine bisherigen Taten (Vers 13) nicht. Dazu gehört immerhin der Verzicht auf das Vertrauen auf seine jüdischen Privilegien und den Ruhm für seinen bisherigen Wandel, der, wie besonders a[1] zeigt, durch viel Dienen

---

265 s. o. bei Anm. 31.
266 Watson, D. F., 86.

und Leiden für Jesus Christus ausgezeichnet ist. Nur Christus selbst ist für ihn Garant seines Heils, alles andere wäre schon wieder Vertrauen auf Fleisch. Im Wissen um diese Abhängigkeit von Gott setzt er sich mit ganzer Kraft ein.

Nachdem nun Paulus fast ausschließlich von sich selber berichtet hat, schließt er am Ende dieses Abschnittes in 3,14-16 die Philipper in dieses Thema mit ein. Wer von ihnen vollkommen sein will, soll sich durch diese Gesinnung (τοῦτο φρονῶμεν) auszeichnen. Doch diese Gesinnung zeichnet sich ja gerade dadurch aus, daß man von sich nicht denkt, im Heil vollkommen zu sein, wie Paulus das in 3,12 soeben demonstriert hat, sondern daß man bereit ist, sich selber zu erniedrigen. Daß mit dieser Gesinnung aber die im Hymnus beschriebene gemeint ist, wird durch die wörtliche Anspielung auf 2,5 (τοῦτο φρονεῖτε) deutlich. Nun folgt in Vers 15 und 16 eine der tolerantesten Aussagen von Paulus überhaupt. Er verheißt denen in Philippi, die diese Gesinnung noch nicht völlig haben, daß Gott ihnen diese (τοῦτο) noch ganz offenbaren wird, nur sollen sie mit dem, was sie bereits erreicht haben, in Einklang stehen.

5.4.4 Die Umkehr der Werte

Nachdem nun die Bedeutung dieser beiden Teile von A in Grundzügen vorliegt, muß ihrer gegenseitigen Verschränkung nachgespürt werden. Auch ihr Inhalt ist parallel geplant. Beide Teile beginnen mit einer kleinen allgemeinen Einleitung. 3,1 leitet nicht nur a², sondern die ganze zweite Hälfte des Briefkorpus ein. 1,12 bildet mit seinem κατ' ἐμέ eine Einleitung zu ganz A´, welches den Selbstbericht von Paulus zum Thema hat. Er redet hier fast ausnahmslos von sich selber[267]. Doch am Ende von beiden Abschnitten (ab 1,24 und ab 3,15) bezieht er die Philipper plötzlich sehr stark ein. Er zeigt ihnen, wie er seine Entscheidung betreffs seines hingebenden Wandels von den Philippern abhängig macht (1,24ff), und er fordert die Philipper dazu auf, ihre Gesinnung von seiner abhängig zu machen, das heißt, seine Gesinnung zum Vorbild zu nehmen.

Es ist selbstverständlich eine weitere inhaltliche Parallele, daß er auf beiden Seiten von sich selber ausschließlich entsprechend dem Muster des Hymnus berichtet. In beiden Abschnitten zeigt er, wie er dem Hymnus gemäß Christus nachfolgt[268].

In a¹ geht es um seine momentane Situation und um die Gedanken, die er sich unter diesen Umständen macht, und in a² mehr um seine situationsunabhängige Grundhaltung. Wie auch schon erwähnt, handeln beide Abschnitte davon, was ihm für sein Heil nützlich und was ihm schädlich ist, oder, besser gesagt, es geht ihm um die Umkehrung der Werte durch das Evangelium. Was früher in der natürlichen Gesinnung des Fleisches negativ war, ist in der Nachfolge Christi zu einem positiven Wert geworden. Gefängnis (1,13f), Rufmord (1,17) und sogar sein eventuelles Sterben sind ihm Grund zur Freude (1,18f) und ein Gewinn (1,21) geworden. Was

---

267 Die einzigen Ausnahmen sind 1,12 (ὑμᾶς) und 3,1-3.
268 Vgl. 5.2.1.

Paulus, und mit ihm grundsätzlich die ganze Menschheit, vorher auf der Verlustseite eingeordnet hat, verbucht er nun als Gewinn. Dieser Wechsel zieht sich wie ein roter Faden durch a[1]. Derselbe Wechsel, nur diesmal in die andere Richtung, ist in a[2] zu finden. Die ehemals sehr positiven Werte, die für Paulus einen Gewinn bedeuteten, stehen jetzt auf der Verlustseite. Dazu gehören seine Privilegien, die er durch seine hohe Abstammung hat (3,5f) und, last but not least, verzichtet er darauf, aus seinen bisherigen Taten und seinem Wandel für Christus, der, wie A sonst zeigt, sehr vorbildlich ist, eine eigene Erwählungsgewißheit abzuleiten (3,10ff).

Doch diese Umkehrung der Werte gilt nicht an sich, sondern ist auf die Nachfolge und die Ziele der Nachfolge bezogen. Selbsterniedrigung und Leiden sind nicht einfach gute Werte, sondern werden zu etwas Positivem, wenn sie den wirklichen Zielen der Nachfolge untergeordnet sind und diesen dienen. So sind sie hier gute Werte, weil sie der Verbreitung des Evangeliums dienen (1,12ff) und Mittel zur eigenen Erhöhung zu Christus sind (1,19.21ff; 3,7ff).

Eher eine antithetische Parallelität bilden die Berechenbarkeits- und die Unverfügbarkeitstendenz des Heils. Beide kommen sowohl hier als auch dort vor[269], doch überwiegt das Element der Berechenbarkeit deutlich in a[1]. Hier ist es das Vertrauen des konkret leidenden Paulus, der sieht, wie nützlich sein bisheriges Leiden war, und der sich ausrechnet, wie nützlich ein noch größeres allfälliges Leiden, nämlich seine Hinrichtung wäre. Dies und das dazugehörende Element der Freiwilligkeit unterstreicht er mit dem Suizidvokabular (1,21-23). Demgegenüber steht in a[2] eine mächtige Betonung der unverfügbaren und unberechenbaren Gnade. Das Heil ist nicht in den Händen des Paulus, sondern er jagt ihm mit aller Kraft nach. Sieht man, daß Paulus überhaupt nicht von sich denkt, er habe das Heil, und beachtet man die Parallelität dieser Abschnitte, hat man keine Berechtigung mehr, bei Paulus Selbstmordgedanken anzunehmen[270]. Diese Stelle zeigt, wie die Erkenntnis des Briefkonzeptes vor einer Überinterpretation einzelner Stellen schützt und wie wichtig es deshalb ist, die Struktur eines literarischen Werkes zu erkennen.

In diesem Zusammenhang lohnt es sich, die Parallelität der Todesthematik zu betrachten (θάνατος: 1,20 und 3,10). In a[1] (1,20-23) und in a[2] (3,10f) setzt Paulus den Akzent unterschiedlich. In a[1] spricht er in freudiger Siegesgewißheit. In a[2] hingegen gehört der Aspekt des Sterbens zum eigenen Kampf und zum Sich-Bemühen. Einmal ist es die freudige Aussage von dem, der weiß, daß er von Christus ergriffen ist (a[1]; vgl. 3,12). Das andere Mal ist es die verantwortungsvolle Aussage von dem, der von sich nicht denkt, daß er das Heil selber schon in der Hand habe (a[2]; vgl. 3,12).

Es gibt viele weitere parallele Wörter mit feinen inhaltlichen Anspielungen. Zum Abschluß sollen noch einige aufgeführt werden. Paulus will am Leben bleiben, weil er "Frucht der Arbeit" bringen kann (1,22). Ich nehme an, daß die bösen

---

269 Vgl. 5.2.1.
270 Gegen Droge, s. o. bei Anm. 197.

Arbeiter (κακοὶ ἐργάται) von 3,2 nicht zufällig sehr ähnlich wie das καρπὸς ἔργου klingen. Stimmt diese Beobachtung, ist sie zugleich ein weiterer Hinweis für die negative Vorbildfunktion der Gegner von 3,2, die gewissermaßen Antitypen von Paulus und der Gesinnung Christi sind.

Auch die Zahlwörter müssen in A nicht ganz zufällig gesetzt sein. Wenn er in a² betont (3,13), wie er nur eines will, nämlich die Erfüllung der Gesinnung Christi, zeigt er in a¹, wie dieses eine ihn zwingt, zwischen zwei Möglichkeiten, die beide dieser Gesinnung entsprechen, zu wählen (1,22).

Noch deutlicher ist dieser Bezug bei der Bedeutung des "Im Fleisch"-Seins. Es ist ganz im Zeichen der obengenannten Umwertung der Werte zu verstehen. Wenn früher das Sein im Fleisch Anlaß zum Selbstvertrauen war (3,3f), so ist es nun notwendige Voraussetzung dafür, die Gesinnung Christi zu leben. Hier wird der Gedanke angesprochen, daß durch die Nachfolge Christi das ἐν σαρκί erst seine volle positive Bedeutung bekommt.

Damit dürfte der Inhalt von A wenigstens in Grundzügen skizziert sein. Verschiedene wichtige Fragen sind aber noch offen, die anscheinend von A selber nicht klar beantwortet werden. Was für eine Bedeutung hat A, das doch einen Wortbestand enthält, der länger als ein Drittel des Briefkorpus ist, im Gesamtzusammenhang des Briefes? Was ist seine von Paulus intendierte Hauptfunktion im Briefkorpus? Wenn er von den Umständen, die ihn betreffen, erzählt, nach welchen Kriterien wählt er den Erzählstoff aus? Wenn er, wie damals üblich, mit dem Teil dieses Briefes einfach die Freundschaft pflegen und Freunde über sein Ergehen unterrichten wollte[271], erklärt sich beinahe ganz A sehr gut. Nur, welche Deutung haben so gesehen die A abschließenden, eher paränetischen Verse 3,15f mit ihrer Aufforderung τοῦτο φρονῶμεν für das Verständnis von ganz A? Die Funktion von A für den Philipperbrief ist somit noch nicht deutlich geworden. Wir werden darauf noch zurückkommen müssen[272].

Zusammenfassung

Der formale Parallelismus von A besteht aus zwei ausführlichen Selbstberichten. Einerseits schildert Paulus seine konkreten Umstände in der Gefangenschaft, andererseits entfaltet er grundlegende Gedanken zu seiner Lebensführung, aber alles steht unter den Gesichtspunkten der Freude im Herrn und der Gesinnung Christi. So freut sich Paulus in der Gefangenschaft, da durch diese das Evangelium verbreitet wird, und wie Christus auf seine göttlichen Privilegien verzichtet hat, entsagt er seinen positiven, jüdischen Vorzügen. Die viel diskutierte Gegnerproblematik beruht nicht auf einer Krisensituation in der Gemeinde, sondern Paulus gebraucht die Gegner als negative Vorbilder (negative patterns) für das richtige, Christus gemäße Leben. Im Bewußtsein seiner Unvollkommenheit strebt er nach Vollkommenheit. Vollkommen ist derjenige, der den Weg Christi bis in die letzte Tiefe, den Tod, be-

---

271 "Zwei Grundzüge sind es, die nach antiker Theorie zum Wesen des Briefes gehören: Selbstdarstellung und Freundschaft". Cancik, 50f.

272 Vgl. 5.5.3.

schritten hat, und zu Christus erhöht ist. So gibt es eine Umkehrung der Werte. Derjenige, der in der Gesinnung Christi lebt, verzichtet freiwillig auf das, was er ohne Christus um jeden Preis angestrebt hätte (z. B. Gerechtigkeit nach dem Gesetz), und betrachtet das, was er früher unbedingt vermeiden wollte (z. B. Tod), als Gewinn.

5.5 Das politische Leben in Christus (Das Thema der Einheit B)

In der vorliegenden Arbeit wurde schon einiges zu B gesagt. Darauf soll nur kurz verwiesen werden. Beide Teile von B bilden je den ersten von drei paräneti-schen Abschnitten. Das Grundthema besteht bei beiden aus einer "allgemeinen Mahnung". Sie sind formal sehr streng parallel aufgebaut. Dies wird in ihrer je drei-teiligen Gliederung besonders deutlich. Sie besteht aus Gebot, Warnung und Heilszusage[273]. Ganz B liegt das Verstehensmuster des Hymnus zugrunde. Die Heilszusage sichert den Philippern das Gehen des Weges Christi zu. In b^1 wird die Selbsterniedrigung angesagt (1,29), in b^2 die Erhöhung (3,21)[274]. Mit der Gegnerthematik in B (1,28; 3,18f) will Paulus nicht vor einer dringenden Gefahr warnen, sondern den Blick der Philipper auf abschreckende Beispiele wenden. Die Gegner haben eine Gesinnung, die der von Christus direkt entgegengesetzt ist[275].

5.5.1 Leben entsprechend dem Himmels-Bürgerrecht

In 1,27 steht die Mahnung an die Philipper, sich des Evangeliums würdig zu er-weisen. Paulus will hören, daß sie in ihren Lebensumständen standhaft sind. Die Wendung τὰ περὶ ὑμῶν ist erstaunlich. Sie steht ganz am Anfang von B, C und D, die nun nicht mehr wie A auf Paulus, sondern fast ausschließlich auf die Philipper bezogen sind. Meiner Meinung nach hat das τὰ περὶ ὑμῶν, gleich wie das τὰ κατ' ἐμέ von 1,12 für A, eine übergreifende Titelfunktion für B bis D.

Das Grundthema "allgemeine Mahnung" kommt auf beiden Seiten des Parallelismus B vor. Die Aufforderung zu einem Wandel, der des Evangeliums würdig ist, deckt sich inhaltlich praktisch mit der Aufforderung, sich die richtigen Vorbilder zu nehmen[276]. Paulus denkt bei diesem "würdigen Wandel" sicherlich schon an den Wandel Christi, der im Hymnus dargestellt wird. Auf jeden Fall ist die ganze Paränese des Philipperbriefes, die hier in 1,27 ihren Anfang nimmt, gemäß dem Grundmuster des Hymnus zu verstehen[277]. Die guten Vorbilder (3,17) schei-nen diejenigen zu sein, die dem Hymnus gemäß wandeln. Doch dieser Bezug muß noch näher aufgezeigt werden. Ebenfalls stellt sich die Frage, wie sich dieser

---

273 Vgl. 4.3.
274 Vgl. 5.2.2.
275 Vgl. 5.4.2.
276 Vgl. 4.3.
277 Vgl. 5.2.2-5.2.4.

Aufruf damit verträgt, daß doch Jesus Christus das entscheidende Vorbild ist und nicht irgendein Mensch. Des weiteren taucht die Frage auf, was Gebot und Vorbild für eine Beziehung zu einander haben oder, anders gesagt, wie sich Paränese und Imitatio entsprechen.

Doch zuerst sollen noch einige andere Textbesonderheiten berücksichtigt werden. Nur in B kommen die Wörter πολιτεύεσθαι (1,27) und πολίτευμα (3,20) vor. Diese Wörter sind sonst im Neuen Testament praktisch nirgends zu finden[278]. Gerade deshalb ist dieser parallele Bezug besonders interessant. Πολιτεύεσθαι wird häufig mit "wandeln" übersetzt[279]. In hellenistischer Zeit ist ein Gebrauch mit dieser Bedeutung gut belegt. Eigentlich ist es aber ein Wort aus der politischen Sprache und heißt "als Bürger leben", "an der Staatsverwaltung beteiligt sein" oder "das Bürgerrecht ausüben". Wegen der oben erkannten Parallelstellung in 1,27 muß es meiner Meinung nach unbedingt politisch verstanden und übersetzt werden[280]. Paulus fordert die Philipper in 1,27 nicht dazu auf, "des Evangeliums des Christus würdig zu leben", sondern "als Bürger dem Evangelium des Christus würdig zu leben". Es geht Paulus aber nicht um ein bürgerliches Evangelium, sondern, und das sieht man an dem parallel gestellten πολίτευμα, darum, daß die Philipper als "Himmelsbürger" würdig des Evangeliums wandeln. Denn ihren Bürgerort und ihr Bürgerrecht haben sie im Himmel (3,20). Diese Begriffe zeigen, daß die Frage nach dem Konzept eines Briefes Auswirkungen bis hin zur Wortübersetzung haben kann.

Durch diesen Bezug bekommt der die Paränese einleitende Vers 1,27, wenn auch spät, so doch einen deutlich eschatologischen Zug. Der Wandel der Philipper soll ein politischer sein, der durch ihre Polis begründet und motiviert wird. Dieser Bürgerort liegt aber im Himmel und deckt sich nicht mit dem jetzigen. Doch ihr Wandel soll jetzt schon durch diese Zukunft bestimmt und motiviert sein. Dieser Gedanke kommt nur noch einmal so deutlich in der Paränese vor, und zwar ganz am Schluß in d^2. Dort fordert Paulus die Philipper dazu auf, daß ihre Milde, das heißt ihre dem Vorbild des Hymnus gemäße Gesinnung[281], allen Menschen bekannt werde. Er begründet dies damit, daß der Herr nahe ist (4,5)[282]. Es ist gut vorstellbar, daß diese eschatologische Motivierung der Ethik nicht zufällig ganz am Anfang und im letzten Abschnitt des paränetischen Teiles steht. Meiner Meinung nach klammert Paulus seine Paränese in diese eschatologische Dimension ein.

---

278 Πολιτεύεσθαι noch einmal in Apg 23,1.

279 Z. B. Lutherübersetzung, 1984.

280 Sogar Gnilka kommt trotz der Zweiteilungstheorie, die diese beiden Stellen auf zwei Brieffragmente verteilt, dazu, mit einer politischen Färbung des πολιτεύεσθαι zu rechnen, 97f.

281 s. oben bei Anm. 214.

282 In d^1 enthält 2,16 einen parallelen Gedanken. Allerdings ist dort nicht unmittelbar die Wiederkunft des Herrn Begründung der Paränese, sondern der richtige Wandel der Philipper ist für Paulus Grund zum Rühmen bei der Ankunft des Herrn.

Es ist sogar möglich, daß Paulus πολιτεύεσθαι in b[1] verwendet, weil es sich eignet, um damit schon hier auf die grundsätzliche und umfassende ethische Dimension eines Lebens entsprechend der Gesinnung Christi anzuspielen[283].

In 1,27 ist ein weiteres Charakteristikum des Philipperbriefes gut sichtbar. Der neue Abschnitt, der hier beginnt, ist syntaktisch durch das "nur" (μόνον) sehr scharf vom Vorhergehenden abgetrennt. Eine starke Trennung von verschiedenen aufeinanderfolgenden Abschnitten beziehungsweise ihre schwache Verknüpfung ist ein Phänomen, das sich durch den ganzen Philipperbrief zieht. Lohmeyer sagt zu diesem "nur": "Es scheint beziehungslos zu stehen wie an späteren Stellen etwa das 'im übrigen'"[284]. So ist auch der Anfang von a[1] inhaltlich nicht direkt mit dem Ende des Vorwortes verknüpft. Auch in 2,19 (e[1]) ist eine scharfe inhaltliche Trennung zu d[1] zu finden. Ebenfalls trennt das "im übrigen" in 3,1a und auch 3,2 sehr stark das Vorhergehende ab. Unverbunden, ohne Partikel folgt 3,17 (b[2]) auf a[2]. Eine weitere inhaltliche Trennung ist in c[2] zwischen 4,1 und 4,2 zu finden. Ganz unverbunden scheint d[2] auf c[2] zu folgen. Die Trennung zwischen 4,7 und 4,8 durch das "im übrigen" ist offensichtlich. Nur diese und die von 3,1a und 3,2 konnten bis jetzt einigermaßen geklärt werden.[285] Für die anderen muß nach einer Antwort gesucht werden. Gerade in 1,27 beim Beginn der Paränese ist der Unterschied zu anderen paulinischen Briefen besonders deutlich. Praktisch überall werden sonst die paränetischen Teile mit einem οὖν eingeleitet[286]. Ein solches fehlt in 1,27. Dieses Phänomen kann hier nur festgestellt, aber nicht geklärt werden[287].

---

283 E. C. Miller versucht, einen speziellen jüdischen Gebrauch von πολιτεύεσθαι nachzuweisen (vgl. z. B. 2 Makk 6,1; 11,25; 4 Makk 2,8.23; 5,16). In diesem Gebrauch bezeichnet es eine thoragemäße Lebensführung. Die entspringt aus dem jüdischen πολίτευμα Israel (90, 92). Aus dieser Tradition ist ein typisch christlicher Gebrauch entstanden, der im Philipperbrief seinen Anfang nimmt. Miller interpretiert diese Anwendung nun aber in scharfem Gegensatz zu der jüdischen als eine Lebensführung gerade nicht mehr nach der Thora, sondern nach dem Evangelium entsprechend dem neuen Bürgerort, der nicht mehr das jüdische Israel, sondern nun das rein christliche neue Israel ist (91ff). Miller unterstellt Paulus eine antijüdische Tendenz. Offensichtlich hängt das mit dem Gegnerverständnis Millers zusammen. Die Gegner sind für ihn Juden (91, 94). Da diese Wörter in 1,27 und 3,20, und dem Sinn nach auch in 4,3 vorkommen, schließt er auf die Einheit des Philipperbriefes (93), da diese ein "thematic framework" bilden.
Weil πολιτεύεσθαι im jüdischen Gebrauch einen Sammelbegriff für die richtige Lebensführung bildet, ist es meiner Meinung nach sehr gut möglich, daß Paulus diesen Begriff hier am Anfang als allgemeine Einführung der ganzen Paränese gebraucht. Damit wäre dieser Begriff durch die Paränese inhaltlich bestimmt. Paulus ruft dazu auf, "als Himmelreichsbürger würdig dem Evangelium des Christus zu leben". Das Leben dieser Bürger oder die Bürgerpflicht ist durch Christus beziehungsweise durch seine Gesinnung vorgezeichnet. Stimmt das, so gebraucht und interpretiert Paulus πολιτεύεσθαι als umfassenden Begriff für eine Lebensführung entsprechend der Gesinnung Christi. Die Verwendung dieses Begriffes wäre plausibel, da Paulus ihn als umfassende Bezeichnung für die richtige Lebensführung aus seinem jüdischen Erbe übernehmen kann.

284 Lohmeyer, Philipperbrief, 73.
285 Vgl. 4,5; 4,8; 4,9.
286 Röm 12,1; Gal 5,1 (s. a. Nauck, 134), Eph 4,1; Kol 2,6; 1 Thess 4,1.
287 Der Lösungsvorschlag steht unten bei Anm. 518.

5.5.2 Nachahmer Christi gemeinsam mit Paulus

In 3,17 fordert Paulus die Philipper dazu auf, sich die richtigen Vorbilder zu nehmen. Wie b[1] eröffnet er auch diesen Abschnitt mit einem zentralen Begriff. Dieser Begriff ist συμμιμηταί. Es gibt einen breiten Konsens in der Exegese in der Übersetzung dieses Wortes und damit des ersten Satzes im Sinne von "werdet meine Nachahmer"[288]. "Folgt mir"[289], "folgt meinem Beispiel"[290] oder "folgt mir nach"[291] sind weitere geläufige Übersetzungen. Diese wäre richtig, wenn im Griechischen μιμηταί stehen würde. Doch es steht das Kompositum συμμιμηταί. Gnilka übersetzt richtig mit "Mitnachahmer"[292]. Allerdings ist von dieser Übersetzung in seinem Kommentar nichts mehr zu merken, sondern Gnilka legt so aus, als ob μιμηταί stehen würde, außer daß er betont, daß Paulus hier nur zu seiner Nachahmung aufruft, weil er selber unter dem Vorbild Christi steht. Im Gegensatz zu 1 Kor 11,1 sei dieser Gedanke hier aber nicht ausgesprochen, sondern bloß mitgedacht[293].

Für συμμιμητής gibt es nach Liddell-Scott nur die eine Übersetzung "joint imitator" beziehungsweise für das diesem Wort zugrunde liegende Verb συμμιμεῖσθαι "join in imitating". Auch Bauer gibt nur die Übersetzungsmöglichkeit "Mitnachahmer" an, welcher "jemanden mit anderen zusammen nachahmt", obwohl die einzige neutestamentliche Belegstelle in 3,17 dann doch bei ihm nicht entsprechend übersetzt wird. Übersetzt man dieses Wort genau, fordert Paulus die Philipper damit nicht auf, seine Nachahmer zu werden, sondern er fordert sie ausdrücklich auf, sich ihm bei seiner Nachahmung anzuschließen. Sie sollen mit Paulus zusammen jemanden nachahmen. Wer dieser "jemand" ist und was es nachzuahmen gibt, sagt Paulus in diesem Satz nicht, denn der Zusammenhang des Briefes hat es schon mehr als deutlich gemacht: Es ist Jesus Christus selber, sein Weg und seine Gesinnung. Paulus will, daß die Philipper gemeinsam mit ihm Jesus Christus nachahmen.

5.5.3 Wandel und Vorbild

Damit ist das erste Wort von b[2] inhaltlich deckungsgleich mit der Aufforderung zur Nachahmung der Gesinnung Christi und so eine Zusammenfassung des ganzen paränetischen Inhalts von B bis D. Falls das, wie oben vermutet, auch beim Wort πολιτεύεσθαι von 1,27 der Fall ist, beginnen b[1] und b[2] je mit einem einzigen Begriff, der schon die ganze Paränese abdeckt. Diese Wörter wären somit außerordentlich gezielt angewendet.

---

288 "Ahmt mich nach". Übersetzung zu 3,17 bei Bauer, 1554.
289 Lutherübersetzung, 1984.
290 Friedrich, 16., durchges. Auflage, 165.
291 Barth, G., 66.
292 Gnilka, 202.
293 Ders., 203f.

Erst im zweiten Teil dieses Verses erscheint der Gedanke, daß die Philipper Paulus zum Vorbild nehmen sollen. Doch dazu fordert er sie indirekt und viel zurückhaltender auf. Eigentlich setzt er schon voraus, daß sie ihn zum Vorbild (τύπον) haben. Er fordert sie dazu auf, diejenigen zu betrachten, die so wandeln, wie er und seine Gefährten (ἡμᾶς) leben. Das kann er hier tun, weil er durch das συμμιμηταί deutlich gemacht hat, daß es in allem Vorbild-Nehmen zuerst um das Vorbild Christi geht und erst dann um das von Menschen. Anders sieht dies in 1 Kor 11,1 aus. Dort fordert Paulus die Korinther mit praktisch denselben Wörtern auf, ihn nachzuahmen (μιμηταί μου), muß dies aber dann folgerichtig sofort in seine Nachahmung Christi einordnen.

Ist auch Jesus Christus das zentrale Vorbild, so zeigt 3,17 doch, daß Paulus auch menschlichen Vorbildern eine wichtige Bedeutung beimißt. Anscheinend haben die richtigen Vorbilder eine Bedeutung für die Paränese. Auf jeden Fall legt b² das nahe. Doch die Verknüpfung von Wandel und Vorbild, von eigener Lebensführung und Sehen auf die vorbildliche Lebensführung von anderen, ist auch in b¹ zu finden. In 1,30 sagt Paulus über den Kampf, den die Philipper führen, daß es derselbe sei, den sie an ihm gesehen und von ihm gehört haben. Ihr Wandel entspricht dem vorbildlichen Wandel des Paulus.

Ein chiastisches Element von B ist, daß b¹ mit der Blickrichtung auf Christus beginnt und mit der auf Paulus aufhört und in b² gerade das Umgekehrte der Fall ist. Möglicherweise deutet Paulus mit diesem formalen Element die enge Beziehung zwischen dem Vorbild Christi und den menschlichen Vorbildern an.

Eine weitere formale Beziehung macht die Wichtigkeit des Vorbildaspektes deutlich. Das εἴδετε ἐν ἐμοὶ καὶ νῦν ἀκούετε ἐν ἐμοί in 1,30 erscheint wieder, diesmal aber in umgekehrter Reihenfolge, als ἠκούσατε καὶ εἴδετε ἐν ἐμοί in 4,9. Wenn es in b¹ als Bestätigung ihres jetzigen Wandels dient, daß er dem Vorbild des Paulus entspricht, so ruft Paulus die Philipper in d² dazu auf, entsprechend seinem Vorbild zu handeln. Wenn aber das Element des richtigen Vorbildes im ersten und im letzten paränetischen Abschnitt vorkommt und wörtlich aufeinander bezogen ist, klammert es die ganze Paränese noch deutlicher ein, als das beim eschatologischen Element der Fall ist. Wenn auch die Nachahmung Christi zentral ist, so ist die Betrachtung der menschlichen Vorbilder, die wie Paulus in der Nachfolge Christi stehen, im Philipperbrief ebenfalls sehr wichtig. Es ist sicher auch nicht unterzubewerten, daß die Forderung, Paulus zum Vorbild zu nehmen, zusammen mit der damit verknüpften Segensverheißung, die ganze Paränese abschließt. Mit Blick auf Christus hat sie begonnen, mit Blick auf Paulus, gefolgt von einer Segensverheißung, schließt sie ab. Die Vorbildfunktion von Paulus und von solchen, die wie er in der Gesinnung Christi leben, ist also sehr wichtig im Philipperbrief.

Fragt man aber nun, wie das von der Gesinnung Christi bestimmte Vorbild von Paulus inhaltlich gefüllt ist, muß man den Blick unweigerlich auf den ausführlichen Selbstbericht von A lenken. Und wirklich führt das weiter. Die Hauptfunktion von A im Argumentationszusammenhang des Philipperbriefes ist, daß sich Paulus den Philippern als Vorbild gibt für das, was er von ihnen in der Paränese verlangt.

Fordert er sie in dieser dazu auf, ihn zum Vorbild zu nehmen, so gibt er in A das Anschauungsmaterial dazu.

Das muß selbstverständlich in B, C und D genau nachgewiesen werden, dies soll aber übersichtlichkeitshalber erst bei der Behandlung dieser Parallelismen geschehen. Hier wird B untersucht.

In 1,28 fordert Paulus die Philipper dazu auf, sich von den Widersachern nicht erschrecken zu lassen. Das ist diesen ein Beweis des Verderbens, für die Philipper aber ein göttlicher Beweis ihres Heils. In a^1 hat er den Philippern soeben berichtet, daß ihm gewisse Gegner schaden wollen (1,15.17). Seine Reaktion ist, daß er sich freut und sich somit nicht erschrecken läßt, denn dies wird ihm zum Heil dienen (1,18f).

Es ist nicht nur den Philippern verheißen, um Christi willen zu leiden (1,29), sondern bei Paulus ist diese Verheißung schon eingetroffen und sehr gut sichtbar (1,12ff).

Desgleichen verheißt er ihnen in b^2 (3,21) die Umwandlung in den Leib der Herrlichkeit (beziehungsweise die "Herausauferstehung aus den Toten"), nach der er sich selber in a^2 so ausstreckt (3,10f).

Da die richtigen Vorbilder anscheinend so wichtig sind im Philipperbrief, ist es noch wahrscheinlicher geworden, daß die Gegner in diesem Brief vor allem eine negative Vorbildfunktion im Sinne eines abschreckenden Beispieles haben. 3,18f in b^2 spricht sehr dafür.

Zusammenfassung

Die Lebensführung des Gläubigen soll politisch sein. Er ist ein Himmelsbürger und soll sein Leben entsprechend seinem Bürgerrecht gestalten. Auch wenn das Vorbild Christi zentral ist, sollen die Philipper dennoch das Vorbild von Mitmenschen beachten, wenn diese entsprechend der Gesinnung Christi leben. Offensichtlich gibt sich Paulus in A als Vorbild für alles was er in B bis D fordert. Der richtige Wandel und das Beachten von Vorbildern sind voneinander abhängig.

5.6 Konkurrenzkampf leitender Frauen (Das Thema der Einheit C)

Hier soll untersucht werden, wie sich c^1 und c^2 thematisch zueinander verhalten. Sie sind formal sehr gezielt als Parallelismus konzipiert[294] und aufs engste mit dem Hymnus verwoben. Ihr Aufruf zu derselben Gesinnung ist inhaltlich durch die Gesinnung Christi bestimmt. Dies ist ihr Grundthema.

---

294 Vgl. 4.4.

Die Abgrenzung von c^1 zu b^1 und d^1 ist deutlich. Erstens ist B sehr streng komponiert und endet je mit einer Verheißung. Zweitens steht zwischen c^1 und d^1 der Hymnus, der eine Größe für sich ist. Stärker noch als das οὖν in 2,1 von b^1 trennt das ὥστε in 4,1 c^2 syntaktisch von b^2 ab. Die Trennung von d^2 ist besonders deutlich daran ersichtlich, daß d^2 eine eigene, ziemlich streng aufgebaute Einheit ist, die durch den Parallelismus zusammengehalten wird. Auch ist inhaltlich keine direkte Verbindung zwischen 4,2f und 4,4ff zu sehen. Ist hier wieder der allgemeine Aufruf zur Freude, so ist dort die Ermahnung zu derselben Gesinnung an einzelne Personen gerichtet. Doch ein großes Gliederungsproblem ist noch übrig geblieben. Die Verse 4,1 und 4,2f stehen unverbunden nebeneinander. Dieses Phänomen ist bis jetzt nicht erklärt worden[295]. Mit der in dieser Arbeit nachgezeichneten Struktur des Briefes läßt sich eine zufriedenstellende Antwort finden. Auch wenn der Umfang von c^2 zusätzlich zur klaren Abgrenzung nach oben und nach unten sehr deutlich durch die parallele Länge zu c^1 und durch den parallelen Wortgebrauch gekennzeichnet ist - das χαρά μου in 2,2 kommt in 4,1 wieder vor und das τὸ αὐτὸ φρονεῖν aus dem gleichen Satz von b^1 in 4,2 - so ist dieser Einschnitt in c^2 für die Einteilungsfrage noch nicht befriedigend gelöst[296].

5.6.1 Der Vorzug des anderen

Der Inhalt von c^1 fängt mit einer Aufzählung von fünf verschiedenen "Grundwerten" des durch den Glauben an Christus bestimmten Lebens an. Diese sind die *Ermahnung* in Christus - wegen der Parallelität zu 4,2 sollte das παράκλησις nicht mit Trost übersetzt werden -, der *Trost* der Liebe, die *Gemeinschaft* des Geistes, die *Herzlichkeit* und das *Erbarmen*. Vier davon sind mit einem εἴ τις eingeleitet, der fünfte ist mit dem vierten durch ein "und" verbunden.

Die Existenz von diesen macht Paulus konditional von der Erfüllung seiner Freude durch die Philipper abhängig. Wenn es diese gibt, sollen sie seine Freude erfüllen, daß sie dieselbe Gesinnung haben. Selbstverständlich gibt es diese - und deshalb soll seine Aufforderung gerade so selbstverständlich befolgt werden. Paulus stellt die Philipper vor eine Alternative. Sie können seine Freude erfüllen und dieselbe Gesinnung haben und so die Existenz dieser selbstverständlichen Grundwerte bejahen, oder sie können seine Aufforderung nicht befolgen, verleugnen aber damit diese Grundwerte. Doch Paulus gibt ihnen die Wahlmöglichkeit nur scheinbar, denn diese Grundwerte werden bei ihnen unbestritten sein. Desto mehr sind sie gezwungen, seine Freude zu erfüllen, wenn sie diese nicht gefährden wollen. So dient 2,1 zur Bekräftigung der Forderung, die in 2,2 folgt.

---

295 Besonders deutlich wird das Problem bei einem Vergleich von Teilungshypothesen. Gewisse sehen hier einen Bruch, der auf zwei verschiedene Brieffragmente hinweist (z. B. Gnilka und Collange), und andere sehen diesen Bruch nicht (z. B. Schmithals und Bornkamm); s. Tabelle in 2.3.

296 Bernhard Weiß beschreibt das Problem und versucht es fogendermaßen zu klären: "Es ist die Art des Apostels, gegen das Ende seiner Briefe noch einzelne Ermahnungen verbindungslos aneinander zu reihen." Deshalb soll man auch hier "nicht nach einem logischen Zusammenhang mit der Ermahnung (V1) suchen", 297.

Die Philipper erfüllen die Freude des Paulus, indem sie dieselbe Gesinnung haben. Dieselbe Gesinnung zu haben und damit die Freude des Paulus zu erfüllen, ist also notwendige Vorbedingung und Ermöglichung dieser Grundwerte. Diese Gesinnung ist durch die Gesinnung Christi qualifiziert und wird mit vier von der Aufforderung zu derselben Gesinnung abhängigen Partizipialsätzen, die alle je verschiedene Aspekte dieser Gesinnung Christi zeigen[297], noch konkreter entfaltet. Zu den vier Partizipien kommt noch ein fünftes, das vom Partizip ἡγούμενοι abhängig ist.

Die Gesinnung Christi zu haben, heißt, dieselbe *Liebe zu haben*, einmütig auf das eine *gesinnt zu sein*, in Demut einander als *erhabener* zu *achten* als sich selber und nicht nur auf das Eigene *ausgerichtet zu sein*, sondern auch auf das der anderen (2,2-4).

Die fünffache Aufzählung (4+1) von Grundwerten und die fünf Partizipialsätze (4+1) sind streng um die zentrale Aufforderung zur Erfüllung der Freude des Paulus beziehungsweise zur Aufforderung zu derselben Gesinnung gruppiert. Damit erweist sich c[1] als Abschnitt, der selber eine Einheit für sich bildet[298].

5.6.2 Höchstes Lob und eindringlichster Tadel

In c[2] fordert Paulus die Philipper dazu auf, im Herrn "in dieser Weise" fest zu stehen und überhäuft sie zugleich mit den allerherzlichsten Bezeichnungen wie "Brüder", "Geliebte", "Erwählte", "mein Siegeskranz" und "meine Freude". Dies ist der herzlichste Satz des ganzen Briefes. Das "in dieser Weise fest stehen" (οὕτως στήκετε) bezieht sich zuerst auf 4,1 selber. Die Philipper sind die Geliebten, die Ersehnten, die Freude und der Siegeskranz des Paulus und sollen das auch bleiben. Im weiteren bezieht sich diese Wendung zusätzlich auf die vorhergehenden Verse 3,20f und meint, die Philipper sollen in ihrem himmlischen Bürgerrecht und in der Hoffung auf die Vollendung durch Christus feststehen. Die Ermahnung, in der Einheit des Geistes zu stehen (1,27: ὅτι στήκετε ἐν ἑνὶ πνεύματι), und die Aufforderung zum τῷ αὐτῷ στοιχεῖν (3,16), die ja wiederum auf die hymnische Gesinnung bezogen ist, klingen auch mit an. Jedenfalls enthält diese Wendung in 4,1 ein Lob und meint, daß die Philipper in ihrem erfreulichen, hymnusgemäßen Wandel standhaft bleiben sollen.

In 4,2 kommt erstaunlicherweise der eindringlichste Satz des Briefes (2x παρακαλῶ). Er richtet sich jedoch nicht an die ganze Gemeinde, sondern nur an zwei

---

297 Vgl. 5.2.3.
298 D. A. Black sieht in 2,1-4 in der Tradition von Lohmeyer und Gnilka (300f) stehend sogar einen exakten strophischen Aufbau, der aus drei Vierzeilern besteht. Daraus schließt er, daß es bei einem so strengen Aufbau dieser Perikope nur konsequent ist, den darauf folgenden Hymnus auch als paulinisch anzusehen. Die Schwäche dieses Einteilungsversuches liegt darin, daß die einzelnen Zeilen dieser Strophen extreme Unterschiede in ihrer Länge zeigen. Die kürzeste Zeile ist ein Wort lang, während andere aus bis zu sieben Wörtern bestehen (bes. 301 und 307).

Frauen, die hier von Paulus persönlich ermahnt werden, dieselbe Gesinnung zu haben im Herrn.

Dem folgt in 4,3 eine Bitte an einen, den Paulus als Jochgenossen bezeichnet, er solle doch diesen beiden Frauen beistehen.

5.6.3 Eine apostolische Ermahnung

Die Bezeichnung der Philipper als "meine Freude" und die Ermahnung, dieselbe Gesinnung zu haben, kommen in beiden Abschnitten vor. Doch diese Wendungen werden sehr unterschiedlich gebraucht.

In c^1 ist der Ansprechpartner des Paulus ohne Zweifel die gesamte Gemeinde der Philipper. Diese ermahnt er, daß sie seine Freude erfüllen soll, indem sie dieselbe Gesinnung hat.

Anders aber verhält es sich in c^2. Hier spricht Paulus in 4,1 scheinbar auch die Gesamtheit der Gemeinde an. Er sagt nun aber, daß sie schon "seine Freude" seien, diese also nicht noch zuerst vervollständigen müssen, wie er das in 2,2 mit dem πληρώσατε ausdrückt. Dies wird auch dadurch unterstrichen, daß er die Philipper nicht mehr dazu auffordert, dieselbe Gesinnung zu haben, sondern nur noch darauf hinweist, im Herrn fest zu stehen, das heißt, dort zu stehen, wo sie schon sind. Nun ermahnt Paulus aber in 4,2 um so deutlicher zwei Personen, die er in Vers 3 als seine Mitarbeiter bezeichnet. Sie sollen dieselbe Gesinnung haben im Herrn.

Dies alles sind starke Differenzen, die geklärt werden müssen. Wie ist es möglich, daß Paulus einen so starken Wechsel zwischen 4,1 und 4,2 innerhalb von c^2 vollzieht? Wie ist es möglich, daß er der gesamten Gemeinde in c^1 zu verstehen gibt, daß sie seine Freude noch nicht erfüllt haben und daß diese Freude von ihrem Leben in derselben Gesinnung abhängig ist, und ihnen in c^2 mit einem großen Lob sagt, daß sie schon seine Freude sind, aber gleichzeitig einzelne nachdrücklich ermahnt, in derselben Gesinnung zu leben?

Es gibt eine Hypothese, die alle diese Fragen, die C aufwirft, beantwortet und zugleich noch ein anderes Problem des Philipperbriefes löst. Die Grundlage für sie beruht auf der bis jetzt erreichten Erkenntnis, daß der Brief an die Philipper ein geplantes Ganzes ist, und besonders darauf, daß erst c^1 und c^2 zusammen C ergeben oder, weniger mathematisch ausgedrückt, daß Thema von C nicht allein in c^1 oder in c^2 liegt, sondern nur aus beiden zusammen erschließbar ist, da sie sich parallel entsprechen und ergänzen. Zu beachten ist, daß diese Voraussetzung, im Gegensatz zu vielen anderen Hypothesen über diese Abschnitte, eine rein innertextliche ist.

Paulus spricht in c^1 zu der gesamten Gemeinde der Philipper. In c^2 ist die Gemeinde als Adressat aber aufgeteilt in die Gemeinde (4,1) und in diejenigen, die in ihr gemeindeleitende Verantwortung tragen (4,2ff), oder mit Röm 12,8 gesprochen, in diejenigen, die die Gabe des προϊστάναι, des Vorstehens besitzen[299].

Paulus bezeichnet die beiden Frauen Euodia und Syntyche in 4,3 als Mitarbeiter (συνεργοί)[300]. Untersucht man die paulinische Verwendung dieses Wortes, zeigt sich vom Wortfeld her, daß Paulus damit Menschen meint, die in einer gewissen Verantwortung in der Verkündigung respektive in der Gemeinde stehen. Als Mitarbeiter bezeichnet Paulus zum Beispiel Priska und Aquila, die eine Gemeinde in ihrem Haus haben (Röm 16,3f), oder Timotheus, seinen bewährten Begleiter (Röm 16,21). Apollos ist wie Paulus ein Mitarbeiter Gottes. Ihre Mitarbeit besteht aus dem "Pflanzen" der korinthischen Gemeinde und aus deren "Begießen", also aus Gemeindebau (1 Kor 3,5-10). Mitarbeiter ermahnen (παρακαλεῖν!) die Gemeinde (2 Kor 8,23). Ebenfalls ist Epaphroditus, der bewährte Geldbote und Helfer aus Philippi, ein Mitarbeiter des Paulus (Phil 2,25). Besonders interessant ist, daß unter all denen, die von Paulus als seine Mitarbeiter bezeichnet werden, sowohl Priska und Aquila (Röm 16,4; s. auch 1 Kor 16,19) als auch Philemon (Phlm 2) Mitarbeiter sind, von denen Paulus ausdrücklich sagt, daß sie eine Gemeinde in ihrem Haus haben. Eine ganze Gemeinde bezeichnet er aber nie als συνεργός. Ein Mitarbeiter ist für Paulus nicht nur ein Bruder im Herrn, sondern jemand, der in verbindlicher Weise am Aufbau einer Gemeinde, sei es in der Gründung einer solchen oder sei es in der Verkündigung oder in der Ermahnung oder als Beherberger einer Hausgemeinde tätig ist. Allein weil sie Mitarbeiterinnen von Paulus sind, liegt es nahe, daß beide Frauen in irgendeiner Form in Verantwortung in der philippischen Gemeinde standen[301].

Ein weiterer Hinweis auf eine solche Funktion dieser Frauen gibt auch das Wort συναθλέω. Es kommt im Neuen Testament nur im Philipperbrief vor. Paulus wendet es in 1,27 auf die ganze Gemeinde an, aber es bezieht sich dort auf die Gemeindeglieder unter sich im Gegensatz zu hier, wo es auf die Mitarbeiter von Paulus bezogen ist. Auch wenn es ein Wort ist, das aus der Wettkampfsprache kommt, erinnert es doch an Wendungen wie das militärische συστρατιώτης (2,25; Phlm 2), das Gefährten von Paulus bezeichnet, die ebenfalls Verantwortung tragen.

Die dritte direkt angesprochene Person ist der "aufrichtige Jochgenosse" (4,3). Auch das Wort Jochgenosse (σύζυγος) weist darauf hin, daß dieser Mann eine

---

299 Unabhängig davon, wie stark man mit einer Ämterbildung innerhalb der Gemeinden zu dieser Zeit rechnet, ist es auch von den anderen Gemeindebriefen her deutlich, daß für Paulus gewisse Gläubige einer Gemeinde einen besonderen Lehr- und Leitungsdienst haben. Vgl. 1 Thess 5,12f; 1 Kor 12,28 und Röm 12,6f (Gnilka, 33).

300 Die Wörter συνεργός bzw. συνεργέω "dienen zur Qualifizierung einer Person, die mit und wie Paulus als Beauftragter Gottes am Werk der Missionsverkündigung arbeitet." Ollrog, Exegetisches Wörterbuch 3, 726-729. Ein συνεργός muß allerdings nicht unbedingt ein Gemeindeleiter sein. Ders., Mitarbeiter, 92.

301 Auch andere haben darauf hingewiesen, daß diese Frauen eine wichtige Stellung innerhalb der Gemeinde hatten. Z. B. gesteht Gnilka ihnen eine "aktive Teilnahme am Gemeindeleben" zu (166). Bruce, 138: "probably foundation members"; Lohmeyer, 167: "zu den Führern der Gemeinde zu Philippi gehören".

wichtige Aufgabe in der Gemeinde hat[302], gebraucht doch Paulus ähnliche Bezeichnungen für Leute, die entweder mit ihm selber sind, oder eine wichtige Aufgabe in einer Gemeinde seines Wirkungsbereiches haben, wie das erwähnte "Mitstreiter". Das Wort "Jochgenosse" betont noch mehr als jenes das Tun derselben Tätigkeit. Dieses bäuerliche Wort drückt aus, das einer mit jemand anderem zusammen auf derselben Höhe in derselben Richtung geht und zieht. Es deutet also an, daß dieser Mann in derselben Richtung wie Paulus zieht und arbeitet. Paulus muß jemanden meinen, der einen ähnlichen Dienst wie er ausübt. Sicher darf man die Bedeutung nicht überstrapazieren und an einen identischen Dienst dieses Mannes als Heidenapostel denken, aber man muß annehmen, daß diese Person mindestens entscheidend am Aufbau der philippischen Gemeinde beteiligt ist. Er war also sicher an irgendeiner wichtigen Verantwortung in der Gemeinde, sehr wahrscheinlich sogar an der Hauptverantwortung beteiligt. Offensichtlich hat er die Kompetenz, sich dieser beiden Frauen anzunehmen und ihnen zu helfen (συλλαμβάνου). Der Jochgenosse trägt auch die gleiche ehrenvolle Bezeichnung wie Timotheus, was ebenfalls für seine verantwortliche Mitarbeit im Gemeindebau spricht. Beide werden mit einem Wort aus dem Verwandtschaftsvokabular als γνήσιε respektive als γνησίως, das heißt als "echt" beziehungsweise sogar als "blutsverwandt" bezeichnet (4,3; 2,20).

So wird 4,1 ein Lob an die Gemeinde sein, 4,2f aber eine Ermahnung an die Gemeindeleitung.

Interessanterweise kann man mit dieser Hypothese aber noch eine andere schwierige Stelle des Philipperbriefes erklären. In 1,1 wird nicht nur die Gemeinde in ihrer Gesamtheit (πᾶσιν τοῖς ἁγίοις) begrüßt, wie dies auch in anderen Briefen der Fall ist, sondern an zweiter Stelle auch die Vorsteher (ἐπίσκοποι) und die Diakonen (διάκονοι). Diese Aufteilung der Adressaten im Briefkopf in die gesamte Gemeinde und die darin explizit eingeschlossene (σύν) Gemeindeleitung ist einzigartig bei Paulus[303]. Deshalb und weil ἐπίσκοπος im paulinischen Korpus sonst nur in den Pastoralbriefen vorkommt, wurde diese Besonderheit von einigen Exegeten als sekundärer Zusatz bezeichnet[304]. Wahrscheinlicher ist es aber, daß Paulus hier etwas vom Inhalt vorwegnimmt, indem er andeutet, daß der Brief an die ganze Gemeinde geht, aber daß gewisse Aussagen ganz speziell diejenigen betreffen, die in Verantwortung stehen.

Die Reihenfolge der Ansprechpartner im Präskript stimmt mit der in c² überein. Zuerst spricht Paulus die Gemeinde an und erst dann die Gemeindeleitung. Gleicherweise ordnet er die Leitung im Präskript wie in c¹ und c² nicht der Gemeinde vor, trennt sie auch nicht von ihr ab, sondern ordnet sie in die Gemeinschaft der Heiligen ein. Dies geschieht im Präskript durch das σύν, in C dadurch, daß die Aufteilung der Gemeinde in die Gemeinde und deren Leitung in c²

---

302 Viele Exegeten verstehen σύζυγος als Eigennamen (vgl. Gnilka 166f). Doch dieser Name ist nicht belegt, und die Verstärkung mit γνήσιος spricht ebenfalls dagegen (vgl. Delling, ThWNT 7, 749).
303 Vgl. Philemon 1f: andere Reihenfolge.
304 Z. B. Schenk, 334.

durch das vorangehende c[1], in dem die Gemeinde als einzige Größe angesprochen wird, zusammengehalten wird.

Stimmt dies, sind Euodia und Syntyche, der Jochgenosse und eventuell auch Klemens Vorsteher (ἐπίσκοποι) und Diakone (διάκονοι) der philippischen Gemeinde. Das würde aber bedeuten, daß Euodia und Syntyche zu den ersten Vorstehern oder Diakonen der alten Kirche gehören, die wir mit Namen kennen.

Für diese Zeit ist eine eindeutige Definition für diese Bezeichnungen praktisch unmöglich, doch der profangriechische Gebrauch und derjenige der Septuaginta und des Judentums lassen für den Begriff ἐπίσκοπος eine Aufsichts- und Leitungsfunktion in der Gemeinde vermuten[305].

Διάκονος wird von Paulus häufig gebraucht. Er bezeichnet oft sich selber als Diener von Gott (2 Kor 6,6; 11,23), des Evangeliums (2 Kor 3,6; Eph 3,7; Kol 1,23) und der Gemeinde (1 Kor 3,5; Kol 1,25). Doch auch Phöbe (Röm 16,1), Tychikus (Eph 6,21; Kol 4,7) und Epaphras (Kol 1,7) werden als Diener bezeichet. Nimmt man alle Stellen zusammen, wird dieser Begriff hier den Träger eines Dienstes in der Gemeinde meinen, der mitverantwortlich am Gemeindebau und in der Verkündigung des Evangeliums ist[306].

Auch wenn es sich nicht mit Sicherheit feststellen läßt, könnte der Jochgenosse ein ἐπίσκοπος sein. Denn offensichtlich ist es seine Aufgabe, diesen beiden Gliedern der Gemeinde beizustehen, was gut zu einer Aufsichtsfunktion passen würde. Euodia und Syntyche bezeichnet Paulus als Mitarbeiter; dies weist auf eine Tätigkeit im Gemeindebau und in der Evangeliumsverkündigung hin. Paulus bezeichnet manchmal sich selber und seine Mitarbeiter als διάκονοι. Deshalb ist es gut möglich, daß beide und eventuell auch Klemens Diakone der Gemeinde waren.

Eine alte Tradition in der Exegese des Philipperbriefes vertritt übrigens die Auffassung, daß diese beiden Frauen Diakoninnen gewesen sind[307]. Auch ein Bezug von 4,2f zu 1,1c ist schon gesehen worden[308].

---

305 Gnilka, 36ff.

306 Vgl. Gnilka, 39. Ollrog, Mitarbeiter: "Eher haben sie Verkündigungsfunktion gehabt" (84f, Anm. 115).

307 So Weiß, 298, der diese Auffassung allerdings ablehnt, da für ihn wegen des Kontextes der Begriff "Diakonissen" unpassend ist. Anscheinend versteht er ihn seiner Zeit entsprechend rein karitativ. Für Ewald hingegen ist es gut möglich, daß beide "etwa geradezu als Diakonissinnen anzusprechen sind". Eine "Diakonissin" dient nach ihm anderen mit Vorstehen (!), 197.

308 Einen Zusammenhang scheint Baur zu spüren, allerdings gebraucht er ihn für seine negative Beurteilung dieses Briefes. "Schließlich mag nur noch bemerkt werden, daß weder die ἐπίσκοποι und διάκονοι im Eingang des Briefs noch die im letzten Kapitel auf eine so eigene räthselhafte Weise genannten Personen, die Euodia und die Syntyche (...) mit dem noch seltsamern σύζυγος γνήσιος mit der sonstigen Weise der paulinischen Briefe übereinstimmen. 475. Hingegen sieht Lohfink in 1,1c die Möglichkeit, daß mit den Diakonen auch Frauen gemeint sind (326).

Wenn man dem Konzept des Briefes Rechnung trägt und dem Text gerecht werden will, muß man konsequent c^2 mit Hilfe von c^1 auslegen[309].

Kein anderer Paulusbrief ist aus einem so innigen Verhältnis heraus geschrieben wie dieser Brief an die Gemeinde in Philippi. Die Innigkeit erreicht im Lob von 4,1 einen Höhepunkt. Doch gerade anschließend kommt eine Ermahnung, die persönlich an die Leitung in der Gemeinde gerichtet ist. Daraus folgt, daß mit der Gemeinde alles in Ordnung ist. Nur in der Leitung gibt es gewisse Probleme. Durch die Parallelität von C kann man sich an den Charakter des Konfliktes herantasten.

Aufgrund von c^1 kann man vermuten, daß die namentlich erwähnten Frauen in einem Dienst stehen, der durch Ermahnung, Trost, Gemeinschaft, Herzlichkeit und Erbarmen ausgezeichnet ist. Alle diese Eigenschaften sind in ihrer Substanz gefährdet, wenn sie nicht dieselbe Gesinnung haben. Diese Gesinnung können sie aber nicht haben, wenn sie nicht "dieselbe Liebe haben" und "einmütig auf das Eine gesinnt" sind, wenn sie, anstatt in Demut den anderen höher zu achten als sich selber, in der Gefahr sind, in Streit - und Ruhmsucht miteinander umzugehen. Ich vermute, daß die beiden Frauen in ihrem Dienst wahrscheinlich miteinander in einen Konflikt geraten sind, der dem im Hymnus beschriebenen Weg Christi widerspicht. Wahrscheinlich stehen sie in einem Konkurrenzkampf, und anstatt sich selber zu erniedrigen, versuchen sie, sich zu übertreffen. Dadurch wird aber ihr ganzer Dienst gefährdet, da dieser (2,1) mit der richtigen Gesinnung Christi verknüpft ist.

Weiterhin ist es möglich, daß der "Jochgenosse", der in Hauptverantwortung steht, anstatt diese wahrzunehmen und den Frauen bei der Bewältigung des Streites zu helfen, sich dieser Aufgabe bis jetzt entzogen hat. Deshalb muß ihn Paulus auffordern, ihnen beizustehen[310].

Der Parallelismus C, im Rahmen des gesamten Philipperbriefes gesehen, führt mich somit zu folgender Hypothese: Ein weiterer Grund für die Niederschrift des Philipperbriefes neben dem, daß Paulus über seine Lage berichten will (1,12 und ganz A), ist, daß er von einem Konflikt innerhalb der Leitung der Gemeinde in Philippi gehört hat und mit dem Brief darauf reagiert. Der Konflikt könnte folgendermaßen ausgesehen haben: Zwei im Bau der Gemeinde Gottes bewährte Frauen, mit denen Paulus schon persönlich zusammen gearbeitet hat, haben in der philippischen Gemeinde die Funktion von Diakoninnen. Ihr Dienst ist durch Ermahnung,

---

309 K. Barth, der allerdings die Parallelität dieses Briefes nicht beachtete, fand eine Auslegung, die 4,2 mit Hilfe von 2,2 erklärte, "wenig liebenswürdig" (47). Auch Gnilka leugnet den Zusammenhang nicht, obwohl er ihn nicht deutlich aufzeigen kann, um seine Aufteilung dieser beiden Stellen auf zwei unterschiedliche Brieffragemente nicht zu gefährden. "Der beschwörende Ruf zur Eintracht hat sicher auch mit Euodia und Syntyche zu tun (4,2), jedoch redet der Apostel so allgemein, daß sich kein Situationsbericht über die Gemeinde zeichnen läßt".

310 Auch für Lohmeyer liegt der Grund für die Ermahnungen in "Zwistigkeiten" zwischen den beiden Frauen, deren "Grund unbekannt" ist. Doch wegen des Zusammenhangs des Briefes, den er in der durchgehenden Situation des Martyriums begründet sieht, vermutet er "Differenzen" (165).

Ermutigung, Arbeit für die Gemeinschaft, Herzlichkeit und Erbarmen ausgezeichnet. Doch dieser Dienst ist gefährdet, da sie offensichtlich zueinander in eine schlechte Haltung geraten sind. Anstatt einander höher zu achten als sich selber, stehen sie in einem Konkurrenzkampf miteinander.

Einer der Hauptverantwortlichen in der Gemeinde, der in hohem Ansehen bei Paulus steht, nimmt seine Verantwortung bei der Schlichtung dieses Konfliktes nicht genügend wahr. Paulus ermahnt ihn dazu.

Damit ist ein weiterer Grund für die Abfassung dieses Briefes gefunden[311].

Beim Vergleich von C mit A sieht man, daß auch für die Paränese von C Paulus sich in A als Vorbild gibt. Neben dem, daß er hier mit dem Aufruf zu derselben Gesinnung ganz allgemein zur Gesinnung Christi ermahnt und in ganz A zeigt, wie er diese Gesinnung Christi lebt, gibt er in 1,23ff ein Beispiel dafür, daß er nicht nur auf das Eigene, sondern auch auf das der anderen sieht (2,4). Denn obwohl das Sterben für ihn weitaus besser ist, entschließt er sich zugunsten der Philipper für das Bleiben. Damit achtet er aber die Philipper für wichtiger als sich selbst (2,3). So erfüllt er selber in A das, was er in C fordert.

Zusammenfassung

Legt man den Parallelismus C unter Berücksichtigung von Vers 1,1c aus, ergibt sich folgende plausible Erklärung: Paulus hat bei der Gemeinde in Philippi nichts zu beanstanden. Er zollt ihr höchstes Lob (4,1). Aber bei leitenden Mitgliedern dieser Gemeinde (1,1c) ist ein Konkurrenzkampf (2,1-4) ausgebrochen. Zwei Diakoninnen (4,2) achten einander nicht mehr höher als sich selbst und ein Vorsteher entzieht sich wahrscheinlich seiner Verantwortung (4,3).

5.7 Die Unverfügbarkeit des Heils (Das Thema der Einheit D)

D (d^1 = 2,12-18 und d^2 = 4,4-9) ist formal ein meisterhaft aufgebauter Parallelismus. Die parallele Verschränkung der beiden Hälften ist streng geplant. Das die beiden Abschnitte von D umgreifende Thema bildet das Motiv der "Unverfügbarkeit des Heils"[312]. D ist eine weitere Entfaltung der im Hymnus ausgedrückten Gesinnung und ihrer Folgen und deshalb von diesem Muster her zu verstehen[313]. Nun soll eingehend untersucht werden, wie sich d^1 und d^2 thematisch zueinander verhalten.

---

311 Wem diese Hypothese zu spitzfindig erscheint, sei darauf hingewiesen, daß sie praktisch nur auf textinternen Beobachtungen beruht, im Gegensatz zu vielen anderen, die textexterne Vermutungen herbeiziehen müssen, um die textinternen Schwierigkeiten zu lösen.
312 Vgl. 4.5.
313 Vgl. 5.2.4.

Die Abgrenzung dieser beiden Abschnitte ist mit den bisherigen Beobachtungen eindeutig möglich. Syntaktisch ist d¹ mit dem vorhergehenden Hymnus durch das ὥστε (2,12) verknüpft und zugleich abgesetzt. Der Hymnus, der eindeutig abgeschlossen ist, bildet den Grund für die folgende Aufforderung. In 2,19 folgt, klar von d¹ abgetrennt, ein korrespondenzartiges Schreiben. Gleicherweise ist auch d² von e² abgetrennt. Ohne syntaktisch irgendwie an 4,3 anzuknüpfen, beginnt in 4,4 d². Dieser Teil ist schon durch den Parallelismus, den er bildet, eine Einheit für sich.

5.7.1 Furcht und Zittern gegenüber Gott

Mit der Aufforderung an die Philipper, daß sie sich ihr Heil mit Furcht und Zittern erarbeiten sollen (κατεργάζεσθε[314]), beginnt Paulus in 2,12 den ersten Abschnitt von D. Doch zuerst lobt er ihren bisherigen Gehorsam. Die Erarbeitung des Heils unter Furcht und Zittern muß etwas mit diesem Gehorsam zu tun haben.

Dieser Satz bildete immer wieder ein exegetisches Ärgernis. Was bedeutet "mit Furcht und Zittern" und was "sein eigenes Heil erarbeiten"? Besonders deutlich ist diese Anstößigkeit bei O. Glombitza zu sehen, der diesen Satz geradezu gegen den Wortlaut zu interpretieren versucht. Nach ihm heißt dieser Satz: Erarbeitet "nicht mit Furcht und Zittern eure Seligkeit"[315]. Andere versuchen "Furcht und Zittern" auf widrige Umstände hin zu interpretieren[316]. Mehrere Exegeten sehen darin eine Haltung der Demut oder der Erschrockenheit gegenüber Gott ausgedrückt. Nach Gnilka geht es darin um "die Erschockenheit von Menschen, die in die Nähe Gottes geraten sind"[317] und nach G. Barth um die "demütige Erschrockenheit des Menschen, der in Gottes Nähe getreten ist"[318].

Die Septuaginta gebraucht die Wendung praktisch ausschließlich, um den Schrecken zu bezeichen, der jemanden vor einem als übermächtig erkannten Feind befallen hat[319]. Sie bezeichnet eindeutig eine Haltung gegenüber einem Dritten. In Ex 15,16 bezeichnet sie sogar eine Haltung von verschiedenen Völkern gegenüber Gott (vgl. auch Jes 19,16). Man könnte sie etwas abgeschwächt mit "tiefem Respekt" oder mit "ängstlicher Achtung" übertragen. Und in diesem Sinn scheint sie Paulus zu verwenden. Im Neuen Testament kommt sie nur in der paulinischen Literatur vor. In 1 Kor 2,3 wäre eine Auslegung auf widrige Umstände möglich, aber ebenso eine Übersetzung mit "Respekt". Paulus ist in der korinthischen Gemeinde nicht als einer aufgetreten, der sich mit Härte und Selbstsicherheit durchgesetzt hat, sondern als einer, der in Schwachheit und mit Respekt gekommen ist. Die Predigt vom Kreuz und die Erweisung des Geistes haben allein ihre Wirkung getan. Noch deutlicher scheinen 2 Kor 7,15 und Eph 6,5 mit unserer

---

314 Vgl. Bauer, 857.
315 Glombitza, 103.
316 Z. B. Giesen, 86-94.
317 Gnilka, 149.
318 Barth, G., 49.
319 Z.B. in Ex 15,16; Dt 2,25; 11,25; Judith 15,2; Ps 54,5; Jes 19,16.

Stelle verwandt zu sein. Auch in diesen beiden Versen ist Furcht und Zittern mit dem Gehorsam verbunden. Die Korinther waren gehorsam, indem sie den Titus mit Respekt empfangen haben, und die Sklaven sollen ihrem Herrn mit Respekt gehorchen. Gemäß diesen drei Stellen entsprechen und ergänzen sich Gehorsam und Respekt (Furcht und Zittern).

Der Gehorsam in 2,12 erinnert natürlich stark an das soeben verklungene Christuslied. Christus hat sich selber erniedrigt und wurde Sklave (2,7: δοῦλος). Sein Sklavesein hat sich u. a. daran gezeigt, daß er gehorsam (2,8: ὑπήκοος) wurde. Paulus gesteht folglich den Philippern in 2,12 mit dem Lob ihres Gehorsams zuerst zu, daß sie bis jetzt diese Gesinnung gelebt haben, und fordert sie durch die Mahnung dazu auf, in respektvoller Weise ihr Heil zu erarbeiten und weiterhin entsprechend der Gesinnung Christi zu leben.

Die Wendung "mit Furcht und Zittern" ist folglich durch das Gehorsam-Sein der Philipper (ὑπηκούσατε) in 2,12 und durch das Gehorsam-Sein Christi (2,8: ὑπήκοος) semantisch mit dem Diener (2,7: δοῦλος) beziehungsweise mit dem Dienen verbunden. Und genau diese Verknüpfung, sogar direkt ohne das Zwischenglied des Gehorsams und erst noch auf Gott den Herrn bezogen, hat in der Septuaginta ihre beinahe wörtliche Vorlage. In Ps 2,11 heißt es:

δουλεύσατε[320] τῷ κυρίῳ ἐν φόβῳ
καὶ ἀγαλλιᾶσθε αὐτῷ ἐν τρόμῳ.

"Dienen" und "sich freuen" stehen sich in diesem Parallelismus membrorum gegenüber. Dienen und sich freuen sind aber die beiden zentralen Aussagen dieses Briefes.

Es ist möglich, daß Paulus "Furcht und Zittern" besonders gut gebrauchen kann, da diese Wendungen in Ps 2,11 dieselben zwei Aspekte miteinander verknüpfen. Damit ist aber die Bedeutung von "Respekt" an unserer Stelle sehr wahrscheinlich[321].

In Vers 13 begründet Paulus diese Aufforderung damit, daß es Gott ist, der sowohl das Wollen als auch das Wirken in den Philippern bewirkt, und zwar zu seinem Wohlgefallen oder - und hier bleibt Paulus möglicherweise bewußt mehrdeutig - über ihren guten Willen hinaus.

Sie sollen alles ohne Murren und Zweifeln tun und somit durch ihre Reinheit leuchten in der pervertierten Welt (2,14 - 15).

---

320 In Eph 6,5 ist es nicht nur mit Gehorsam, sondern auch mit den δοῦλοι verknüpft.

321 H. Giesen versucht, diese Auslegung zu bestreiten und "Furcht und Zittern" als widrige Umstände zu interpretieren. Er versucht, die Septuaginta als Beleg für seine Deutung zu gebrauchen. Er muß die Belegstellen aber in der Weise uminterpretieren, daß sie nicht mehr ein Verhalten gegenüber einer Bedrohung meinen, sondern die Bedrohung selber (89); Ps 2,11 erwähnt er erst ganz am Schluß als Ausnahme für seine Hypothese (94). Er will damit zeigen, daß in Phil 2,12 somit keine "jüdische Maxime" vorliegt. "Auch beschreibt der Text nicht Wesen und Art pharisäischer Frömmigkeit" (94).

Sie sollen das Wort des Lebens festhalten und das auch für ihn, Paulus, tun, damit er sich nicht vergeblich abgemüht hat (2,16).

Ebenso ist auch Paulus bereit, sich ganz für sie einzusetzen, sogar wenn das seinen Tod bedeuten würde. Das ist für ihn Grund zur Freude und soll es auch für die Philipper sein (2,17f).

Der Abschnitt ist inhaltlich interessant gegliedert. Bei näherem Hinsehen entpuppt er sich als Wechsel von verschiedenen Wirkungen eines Beteiligten auf einen anderen. Mit anderen Worten: Paulus spricht die Beziehung zwischen Gott, den Philippern und sich selbst im Muster von Aktion und Reaktion an, wobei das Handeln der Philipper zentrales Thema bleibt. Die Reaktion oder Folge einer Aktion ist nicht immer explizit ausgeführt, aber doch implizit vorhanden.

Dies sieht folgendermaßen aus. Die Philipper sollen im Gehorsam und mit Furcht und Zittern, d. h. in Ehrfurcht, ihr Heil bewerkstelligen. Dies sollen sie als Reaktion auf die Aktion Gottes tun, da er es ist, der in ihnen sowohl das Wollen als auch das Wirken bewirkt.

Weiterhin sollen sie - als Aktion - alles ohne Murren und Zweifeln tun, um Licht zu sein in dieser düsteren Welt, damit die Welt sie in Reaktion auf ihr gutes Handeln sieht.

Weiter sollen sie agieren, indem sie das Wort des Lebens festhalten, damit sie, als Reaktion darauf, Paulus einen Grund zum Rühmen geben und ihm bestätigen, daß sein Einsatz nicht vergeblich war.

Aber nicht nur die Philipper und Gott agieren, sondern auch Paulus, indem er bereit ist, für den Glauben der Philipper zu sterben; und da dies für ihn Grund zur Freude ist, sollen sich die Philipper in Reaktion darauf auch freuen und sich mit ihm mitfreuen.

Schema:	Gott	Philipper	Welt	Paulus
2,12f	Aktion	Reaktion		
2,14f		Aktion	Reaktion	
2,16		Aktion		Reaktion
2,17f		Reaktion		Aktion

Mit "Aktion" ist eigentlich Wirkung, mit "Reaktion" ist eine durch ein Wirken bewirkte Folge gemeint.

Die entscheidende und erste Aktion kommt von Gott. Er ist der Wirkende. Dadurch sieht man, daß der von Paulus den Philippern zugestandene Gehorsam und der von ihnen geforderte Respekt in der Abhängigkeit von Gott begründet ist.

Auch auf dem Gebiet ist Paulus ein Vorbild, verweist doch diese Aufforderung zum Bewerkstelligen des Heils in Respekt auf den Abschnitt a[2], in dem Paulus von sich sagt, daß er nicht von sich denke, daß er das Heil, genauer die Auferstehung aus den Toten, schon ergriffen habe, sondern ihm nachjage. Auch er muß sein Heil noch vollenden, wie er das von ihnen fordert. Ebenso weiß er, daß, wie es Gott ist, der in den Philippern das Wollen und das Wirken bewirkt, auch sein Heil nicht durch eigenes Bemühen garantiert wird, sondern dadurch, daß er schon von Christus ergriffen ist. 2,12f ist eine direkte Parallele zu 3,12-14. Paulus will von den Philippern, daß auch sie von sich nicht denken, daß sie ihr Heil ergriffen haben, sondern daß sie danach streben, es zu ergreifen beziehungsweise es mit Furcht und Zittern erarbeiten, sie, die von Gott ergriffen sind respektive deren Heil von Gott bewirkt wird. Ihr Glaube an Jesus Christus soll also nicht zum Selbstvertrauen oder zum Vertrauen auf Fleisch führen, sondern zum respektvollen Vertrauen auf Gott.

5.7.2 Die allzeitige Freude

In 4,4 beginnt der Abschnitt d[2], der in sich schon einen Parallelismus darstellt. Paulus fordert die Philipper ganz intensiv dazu auf, sich jederzeit im Herrn zu freuen. Ihr sittlicher Lebenswandel soll allen Menschen bekannt sein, weil der Herr nahe ist (4,5). Alle ihre Sorgen sollen sie durch Gebet Gott abgeben. Und der Friede Gottes wird ihre Herzen und ihre Gedanken bewahren in Christus Jesus (4,6f).

Auf das "Nicht - Sorgen" folgt nun die positive Perspektive. Die Philipper sollen allem Guten nachdenken. Gleichfalls sollen sie alles tun, was sie durch das Vorbild des Paulus gelernt haben.

Die Sätze dieses Abschnittes scheinen recht lose aufeinander bezogen zu sein. Er kann inhaltlich sinnvoll als eine Einheit verstanden werden, wenn sich all die verschiedenen Aussagen der einzelnen Verse auf das "Freut euch im Herrn" beziehen.

Das "Freut euch im Herrn" hat die Funktion eines Titels. Es ist die zentrale Aussage. Was folgt, ist Rahmen und Bedingung davon. Der Abschnitt erinnert in seiner inhaltlichen Gliederung stark an c[1], wo das τὸ αὐτὸ φρονεῖν eine solche Stellung hat, nur daß dies dort in der Mitte des Abschnittes steht, das χαίρετε ἐν κυρίῳ aber am Anfang.

Die Freude im Herrn fällt eng mit dem richtigen Wandel zusammen (4,5). Dieser Wandel ist eine sichtbare, nicht auf die Gemeinde beschränkte Angelegenheit. Er ist die gelebte Gesinnung Christi. Alle Menschen sollen ihn sehen können. Da sie aber ohne Christus eine Gesinnung Christi nicht als solche erkennen können, gebraucht Paulus den hellenistischen Moralbegriff τὸ ἐπιεικές[322].

---

322 s. o. bei Anm. 215.

Mit dem folgenden kurzen ὁ κύριος ἐγγύς stellt Paulus nochmals die gesamte Paränese in einen eschatologischen Zusammenhang, wie er dies schon am Anfang von dieser, in 1,27, getan hat. Dieser Aspekt bildet einen Rahmen für die Paränese[323].

b¹: 1,27	πολιτεύεσθε	πολίτευμα ἐν οὐρανοῖς	b²: 3,20
d¹: 2,16	εἰς ἡμέραν Χριστοῦ	ὁ κύριος ἐγγύς	d²: 4,5

Die Paränese wird durch diese eschatologischen Elemente eingerahmt.

In den Versen 6, 7 und 8 geht es vorwiegend um die Gedankenwelt, nämlich um die Gedanken, mit denen man sich willentlich beschäftigen oder die man willentlich meiden soll. In 4,6 zeigt Paulus, wie man mit den sorgenvollen Gedanken umgehen, in 4,8, daß man dem Guten nachdenken soll und in 4,7, daß das nur in der Abhängigkeit von Gott gelingen kann. Er ist derjenige, der die Herzen und die Gedanken bewahrt. Wenn das richtige Wandeln der Rahmen zur Freude im Herrn ist, so ist hier die praktische Anweisung, wie man die Freude leben kann, zu finden. Sorgen bedeuten den Tod der Freude. Sie dürfen im Gebet an Gott abgegeben werden. Im Gegenzug dazu soll man anfangen, dem Guten nachzudenken. Ohne die richtigen Gedanken ist Freude unmöglich. Aber auch hier gilt, daß das nur durch Gott möglich ist, weil er die Herzen und die Gedanken in Christus Jesus bewahrt.

Abschließend fordert Paulus die Philipper auf, alles, was sie von ihm empfangen haben, auch anzuwenden. Hier ist wieder deutlich das Motiv vorhanden, daß die Philipper die richtigen Vorbilder wählen müssen und daß Paulus ein solches ist. Dies ist anscheinend ebenfalls zu einem erfolgreichen Gelingen der Freude nötig. Auch für diese Forderungen gibt Paulus in a¹ das praktische Beispiel. Wie er sich allezeit, sogar in der Gefangenschaft freut und anstatt sich zu sorgen und schlechten Gedanken nachzuhängen, darüber nachdenkt, wie sein Leiden der Ausbreitung des Evangeliums und damit auch ihm dient, so sollen es auch die Philipper tun. So sind seine Fesseln im ganzen Prätorium bekannt geworden (1,13). Sein Lebenswandel entspricht der Aufforderung in 4,5, denn er ist allen Menschen seiner Umgebung kund geworden. Wenn Paulus in 1,30 den Philippern zugesteht, daß ihr Lebenswandel seinem Vorbild schon entspricht und sie in 3,17 indirekt dazu mahnt, ihn zum Vorbild zu nehmen, so fordert er sie dazu hier am Schluß dieser Paränese ganz direkt auf. So rahmt auch die Aufforderung, sich die richtigen Vorbilder zu nehmen, die ganze Paränese ein.

4,9 schließt in einem anderen Sinn den ganzen ethischen Teil ab. In B wurde sichtbar, wie Paulus seine ethischen Aufforderungen in die Spannung der beiden Pole, sowohl Christus nachzueifern als auch Menschen zum Vorbild zu nehmen, stellt. Ganz am Anfang in 1,27 steht als Eröffnung des ethischen Teils die erste

---

323 s. o. bei Anm. 281.

Pol. Die Philipper werden dort aufgefordert, ihr Leben als Himmelsbürger des Evangeliums des Christus würdig zu führen. In 4,9 endet die Paränese mit der Aufforderung, sich Paulus als Vorbild zu nehmen. Damit stellt Paulus die Paränese des ganzen Briefes in die Spannung der beiden Pole. Dies geschieht nicht nur durch den Parallelismus von B, sondern auch durch diesen Rahmen von 1,27 und 4,9.

b^1:1,27	**Christus**	Paulus (Vorbild)	b^2:3,17
b^1:1,30	Paulus (Vorbild)	Christus	b^2:3,21
		Paulus (Vorbild)	d^2:4,9

Der dem Evangelium des Christus und der dem Vorbild des Paulus gemäße Wandel entsprechen sich. Diese beiden Pole bilden den Hauptrahmen der Paränese. Sie werden durch deren ersten und deren letzten Vers gebildet. Paulus als Vorbild allein bildet einen sekundären Rahmen dieser Paränese.

Der allerletzte Satz der Paränese ist eine mit "und" angeschlossene Verheißung, welche sich zuerst auf die Forderungen von 4,8f bezieht. Wer diesen nachkommt, mit dem wird der Gott des Friedens sein. Aber durch ihre Stellung liegt es nahe, daß sie sich nicht nur auf diese bezieht, sondern auf ganz d^2, ja sogar auf die ganze Paränese von B bis D. Damit sind die beiden Hauptteile abgeschlossen. Es bleibt die Frage, was für eine Funktion der Parallelismus E noch haben kann. Bildet er ein Anhängsel mit korrespondenzartigen Mitteilungen oder bildet er den dritten, logischen Hauptteil?

Zuerst wollen wir jedoch in d^2 die Frage nach der Wirkung stellen. Die Philipper sollen auf die Welt eine Wirkung haben (4,5). Ebenfalls sollen sie mit ihren Gebeten in Richtung auf Gott hin wirken (4,6). Dieser wirkt auf die Gedanken und die Herzen der Philipper ein (4,7). Dazu sollen sie die Vorbildwirkung von Paulus annehmen (4,9).

Schema:	Gott	Philipper	Welt	Paulus
4,5		Wirkende	auf Welt	
4,6	auf Gott	Wirkende		
4,7	Wirkender	auf Philipper		
4,8		auf Philipper		Wirkender

Hier wird nirgends etwas explizit von Reaktionen gesagt, obwohl natürlich die verschiedenen Wirkenden aufeinander bezogen und so auch miteinander verknüpft sind. Gerade das Wirken Gottes ist durch das καί mit dem Handeln der Philipper verbunden.

5.7.3 Gehorsam und Freude

Beachtet man die verschiedenen Wirkungen in d^1 und in d^2, so ist der Parallelbezug des Inhaltes schon hier in einer erstaunlichen Weise sichtbar. In D ist Gott derjenige, der ihr Heil bewirkt und ihre Gedanken und Herzen bewahrt. Auch Paulus wirkt zweifach auf die Philipper ein, indem er bereit ist, für sie zu sterben, und indem er ihr Vorbild ist. Die Philipper wirken nur je einmal auf Gott und auf Paulus. Auf Paulus wirken sie, indem sie ihm durch ihre Untadeligkeit einen Grund zum Rühmen geben und auf Gott wirken sie durch ihre Gebete. Damit ist die Rechnung des Gebens und Empfangens aber nicht ausgeglichen. Sie empfangen quantitativ zweimal mehr, als sie zurückgeben. Das Verhältnis beträgt vier zu zwei. Doch durch die zweifache Aufforderung, auf die Welt durch ihre Vorbildlichkeit einzuwirken, kommt dennoch eine Symmetrie zustande. Wie bewußt geplant diese Symmetrie ist, läßt sich heute kaum mehr sicher feststellen, doch scheint sie sehr exakt ausgearbeitet zu sein. Wer an Jesus Christus glaubt, soll weitergeben, was er empfangen hat. Der Beschenkte soll selber weiterverschenken.

Wirkender	Wirkung auf	Philipper als Wirkende	Wirkung auf
Gott: 2,13	Philipper	4,6	Gott
Gott: 4,7	Philipper	2,16	Paulus
Paulus: 2,17f	Philipper	2,15	Welt
Paulus: 4,9	Philipper	4,5	Welt

Die Abhängigkeit von Gott fordert auf der einen Seite den Gehorsam und den Respekt (d^1), auf der anderen Seite aber ermöglicht sie auch die allzeitige Freude im Herrn (d^2).

Das bringt Paulus explizit in 2,13 und in 4,7 zur Sprache. In 2,13 garantiert Gott das Heil, um das die Philipper sich bemühen sollen, in 4,7 ist es der Friede Gottes, der die Herzen und die Gedanken in Christus Jesus bewahrt und daher den Erfolg des Bemühens der Philipper um die Freude verbürgt.

Ebenso verknüpft nun Paulus diese Aufforderung zum Respekt beziehungsweise zur Freude in beiden parallelen Abschnitten mit der Aufforderung zu einem richtigen Wandel, der das Kriterium der Sichtbarkeit auch vor den Nichtgläubigen erfüllen muß. Allen Menschen soll die Güte der Philipper bekannt werden (4,5) und durch ihre Untadeligkeit und Lauterkeit sollen sie unter den Menschen leuchten wie Sterne im Weltall (2,15).

Bemerkenswert ist, wie das Verhältnis von Aufforderung und Vorbild chiastisch gestaltet ist. So steht doch sein vorbildliches Verhalten für das in d^1 Gebotene in a^2 und sein Beispiel von a^1 als Forderung in d^2.

Schwerpunkt des Parallelismus D ist, neben Gehorsam und Freude in Abhängigkeit von Gott, das Verhältnis der Freude zum Gehorsam. In d¹, ausdrücklich in 2,17, betont Paulus, wie der Gehorsam zur Freude führt. Falls er sogar selbst gehorsam bis zum Tod sein muß, so freut er sich auch dann; denn das dient dem Glauben der Philipper. Ebenso sollen auch sie, die er eben zum Gehorsam aufgerufen hat, sich freuen.

Wenn er in 2,17 sagt, er freue sich, wenn er als Trankopfer ausgegossen werde, dann ist er der Überzeugung, daß dies ihm zum Heil dient. Wenn er im gleichen Atemzug sagt, er freue sich auch mit ihnen, dann, weil er weiß, daß sein Opfer dem Glauben der Philipper dient. Die Freude ist doppeldeutig: Erstens sollen sie sich nicht um die Situation des Paulus sorgen, weil sie ihnen und ihm letztlich dient. Zweitens wird seine Situation aber auch zu einer Aufforderung, selber so zu leben, daß es ihnen zum Heil dient und damit auch zur Freude, aber nicht nur zu ihrer, sondern auch zu der des Paulus (4,1), der somit nicht vergeblich gelaufen ist. Damit werden sie ihm zum Siegeskranz (4,1). Die Philipper werden dadurch indirekt nochmals aufgefordert, der Gesinnung Christi nachzukommen. Denn schon die Untersuchungen zum Thema der Freude haben gezeigt, daß es für Paulus Grund zur Freude ist, wenn er selber und wenn die Philipper die Gesinnung Jesu Christi leben[324].

So wird in d¹ der enge Bezug von Gehorsam und Respekt zur Freude gezeigt. Aus dem Gehorsam folgt die Freude. Man kann vielleicht sogar sagen, daß für Paulus nur das der richtige Gehorsam und der richtige Respekt für einen Gläubigen ist, der zur Freude im Herrn führt.

Der Abschnitt d² fängt mit dem stark betonten, doppelten Befehl zur Freude im Herrn an. Aber nun folgt direkt die Anweisung zum richtigen Lebenswandel, zum richtigen Umgehen mit Gedanken und zum Nehmen der richtigen Vorbilder. Hier ist die Freude weniger eine Folge des Gehorsams. Dafür ist der Gehorsam Rahmen der Freude. Oder anders gesagt, wenn Freude wirkliche Freude im Herrn sein soll, darf sie nicht losgelöst vom Gehorsam stehen.

So zeigt d¹, daß der richtige Gehorsam zur Freude führt, und d², daß die richtige Freude, die Freude im Herrn, nicht losgelöst vom Gehorsam sein kann. Freude im Herrn und Gehorsam gehören zusammen. Da wir aber aus dem Gesamtzusammenhang des Briefes wissen, daß der Gehorsam das freiwillige Gehen des Weges Christi in dessen Gesinnung ist, kann man in D besonders deutlich sehen, daß die Gesinnung Christi und die Freude im Herrn zusammengehören.

Mit dem je zweifachen Aufruf zur Freude erreicht dieses Thema in D seinen Höhepunkt im Philipperbrief. Jedenfalls ist es der Höhepunkt der auf die Philipper bezogenen Aufforderung zur Freude im Herrn. Am stärksten ist das in 4,4 (d²) der Fall. Auch aus diesem Blickwinkel läßt sich fragen, ob nicht schon hier, vor E, der eigentliche Brief abgeschlossen ist.

---

324 Vgl. 5.3.

Zusammenfassung

Gehorsam (auch im Sinne von Gottesfurcht) und Freude bedingen sich gegenseitig. Freude ist eine Folge von Gehorsam, und Gehorsam bildet einen Rahmen für Freude.

5.8 Das große Lob (Das Thema der Einheit E)

Auch E (e^1 = 2,19-30 und e^2 = 4,10-20) ist auf der formalen Ebene deutlich als Parallelismus gekennzeichnet. Hier soll untersucht werden, wie sich e^1 und e^2 thematisch zueinander verhalten. Das Thema ist in beiden vorläufig als korrespondenzartiges Schreiben erkannt worden. Beide Abschnitte sind auf dem Hintergrund des Hymnus zu verstehen[325].

Beide sind inhaltlich und formal deutlich vom Vorhergehenden und Nachfolgenden abgetrennt. Nach hinten sind beide schon dadurch deutlich abgegrenzt, daß d^1 beziehungsweise d^2 thematisch und formal eigene Größen sind[326]. Nach vorn ist e^1 klar abgetrennt, da in 3,1a mit dem "übrigens" und dem Aufruf zur Freude ein deutlicher Neueinsatz folgt und nach e^2 in 4,21 mit den Grüßen offensichtlich das Postskript beginnt. Es gibt hier nur ein Gliederungsproblem: e^1 ist zwischen 2,24 und 2,25 noch weiter unterteilbar. Ab 2,25 geht es nicht mehr um Timotheus, sondern um Epaphroditus. Aber das Grundthema "Sendung eines Mitarbeiters" klammert beide Teile eng zusammen und auch der stilistische Parallelvergleich mit e^2 zeigt, daß sie Paulus als Einheit konzipierte.

5.8.1 Die Notwendigkeit der Rückkehr des Epaphroditus

In e^1 geht es also um zwei Unterthemen. Zuerst geht es um die Ankündigung der baldigen Sendung des Timotheus, dann um die Begründung der sofortigen Sendung des Epaphroditus.

2,19-24 behandelt die von Paulus geplante Sendung des Timotheus. Diese Perikope eignet sich als Beispiel, um die rhetorische Kunstfertigkeit des Paulus auf der Ebene eines kurzen Abschnittes zu zeigen. Dieser Teilabschnitt ist chiastisch angeordnet. Die einzelnen Sätze stehen wie folgt zueinander:

In 2,19a.b.24 schreibt Paulus, daß er "aber im Herrn hofft" (ἐλπίζω δὲ ἐν κυρίω), Timotheus "bald" (ταχέως) zu ihnen zu senden (2,19a,b), zugleich "vertraut er aber im Herrn" (πέποιθα δὲ ἐν κυρίω), daß er selber "bald" (ταχέως) kommen werde (2,24). Paulus liegt offensichtlich sehr viel an seinem Kontakt zu den Philippern, weil er sich so bemüht, mit ihnen in Beziehung zu bleiben.

---

325 Vgl. 4.6 und 5.2.5.
326 Vgl. 5.7.

In 2,19c.23 geht es um das Ziel und die Voraussetzung dieser Sendung. Ziel ist, daß Paulus wieder guten Mutes sein kann, indem er "die Dinge in bezug auf sie" .(τὰ περὶ ὑμῶν) weiß (2,19c). Voraussetzung ist, daß er "die Dinge in bezug auf sich" (τὰ περὶ ἐμὲ) überblickt (2,23).

2,20.22 handeln ausführlich von der Gesinnung des Timotheus. Erstens hat Paulus keinen, der die gleiche Gesinnung wie er hat (20a), zweitens ist dieser aufrichtig um die Philipper besorgt (τὰ περὶ ὑμῶν) (20b). Drittens sollen die Philipper dessen Bewährung anerkennen (22a) und viertens dient Timotheus mit Paulus wie ein Kind dem Vater am Evangelium (22b). Interessant ist, daß es in den vier Teilabschnitten zuerst um die Beziehung von Paulus zu Timotheus, dann um die des Timotheus zu den Philippern (γνησίως), darauf um die der Philipper zu Timotheus und schließlich um die des Timotheus zu Paulus geht. Somit konstruierte Paulus mit diesem Motiv der Beziehungsebene hier gerade nochmals einen Chiasmus.

Vers	Paulus		Timotheus		Philipper
20a	X	>	X		
20b			X	>	X
22a			X	<	X
22b	X	<	X		

> = Beziehungsrichtung

Timotheus lebt gemäß der Gesinnung Christi. Er kümmert sich aufrichtig (γνησίως, vgl. 4,3) um die Angelegenheiten der Philipper und ihr Wohl (2,20), und er dient wie ein Kind dem Vater zusammen mit Paulus am Evangelium (2,22). Er dient nicht dem Paulus wie ein Kind, sondern dem Evangelium beziehungsweise Gott (dem Vater) zusammen mit Paulus (σὺν ἐμοί)[327]. Damit ist er für Paulus ein Mitnachahmer Christi geworden und ist einer von denen, die entsprechend dem Vorbild (τύπος) des Paulus wandeln (3,17). Damit ist aber auch schon deutlich, daß dieser Teilabschnitt - ebenfalls wie A - eine Vorbildfunktion für die Paränese von B bis D hat. Er ist nicht nur Korrespondenz, sondern dient der Zielrichtung des ganzen Briefes.

Mit einer gewissen Verwunderung sieht man in 2,21, daß alles, was dieser sogar verdoppelte Chiasmus einrahmt, eigentlich etwas Negatives ist. Hier stellt Paulus fest, daß alle das Eigene (τὰ ἑαυτῶν) suchen, nicht das von Jesus Christus (τὰ Ἰησοῦ Χριστοῦ). Diese "alle" leben nicht entsprechend der an die Philipper gerichteten Mahnung, den anderen für wichtiger zu halten als sich selbst und nicht nur

---

327 Gegen Lohmeyer, 115.

auf das Eigene zu sehen, sondern auch auf das der anderen, (2,3f), sondern suchen nur das Eigene und leben nicht nach der Gesinnung Christi (2,5). Diese "alle" - wen auch immer Paulus damit meint - dienen als abschreckende, negative Vorbilder und als dunkler Kontrast zur Vorbildlichkeit des Timotheus, dessen Ziel gleich wie das des Paulus (2,19) nicht τὰ ἐαυτῶν, sondern τὰ περὶ ὑμῶν ist (2,20). Rahmen und Mitte dieses Chiasmus stehen sich inhaltlich als scharfer Kontrast gegenüber. Der Kontrast wird am Vorhandensein beziehungsweise am Nichtvorhandensein der Gesinnung Christi deutlich gemacht.

Dieser Abschnitt bezieht sich sehr stark auf b[2]. Dort fordert Paulus die Philipper nicht nur auf, Mitnachahmer zu werden und auf diejenigen zu schauen, die so wandeln wie Paulus und seine Mitarbeiter, sondern sagt auch, daß "viele" "Feinde des Kreuzes" sind und dem Vorbild Christi im Hymnus entgegengesetzt leben.

Doch das wirkliche Zentrum dieses Abschnittes sind dennoch nicht die abschreckenden Beispiele. Die negative Feststellung bleibt nicht das Zentrale. Das exakte Zentrum dieses so sorgfältig gebildeten Chiasmus ist das Wort "Christus" in diesem Vers. Es ist das sechsunddreißigste von zweiundsiebzig Wörtern. Es fällt schwer, anzunehmen, daß dies rein zufällig so ist. Es gibt also auch hier einen kleinen Hinweis auf formaler Ebene, daß Jesus Christus im Zentrum steht.

Im nächsten Abschnitt geht es um die Rücksendung des Epaphroditus (2,25-30). In 2,25 hat Paulus es für notwendig gehalten, Epaphroditus zu den Philippern zu senden. Er ist in Beziehung zu Paulus Bruder, Mitarbeiter und Mitstreiter, von den Philippern her aber Gesandter und Dienstbeauftragter (λειτουργός) für den Bedarf des Paulus.

Paulus sendet ihn, weil Epaphroditus sich sehr nach ihnen allen sehnt und weil er sehr besorgt ist, da sie von seiner Krankheit gehört haben (2,26). In der Forschung hatte man immer wieder Schwierigkeiten, den Dienst des Epaphroditus und den Grund für seine Rücksendung genauer zu definieren. Sehr wahrscheinlich ist dies auch gar nicht definitiv möglich, da einfach zu wenig Informationen vorhanden sind. Aber auf extreme Hypothesen wie die, daß Epaphroditus ein krankhaftes Heimweh hatte oder in einer Depression war[328], sollte man schon aus wissenschaftlicher Vorsicht verzichten.

In meiner Arbeit versuche ich, die Frage mit Hilfe der hier nachgezeichneten Struktur des Philipperbriefes zu beantworten.

Epaphroditus war Gesandter und Dienstbeauftragter der philippischen Gemeinde (2,25). Sein Dienst bestand sicher in der Überbringung des gesammelten Geldes (4,18); es ist gut möglich, daß er nicht von Paulus zurückkehren, sondern ihn als bleibende Hilfe unterstützen sollte, denn Paulus legt einiges Gewicht auf die Begründung, wieso er ihn so eilends zurückgeschickt hat. Daß er ihn wie Euodia und Syntyche als Mitarbeiter und als Mitkämpfer (2,25: συστρατιώτης; 4,3: συνήθλησαν) bezeichnet, weist darauf hin, daß jener aktiv in Verantwortung in der

---

328 Vgl. z. B. Barth, G., der dies ebenfalls ablehnt, 54.

Verkündigung des Evangeliums tätig ist. Das kann entweder auf seinen beabsichtigten Dienst bei Paulus bezogen sein oder auf eine Diakonenfunktion in Philippi (vgl. 4,2f) oder auch auf beides hinweisen.

Die Philipper haben von seiner Krankheit gehört. Möglicherweise ist Epaphroditus schon auf der Reise zu Paulus krank geworden. Die Reise zur Überbringung des Geldbetrages hat er kaum allein unternommen. Auch wenn man über antike Reisegewohnheiten im allgemeinen wenig weiß, sind gerade diejenigen des Apostels Paulus ziemlich bekannt (etwa 1 Thess 1,2ff; 1 Kor 16,3f; Apg 11,30; 12,24). Er ist kaum je allein gereist. Dies spricht doch sehr dafür, daß ein Gesandter (2,25) einer paulinischen Gemeinde im Normalfall auch nicht allein unterwegs war. Wahrscheinlich haben die Reisegefährten den kranken Epaphroditus bei Paulus zurückgelassen und sind allein zurückgekehrt. Weil die Philipper möglicherweise so von seiner Krankheit, aber nicht von seiner Genesung gehört haben, sehnt sich Epaphroditus sehr nach ihnen und ist tief beunruhigt. Was fürchtet er? Das ist nicht sicher festzustellen. Aber auf jeden Fall ist sein beunruhigtes Verhalten vorbildlich. Denn er ist ihretwegen beunruhigt, das heißt, er sieht entsprechend der Gesinnung Christi nicht nur auf das Eigene, nämlich auf seine Gesundheit, sondern auch auf das der anderen, nämlich ihre Unruhe wegen seiner Krankheit.

Er war todkrank (2,27). Aber Gott hat sich seiner und des Paulus erbarmt. Epaphroditus war fast bis zum Tod erniedrigt, aber Gott hat ihn erhöht und ihn wieder gesund gemacht. Desto eiliger hat ihn Paulus gesandt, damit, wenn sie ihn sähen, sie sich wieder freuten und es auch ihm selber besser ginge (2,28). Paulus will die Philipper nach der Gesundung des Epaphroditus möglichst schnell aus ihrer Ungewißheit befreien. Auch Paulus ist auf das Wohl der Philipper bedacht und freut sich selber erst wieder ganz, wenn er weiß, daß auch die Gemeinde wieder beruhigt ist. Dies ist wieder ein Hinweis, wie sehr Paulus sein Wohlergehen von dem der Philipper abhängig macht, weil er nach der Gesinnung Christi lebt.

Die Philipper sollen ihn nun mit Freude aufnehmen und ihn in Ehren halten, denn er ist um des Werkes Christi willen in Todesgefahr gekommen. Er riskierte sein Leben, damit er das Fehlende des Dienstes der Philipper für Paulus ausfülle (2,29f). Mit diesem Dienst (λειτουργία) kann die Überbringung des Geldes und damit die Kollekte selbst gemeint sein, oder es kann eine Anspielung darauf sein, daß die Philipper, neben der Überbringung, Epaphroditus als Gefährten für Paulus freistellten, damit er ihm in der Verkündigung des Evangeliums helfe. Meiner Meinung nach ist dies die wahrscheinlichere Variante. Dafür spricht, daß Paulus die Notwendigkeit (2,25) und Dringlichkeit (2,28) der Rücksendung des Epaphroditus so sehr begründet. Wäre das von Anfang an beabsichtigt gewesen, wäre eine solche Begründung nicht nötig gewesen. Ebenso kann seine Aufforderung, den Epaphroditus in Freude aufzunehmen (2,29), als Indiz dafür betrachtet werden, daß seine Rückkehr für sie unerwartet war. Wenn die Rückkehr des Epaphroditus dem Willen der Gemeinde widersprach, dann kann seine Rückkehr zwei Mißverständnisse heraufbeschwören: Erstens kann Epaphroditus als Drückeberger gelten, der sich aus dem Dienst herausstehlen möchte. Zweitens kann seine Rückkehr auch bedeuten, daß Paulus mit Epaphroditus nicht zufrieden war und dessen Unterstützung gar nicht wollte. Dies wäre von ihm sehr undankbar gewesen. Eine solche Hypothese wird vom Inhalt von 2,25-30 deutlich gestützt.

Epaphroditus wird gerade zu Beginn in fünffacher Weise gelobt. Er ist für Paulus ein Bruder[329], ein Mitarbeiter und ein Mitstreiter und dazu in bezug auf die Gemeinde ihr Gesandter und Dienstbeauftragter. Die Notwendigkeit und Dringlichkeit seiner Rückkehr werden nicht einfach verteidigt, sondern als ein vorbildliches, der Gesinnung Christi entsprechendes Verhalten von Paulus und Epaphroditus dargestellt. Beide sinnen nicht auf das Eigene, sondern auf das der Philipper. Paulus ist erst sorgenfrei, wenn die Philipper sich durch die Rückkehr des Epaphroditus wieder freuen (2,28), und Epaphroditus macht sich Sorgen wegen der Philipper, da sie von seiner Krankheit gehört haben. Seine Krankheit war eine Selbsterniedrigung bis beinahe zur tiefsten Erniedrigung des Todes und seine Genesung eine Erhöhung durch Gott. Ein weiterer möglicher Hinweis auf die vorbildliche Haltung des Paulus bei dieser Rücksendung könnte im ἀναγκαῖον ἡγησάμην liegen (2,25). Das Wort ἡγεῖσθαι kommt in der paulinischen Literatur nicht häufig vor (2 Kor 9,5; 1 Thess 5,13; 2 Thess 3,15; 1 Tim 1,12; 6,1). Doch in diesem Brief erscheint es sechsmal (2,3.6.25; 3,7.8.8). In 2,6 bildet es einen wichtigen Begriff für den Hymnus. Christus hat es nicht als einen Raub geachtet, Gott gleich zu sein. Dem Hymnus entsprechend erachtet Paulus seine jüdischen Privilegien als Verlust und Dreck gegenüber der überragenden (τὸ ὑπερέχον) Erkenntnis Christi (3,7.8.8) und fordert die Philipper dazu auf, einander überragender (ὑπερέχοντας) zu achten als sich selbst (2,3). Fünf der sechs Stellen stehen in einem deutlichen Bezug zur Gesinnung Christi. Deshalb ist naheliegend, daß auch diese Stelle eine Anspielung auf den Hymnus enthält. Dann würde hier schon beim Gebrauch dieser Wörter folgende Bedeutung mitschwingen: Epaphroditus ist für Paulus eine wertvolle, positive Unterstützung. Dennoch achtet Paulus seine Hilfe nicht als einen Raub, sondern er sendet ihn, auf das Wohl der Philipper sinnend, zurück, weil es die Situation als Notwendigkeit erscheinen läßt.

Paulus sendet den Epaphroditus zurück, um die Gemeinde über dessen Genesung zu informieren, obwohl dies der ursprünglichen Sendung der Philipper widersprach. Paulus muß die Nachricht entsprechend den Möglichkeiten in der Antike durch einen Boten überbringen. Der Bote muß Epaphroditus sein, denn Timotheus will er erst senden, wenn er Klarheit über seine eigenen Umstände hat. Eine andere Möglichkeit gibt es aber nicht, denn er hat keinen ihm Gleichgesinnten, der nicht zuerst auf seinen eigenen Vorteil bedacht ist (2,20f)[330].

Der Abschnitt bereitet nicht nur korrespondenzartig die Rückkehr des Epaphroditus vor, sondern zeigt ihn als Vorbild für die Gemeinde. Solche Menschen sollen sie in Ehren halten, die den Weg des Hymnus gehen[331], besonders

---

329 "Bruder" weist hier sehr wahrscheinlich auf eine freundschaftliche Beziehung hin. Vgl. Mayer, 178.
330 Damit würden schon die Ausführungen über Timotheus (vor allem 2,20f) mitbegründen, wieso Paulus den Epaphroditus sendet.
331 Damit ist auch der Wechsel zum Plural in 2,29 (τοιούτους) geklärt. Epaphroditus wird von Paulus in die Reihe derjenigen gestellt, die wie er gemäß dem Hymnus vorbildlich leben.

solche, die wie Paulus (1,21ff) bereit sind, den Weg bis zur tiefsten Erniedrigung des Todes zu gehen (2,30). Epaphroditus ist somit einer von denen, die wie Paulus gemäß der Gesinnung Christi wandeln. Deshalb ist er ebenfalls ein Vorbild für die Philipper (3,17).

Des weiteren ist eine offensichtliche Parallelstellung von Epaphroditus mit Timotheus zu beachten. Paulus will den einen senden (2 πέμπειν), den anderen hat er schon abgesandt (2 πέμπειν). Beide haben eine Vorbildfunktion für die Philipper. Beide dienen (2,22; 2,25.30). Eine Nuance besteht aber in den Wörtern, die für den Dienst der beiden gebraucht werden. Timotheus tut Sklavendienst am Evangelium (δουλεύειν). Anders ist es bei Epaphroditus, er ist der λειτουργός, der Dienstbeauftragte der Philipper für den Bedarf des Paulus und er füllt den Mangel ihres Dienstes (2,30: λειτουργία) für Paulus aus. Dieses Wort hat weniger den Aspekt des "unter fremder Herrschaft Stehens", sondern mehr die einem dritten gegenüber geschuldete Pflichterfüllung, etwa dem Staat oder auch einem religiösen Kult[332]. Epaphroditus hat die Aufgabe, die Dienstleistungen, die die Philipper noch schulden, zu ergänzen. Das ist sicher eine Anspielung darauf, daß die Philipper durch Paulus zum Glauben an Jesus Christus gekommen sind. Dies erinnert sehr stark an Phlm 19, wo Paulus dem Philemon ins Gedächtnis ruft, daß er selber sich dem Paulus schuldet.

Die Philipper stehen anscheinend genau wie andere Gemeinden, in denen Paulus umsonst gearbeitet hat, in der Schuld des Paulus. Allerdings ist das eine Schuld, die er prinzipiell nicht beglichen haben möchte. Denn obwohl es sein Recht wäre, für seine Arbeit bezahlt zu werden, macht er das Evangelium radikal "kostenfrei" (1 Kor 9,18). Doch Philemon, den er um der Liebe willen bittet, Onesimus wieder aufzunehmen, rechnet er vor, daß er ihn wegen seiner Schuld ihm gegenüber auch dazu zwingen könnte.

Im Philipperbrief liegt eine andere Situation vor. Es gibt keinen Hinweis dafür, daß Paulus irgendetwas von den Philippern verlangt hätte. Aber sie haben zu seiner Unterstützung Epaphroditus mit einer bestimmten Geldsumme freiwillig geschickt. Paulus nimmt die Hilfe an, aber gibt den Philippern zu verstehen, daß die Hilfe, die sie ihm gesendet haben, wenn auch nicht eine eingeforderte Leistung, so doch eine geschuldete ist. Dennoch zeigt schon der Grundton des ganzen Briefes, wie sehr sich Paulus darüber gefreut hat.

Bettet man e[1] in den Gesamtzusammenhang des Briefkorpus ein, zeigt es sich, daß e[1] mehr als ein korrespondenzartiges Schreiben ist. Neben dem, daß Paulus überall wie in A selbst als Vorbild für seine Paränese in B bis D durchschimmert (2,19.22.28), haben Timotheus und Epaphroditus ganz offensichtlich ebenfalls eine deutliche Vorbildfunktion für die Philipper[333].

Diskussion zu diesem Plural bei Mayer, 187, der ihn nur als verhüllende Umschreibung eines direkteren Singulars versteht.

332 Vgl. Bauer, 956.

333 So auch Hawthorne, 108; 114f; O'Brien, 15.

Wenn Paulus sich in A selber zum Vorbild für die Paränese von B bis D gibt, und in e^1 solche als Vorbilder vorführt, die so wandeln wie er selber (3,17), steigt die Frage auf, was denn e^2 soll. Niemand, der den Resultaten dieser Arbeit gefolgt ist, wird noch annehmen, daß nun in e^2 reine Korrespondenz folgt, die nicht einen unmittelbaren Bezug zum ganzen Briefkorpus hätte. Dieser Frage muß noch nachgegangen werden.

Doch mit der Vorbildlichkeit des Epaphroditus für die Philipper scheint etwas in der Argumentationsabfolge nicht mehr ganz aufzugehen. Paulus bezeichnet ihn zwar als Vorbild für die Gemeinde in Philippi, betont aber zugleich, daß er, der ein Vorbild für die Philipper ist, selber ein Philipper ist, und zwar ein von ihnen Gesandter und ein Dienstbeauftragter. Er ist ein Vorbild geworden in der Erfüllung der noch bei Paulus einzulösenden Dienstverpflichtung der Gemeinde (2,30). Er ist also nicht nur ein Vorbild gegenüber der Gemeinde, sondern er ist auch ein Vorbild aus der Gemeinde. Ein gewisses Lob für die Gemeinde scheint beim Lob für Epaphroditus mitzuschwingen.

Zwei weitere Gründe, wieso Paulus diesen Brief geschrieben hat, liegen nun auf der Hand. Erstens wollte er die baldige Ankunft des Timotheus ankündigen. Zweitens ist der Philipperbrief ein Begleitbrief für den zurückkehrenden und genesenen Epaphroditus.

5.8.2 Der Dank

In e^2 geht es um den Dank des Paulus an die Philipper um der empfangenen Unterstützung willen. Hawthorne zählt drei Interpretationsmöglichkeiten dafür auf, daß dieser Dank erst am Schluß kommt. Erstens könnte es ein separater Brief sein, zweitens könnte Paulus, der den Brief diktiert hat, hier selber zur Feder gegriffen haben[334], um einen persönlichen Dank, den er beinahe vergessen hätte, aufzuschreiben; und drittens könnte die Spende für ihn ein heikles Thema sein, weswegen er den Dank bis zum Schluß verschoben hat. Letzteres ist Hawthornes eigene Meinung[335].

Dreimal nimmt Paulus in diesem Abschnitt einen Einstieg in den Dank, dreimal gebraucht er das Wort "Dank" nicht. Zuerst fängt er in 4,10 mit ἐχάρην μεγάλως an. In 4,14 fährt er mit einem καλῶς ἐποιήσατε fort, um sich nochmals in 4,18 mit einer dreifachen Verstärkung zu steigern. Dort gebraucht er die drei Wörter ἀπέχω, περισσεύω und πεπλήρωμαι.

Paulus freut sich sehr, daß die Philipper wieder einmal dazu gekommen sind, ihm etwas zur Unterstützung zu schicken. Er betont aber sofort, daß er dies nicht

---

334 Etwa O'Brien, 17.
335 Hawthorne, 194. Andere ähnliche Aussagen zu dieser Stelle: "bewußt beiläufig am Rande eines Briefs, in dem es in erster Linie um ganz andere Dinge geht ..." (Schoon-Janssen; 123); "Quite probably he waited until the end of the letter because he did not want his intentions be misinterpreted by making too much fuss over the gift" (Watson, D. F., 83).

etwa wegen eines Mangels sage, denn er sei in diesen Belangen selbstgenügsam. Er habe gelernt, sowohl viel zu haben als auch Mangel zu leiden. Alles könne er durch den, der ihn kräftigt (4,10-13).

Sicher will Paulus hier die Tat der Philipper nicht entwerten, aber er muß ihnen zeigen, daß seine Freude weder von ihnen, noch sonst von etwas abhängig ist. Würden dies die Philipper so verstehen, wäre seine Aufforderung zur allzeitigen Freude (4,4) unglaubwürdig. Die Freude im Herrn wäre von den jeweiligen Umständen abhängig. Er weiß sowohl Überfluß zu haben, als auch erniedrigt zu sein (4,12). Damit weist er wieder auf seine Vorbildlichkeit entsprechend dem Hymnus hin.

Er bezeichet sein Verhalten als selbstgenügsam (αὐτάρκης). Dies ist wieder ein typisch hellenistischer Moralbegriff, der besonders in der Stoa gebräuchlich war[336]. Interessant ist, wie Paulus diesen Begriff umprägt. Das Ideal der Stoa ist Selbstgenügsamkeit als völlige äußerliche und innerliche Unabhängigkeit von der Welt. Ziel ist die Affektlosigkeit in allen Umständen. Paulus will aber nicht die allzeitige Affektlosigkeit, sondern die allzeitige Freude im Herrn. Doch diese Freude schließt tiefe Betroffenheit wie Weinen und Kummer (2,27; 3,18) nicht aus, wenn es um die Not oder die Verirrung anderer Menschen geht. Paulus ist nur "in diesen Dingen", die ihn betreffen, autark. Paulus kann also vorgegebene Begriffe und Themen sehr stark umprägen und ihnen eine neue Bedeutung geben. Gleichzeitig gibt er einen Hinweis, daß er für die Forderung der Sichtbarkeit der Lebensführung (4,5.8) ebenfalls ein Vorbild ist.

Mit dem "jedoch" (πλήν) knüpft er nun an das Vorhergehende an und erklärt den wirklichen Grund seiner Freude wegen dieser Unterstützung (4,14-17). Die Gemeinde hat gut daran getan, indem sie dadurch Anteil genommen haben an seiner Trübsal und ihm so Gefährten an der Rechnung des Gebens und Nehmens geworden sind. Das tun sie als einzige Gemeinde, und es war auch schon früher der Fall, als sie ihm zweimal etwas nach Thessalonich sandten. Das heißt, daß sie die einzige Gemeinde sind, die ihre Dienstverpflichtung gegenüber Paulus wahrnimmt und versucht, das Geben mit dem Nehmen in Einklang zu bringen, oder, um es in der ökonomischen Sprache zu sagen, die versuchen, die Bilanz mit Paulus, der ihnen gedient hat, durch ihren Dienst auszugleichen.

Grund für die Freude des Paulus ist somit die Teilnahme der Philipper an der Verbreitung des Evangeliums. Mit 4,17 sichert Paulus diese Aussage nochmals ab, indem er betont, daß er nicht ihre Gabe suche, sondern die Frucht, die sich zugunsten der Philipper vermehrt. Das Wichtige für Paulus ist nicht seine Unterstützung durch die Geldspende, sondern daß diese Unterstützung dem eigenen Heil der Philipper dient. Damit zeigt er ihnen aber wieder, daß er nicht zuerst an sich denkt, auch nicht, wenn es um das Geld geht, sondern sie auch hier höher achtet (2,4). Doch nun, nachdem er schon zweimal sich zu bedanken angefangen hat und diesen Dank mit weiteren Bemerkungen zweimal abgesichert hat, ist in 4,18 die Bahn frei für den vorbehaltslosen, ausdrücklichen Dank. Er quittiert den Empfang der

---

336 Arnim, 31.

Unterstützung mit dem antiken Quittierungswort ἀπέχω[337] und sagt nun endlich, wie diese Hilfe ihn selber positiv betrifft. Er ist nun im Überfluß, das heißt, er ist nicht mehr im Mangel, im Hungern oder in der Demütigung, und er ist erfüllt (vgl. 4,12).

Die Gabe wurde ihm von Epaphroditus überbracht. Sie findet Gefallen vor Gott. Paulus verheißt den Philippern, daß auch Gott all ihren Mangel nach seiner Herrlichkeit ausfüllen wird (4,19), und er beendet e^2 mit einem Lobpreis Gottes (4,20). So steht am Ende des ganzen Briefkorpus eine Verheißung für die Philipper und eine Doxologie.

Damit ist ein weiterer Grund für die Niederschrift dieses Briefes gefunden: Paulus wollte mit diesem Brief den Philippern für die durch Epaphroditus erhaltene Gabe danken.

5.8.3 Das Lob der Vorbilder

Wenn es in A um Dinge ging, die Paulus betreffen (1,12: τὰ κατ' ἐμέ) und in B bis D um solche der Philipper (1,27: τὰ περὶ ὑμῶν) und der Inhalt von A als Vorbild für die in B bis D folgenden Forderungen an die Philipper dient, kann man gespannt sein, wie es im Parallelinhalt von E weiter geht. In 2,19c steht schon im ersten Satz von e^1 ein τὰ περὶ ὑμῶν, aber in dem dazugehörigen chiastischen Pendant von 2,23 folgt ein τὰ περὶ ἐμέ. Eine weitere Untersuchung des Wortmaterials zeigt, daß sich dieser Wechsel durch ganz E zieht. Zweimal steht ein τὰ περὶ ὑμῶν (2,19f) in e^1 gegenüber je einem τὰ περὶ ἐμέ (2,23) und einem πρός με (2,30). In e^2 findet man ein τὸ ὑπὲρ ἐμοῦ (4,10) gegenüber einem τὰ παρ' ὑμῶν (4,18).

Eine weitere Parallelität zeigt sich darin, daß es in E nicht mehr zentral um das Vorbild des Paulus geht, aber dieses Vorbild überall in e^1 und in e^2 durchschimmert (2,19.22.28; 4,11f.17).

Im Vergleich von e^1 und e^2 stellt man fest, daß Paulus eine Parallelität zwischen Timotheus und der Gemeinde in Philippi aufzeigt. Beide sind für ihn einzigartig. Wie er keinen (οὐδένα) dem Timotheus Gleichgesinnten hat, der sich aufrichtig um die Philipper kümmert (2,20), so hat er auch keine (οὐδεμία) Gemeinde außer der der Philipper, die sich um sein Wohl kümmert (4,15). Beide nehmen Anteil am Evangelium, und zwar zusammen mit Paulus. Timotheus tut das (2,22), indem er mit ihm (σὺν ἐμοί) am Evangelium dient (ἐδούλευσεν), die Philipper, indem sie im Anfang des Evangeliums mit ihm (μοι) an der "Rechnung des Gebens und Empfangens" teilgenommen haben (ἐκοινώνησεν; 4,15). Schließlich hat Paulus keinen anderen, den er zu ihnen senden kann (2,19f: πέμψαι), und keine andere Gemeinde, die ihm etwas zur Unterstützung sandte (4,15f: ἐπέμψατε).

---

337 Bauer, 169.

Eine weitere Parallele besteht zwischen den Philippern und Epaphroditus. Wie er Diener des Bedarfes des Paulus ist (2,25: τῆς χρείας μου), so haben sie für den Bedarf des Paulus (4,16: τὴν χρείαν μοι) Hilfe gesandt. Wie er derjenige war, dessen Dienst den Bedarf respektive die Not des Paulus behob, so sind sie es, die ihm eine Zusendung gemacht haben, um seiner Not abzuhelfen. Wenn aber Epaphroditus Diener der Not (2,25: χρεία) des Paulus ist, und die Philipper Mitteilhaber an der Trübsal des Paulus geworden sind (4,14: θλῖψις), wird auch dadurch die Parallelsetzung der Philipper mit Epaphroditus gefestigt. Ebenfalls weist in diese Richtung, daß sie den aufnehmen sollen (2,29: προσδέχεσθε), durch den Paulus die Gabe von ihnen empfangen hat (4,18: δεξάμενος).

Obwohl die Gemeinde und Epaphroditus sich in dieser Parallele als verschiedene Pole gegenüberstehen, sind sie nun zusätzlich auch, wie bereits angedeutet, fast deckungsgleich. Schließlich ist Epaphroditus nicht der λειτουργός des Paulus, sondern derjenige der Philipper (2,25), und er füllt nicht irgendeinen Mangel für Paulus aus, sondern den der Philipper (2,30). Der Dienst des Epaphroditus und die Unterstützung durch die Gemeinde fallen somit letzlich zusammen.

Wie die Philipper schon zweimal für den Bedarf (4,16: εἰς τὴν χρείαν μοι) des Paulus in Thessalonich gesandt haben, so tun sie es auch jetzt durch Epaphroditus (2,25: λειτουργὸς τῆς χρείας μου). Wenn Epaphroditus den Mangel des Dienstes für Paulus ausfüllt, tut er dies nicht im Gegensatz zu den Philippern, sondern in deren Auftrag - das Besondere an Epaphroditus ist somit nicht seine Dienstpflichterfüllung, sondern sein Eifer dabei, in welchem er sogar bereit war, sein Leben zu riskieren. Daraus folgt, daß sowohl der Dienst des Epaphroditus als auch die Geldspende dazu da ist, den Mangel des Paulus auszufüllen (2,30: ἀναπληρώσῃ). Wenn nun Paulus demgegenüber in 4,18 - nachdem er mit dem antiken Quittierungswort ἀπέχω den Empfang des Geldes bestätigt - sagt, er sei "erfüllt" (πεπλήρωμαι), liegt es nahe, daß er damit nicht nur allein die Kollekte meint, sondern implizit auch den Philippern zugesteht, daß der Mangel ihres Dienstes, alles, was sie gegenüber Paulus an Dienstpflicht geschuldet hatten und noch auszufüllen hatten, nun erfüllt ist.

Damit lobt aber Paulus die Philipper, indem er ihnen zu verstehen gibt, daß das, was sie ihm bisher getan haben, sein eigenes Wirken an ihnen - das immerhin dazu geführt hat, daß sie an Jesus Christus gläubig geworden sind - aufwiegt und somit gleichwertig ist. Dies ist eine große Anerkennung. Die Rechnung des Gebens und Nehmens zwischen Paulus und den Philippern ist ausgeglichen. In e[2] liegt nicht nur ein Dank, sondern ein großes Lob vor.

Doch damit ist der lobende Inhalt von e[2] noch nicht ausgeschöpft. Wie gesagt, setzt Paulus das Handeln der Philipper mit dem von Epaphroditus und dem des Timotheus gleich. Wenn diese zwei aber die Funktion des Vorbildes für einen dem Hymnus gemäßen Wandel haben, lobt Paulus die Philipper mit dieser Parallelsetzung: Sie leben ebenfalls diese Gesinnung, die das zentrale Thema des Briefes ist. Deshalb sind sie ja seine Freude (4,1: χαρά μου). Wenn er bis jetzt von verschiedenen Seiten her die Wichtigkeit dieser Gesinnung für den Wandel eines Gläubigen betont hat, ihnen hier aber zu verstehen gibt, daß sie seiner Meinung nach schon in dieser Gesinnung leben, könnte er ihnen somit kein größeres Lob geben.

Die Philipper leben nach dem Vorbild von Christus und derer, die sich wie Paulus ebenfalls danach richten. Sie gehören nicht zu den vielen, über die Paulus mit Weinen redet (3,18), und nicht zu den πάντες, die das Ihre suchen und nicht das Jesu Christi (2,21).

Die Philipper leben schon in der Gesinnung, die auch in Christus Jesus war, indem sie einen Teil ihres Reichtums freiwillig gegeben haben. Sie haben nicht nur auf das Eigene geschaut (2,4), sondern waren auf das des Paulus gesinnt (4,10: φρονεῖν). Sie haben nicht nur aus dem freiwillig verschenkten Reichtum Christi von Paulus erhalten, sondern auch aus ihrem Reichtum freiwillig dem Paulus etwas weiterverschenkt, um ihn in der weiteren kostenfreien Verkündigung des Evangeliums zu unterstützen. Das heißt, sie haben sich an der Rechnung des Gebens und Empfangens beteiligt. Sie leben in der richtigen Gesinnung, sie haben sich mit diesen Unterstützungen selber erniedrigt und gedient. Die ganze Ermahnung des Briefes wird so zuletzt in ein gewaltiges Lob aufgehoben.

Der Philipperbrief ist somit in einer ungeheuren Spannung aufgebaut. Im Zentrum des Briefkorpus fordert Paulus die Philipper dazu auf, in der Gesinnung Christi zu leben. In A stellt er sich ihnen selbst als Vorbild für diese Gesinnung vor. In B bis D ruft er sie dazu auf, in dieser Gesinnung zu wandeln. In e[1] zeigt er ihnen das vorbildliche Verhalten von Epaphroditus und Timotheus betreffs dieser Gesinnung. Damit bildet der Brief eine einzige, große, wenn auch freundliche Ermahnung der Philipper. Doch nun läßt Paulus die straffe Abfolge in e[2] zuletzt plötzlich noch umkippen. Der ganze Brief wird dadurch wie umgepolt. Denn in e[2] zeigt er, daß sie alle seine Forderungen schon erfüllen und den richtigen Vorbildern entsprechend leben, ja daß sie auch Mitnachahmer Christi und dadurch selber vorbildlich geworden sind[338].

---

338 Ihre Vorbildlichkeit wird in einem anderen Brief ausdrücklich erwähnt (2 Kor 8,1ff).

A: Paulus zeigt sich den Philippern als Vorbild.	
B-D: Die Philipper sollen das Vorbild Christi befolgen und damit auch das von Menschen, die entsprechend dieser Gesinnung leben.	
e¹: Auch Timotheus und Epaphroditus sind für die richtige Gesinnung Vorbilder der Philipper.	e²: Die Philipper selber leben schon in dieser Gesinnung und sind deshalb selber zu Vorbildern geworden.

Das Gesamtkonzept des Briefkorpus in Beziehung zu Vorbild, Paränese und Lob.

Selbstverständlich hat auch die Selbsterniedrigung der Philipper Konsequenzen. Bekanntlich hat die Selbsterniedrigung Christi deren drei. Erstens wird Christus durch Gott vollkommen erhöht (2,9), zweitens betet ihn die ganze Kreatur an (2,10f) und drittens wird dadurch Gott der Vater verherrlicht (2,11). Die beiden ersten Konsequenzen wurden bei jeder Selbsterniedrigung im Briefkorpus angedeutet, doch von der dritten findet sich keine Spur.

Im Wissen, daß die Philipper den Weg, der im Hymnus vorgezeichnet ist, gehen und ihren Reichtum verschenken, kann ihnen nun Paulus zusichern, daß sich ihre Frucht zu ihren Gunsten vermehrt (4,17) und daß Gott ihnen nach seinem Reichtum jeden Mangel ausfüllen wird (4,19). Denn wenn für Jesus Christus, nachdem er den Weg der Entäußerung und Demütigung bis zum Tod gegangen ist, die Erhöhung kam, und Paulus für sich nichts anderes erwartet, ist es nur logische Konsequenz, daß auch für die Philipper der Segen Gottes fließen wird und sie in irgendeiner Form erhöht werden.

Doch auch die zweite Konsequenz ist in ihrem Verhalten zu finden. Sie unterstützen mit dem Geld ja nicht nur Paulus persönlich, sondern fördern dadurch dessen Verkündigung des Evangeliums (4,14f: συνκοινωνήσαντες, ἐκοινώνησεν; vgl. 1,5: κοινωνία ὑμῶν εἰς τὸ εὐαγγέλιον).

In 4,20 endet nun e² mit der Erwähnung der dritten Konsequenz. Zum ersten Mal im Briefkorpus außerhalb des Hymnus geschieht dies. Gott, der Vater wird verherrlicht (τῷ δὲ θεῷ καὶ πατρὶ ἡμῶν ἡ δόξα; 2,11: εἰς δόξαν θεοῦ πατρός.). Die Selbsterniedrigung der Philipper hat somit auch die letzte Konsequenz des Hymnus zur Folge. 4,20 bildet einen besonderen Höhepunkt im ganzen Brief. Dieser Vers verstärkt das Lob der Philipper nochmals ganz besonders.

Aber er hat nicht nur diese Funktion, sondern er schließt auch das Briefkorpus ab. Nicht nur die Selbsterniedrigung der Philipper, sondern alles, wovon Paulus geschrieben hat, und überhaupt der ganze Brief soll diesem Ziel dienen, der

Verherrlichung Gottes des Vaters in alle Ewigkeit. Der ganze Philipperbrief soll Gott verherrlichen und natürlich nicht nur der Brief, sondern vor allem das Leben der verschiedenen Personen, auf die dieser Brief positiv Bezug nimmt. Wenn auch die Ehre Gottes nicht nur ein Grundanliegen von Paulus, sondern des ganzen biblischen Kanons ist, nimmt der Philipperbrief dennoch eine besondere Stellung unter den paulinischen Briefen ein, denn kein anderes Briefkorpus wird von einer derartigen Wendung abgeschlossen. Das ist kein Zufall: Erstens wird es durch das Ende des Hymnus nahegelegt und zweitens durch den letzten Satz des Proömiums gesichert. Paulus beschließt auch dieses mit einem solchen Lob Gottes (1,11: εἰς δόξαν καὶ ἔπαινον θεοῦ), was ebenfalls einzigartig für die paulinische Literatur ist[339].

Kein Zufall wird es sein, wenn hier am Ende dieses Briefkorpus nicht nur ein Lob Gottes steht, sondern auch die beiden Pole des "Ich" (Paulus) und des "Ihr" (Philipper) in dem ἡμῶν, dem "Unser" des "πατρὶ ἡμῶν" zusammenkommen. Sein Geben und Nehmen und ihr Geben und Nehmen, das sich durch eine besondere Ausgeglichenheit auszeichnet und deshalb von einer tiefen, gegenseitigen Beziehung zeugt, ist im gemeinsamen Vater begründet.

Sein Aufenthalt im Gefängnis und das Verhalten der Gemeinde in Philippi unterscheiden sich prinzipiell in nichts voneinander, beide gehen den Weg des Hymnus, beide dienen als Kinder Gott dem Vater, wie Paulus das in e[1] vom vorbildlichen Verhalten des Timotheus ausgesagt hat (2,22).

Damit ist die Stellung des Dankes erklärt. Paulus war die Angelegenheit nicht peinlich, er hätte sie auch nicht beinahe vergessen, sondern sie war ihm am allerwichtigsten. Der Brief besteht nicht aus einem Dank, dem viele Ermahnungen, und im Fall von Euodia und Syntyche sogar Kritik folgen, also nicht aus einem Dank mit vielen "aber". Stattdessen werden alle "aber" des Briefes zuletzt in einem Dank, in einer großen Verheißung und in einem gewaltigen Lob aufgehoben.

Die Paränese ist deshalb nicht überflüssig, ist aber in diesem Kontext eher als Ermutigung denn als Kritik zu verstehen. Die Philipper sollen im allgemeinen so weiter machen wie bis jetzt, sie sind auf dem richtigen Weg, auch wenn es im einzelnen Änderungen braucht, wie dies bei Euodia und Syntyche der Fall ist.

Ein weiterer Grund, wegen der hervorgehobenen Stellung wahrscheinlich sogar der Hauptgrund der Niederschrift des Briefes, ist der Dank des Paulus für die von den Philippern erhaltene Unterstützung.

Wenn Paulus die Philipper in D dazu auffordert, daß ihre Freude vollkommen werde (2,18; 4,4), so zeigt er ihnen in E, daß seine Freude ihretwegen vollkommen geworden ist. Er freut sich (4,10), er hat Überfluß (4,18), er ist "erfüllt".

---

339 Gal 1,4f am Ende des Präskripts, aber nicht am Ende des Briefkorpus.

Zusammenfassung

Sowohl Timotheus als auch Epaphroditus leben entsprechend der Gesinnung Christi. Paulus gibt ihnen eine Vorbildfunktion für die Philipper. Sehr wahrscheinlich hat Epaphroditus nicht nur eine materielle Unterstützung überbracht, sondern war von den Philippern zusätzlich als personelle Unterstützung gedacht. Deshalb begründet Paulus so ausführlich dessen Rücksendung und die Unmöglichkeit, einen anderen zu senden. In e^2 löst Paulus die Spannung zwischen Lob und Ermahnung, die er den ganzen Brief durchgehalten hat, zugunsten des Lobs auf. Durch ihre freiwillige Unterstützung leben die Philipper auch in der Gesinnung Christi und erfüllen das, was Paulus zuvor gefordert hat. Ihr Leben ist ebenfalls vorbildlich. Der letzte Abschnitt des Briefkorpus ist der wichtigste, der ganze Brief wird in ein großes Dank und Lob aufgehoben.

5.9 Die Kongruenz von Form und Inhalt im Briefkorpus

Die Erforschung des Aufbaus und der Themen des Philipperbriefes hat gezeigt, daß der Brief ein Meisterwerk sprachlichen Könnens ist. Aber nicht nur die Form, sondern auch der Inhalt zeugt von der großen Redefähigkeit des Paulus. Offensichtlich hat Paulus nicht nur die technischen Fähigkeiten gehabt, eine Rede zu formulieren, sondern hat diese auch äußerst originell und kreativ angewendet.

Die Themen des Briefkorpus spiegeln sich in dessen Aufbau. Parallelismen und Zentren sind Mittel, um etwas angemessen auszudrücken. Sie sind Ordnungsprinzipien in der Gestaltung des Textes. Der Inhalt wird dadurch angemessen ausgedrückt. Diese Gestaltung kann zwar das Verständnis für den heutigen Leser zuerst erschweren. Doch wenn man den Aufbau erkennt, sichert er in ausgezeichneter Weise das Verständnis des Briefes.

Es ist also keine unnötige Spielerei, sich wissenschaftlich mit dem Aufriß eines paulinischen Briefes zu beschäftigen, sich intensiv mit der formalen Gestalt auseinanderzusetzen und nach Symmetrien, Parallelen und anderen Strukturmerkmalen zu fragen[340]. Im Gegenteil kann davon das richtige Verständnis des eigentlichen Briefinhaltes entscheidend abhängig sein.

---

340 Selbstverständlich ist auch bei diesen methodischen Fragen eine unverhältnismäßige Überbetonung möglich. Methoden kann man nicht nur dazu verwenden, dem Text besser zuzuhören, sondern man kann sie, wie jede andere Methode, auch im Sinne eines Prokrustesbettes mißbrauchen, um ihr so das Verständnis des Textes anzupassen und letzteren durch sie zu verändern.

5.10 Die thematische Gestaltung des Briefkorpus

Nimmt man die verschiedenen Themen des Briefkorpus zusammen, erkennt man die Gründe, wieso Paulus diesen Brief abgefaßt hat.

E zeigt, daß Paulus den Brief geschrieben hat, weil er damit den Philippern für die von ihnen empfangene Gabe danken wollte (4,10-20). Er hat ihn als Begleitbrief für Epaphroditus geschrieben, weil er die Philipper über dessen Genesung und notwendige Rückkehr möglichst schnell informieren wollte (2,25-30); und er hat den Brief geschrieben, weil er ihnen die baldige Ankunft des Timotheus ankündigen will (2,19-24).

Die Paränese (B bis D) gibt nur *einen* konkreten Grund an, der Paulus veranlaßt hat, diesen Brief abzufassen. In der Gemeindeleitung in Philippi schwelt ein Konkurrenzkampf unter den Diakoninnen Euodia und Syntyche. Paulus mahnt, diese Streitigkeiten einzustellen (4,2-3). Die übrige Paränese dient entweder dazu, diese Ermahnung vorzubereiten, oder allgemein die Philipper in ihrem Wandel zu unterstützen und zu motivieren. Diese allgemeinen Mahnungen an die Philipper sind zwar wichtig für den Brief, doch werden sie wohl nicht Anlaß des Briefes gewesen sein.

A gibt einen weiteren Anlaß ganz deutlich zu erkennen. Paulus will die Philipper über sein zur Förderung des Evangeliums dienendes Ergehen im Gefängnis unterrichten (1,12-26).

Paulus hat den Brief aus fünf verschiedenen Gründen geschrieben. Er berichtet über sein Ergehen, er ermahnt die Leitung, er kündigt die baldige Ankunft des Timotheus an, er erklärt die Ankunft des Epaphroditus und er dankt für die Gabe der Philipper. Wenn es einen Hauptgrund gibt, dann ist es aufgrund des Briefkonzeptes der Dank für die Unterstützung, auf den hin der ganze Brief abzielt.

Demnach hat Paulus den Philippern den Brief nicht geschrieben, um sie über *eine* bestimmte Sache etwas zu lehren, wie das etwa im Römerbrief der Fall ist, sondern er schreibt diesen Brief aufgrund von verschiedenen äußeren Anlässen. Ganz und gar nicht schreibt er diesen Brief, um damit auf eine akute Bedrohung durch Gegner zu reagieren. Dafür hat der ganze Brief auch einen viel zu herzlichen Ton.

Doch nun bringt Paulus die Informationen und die Paränese nicht platt und verbindungslos vor. Sondern er systematisiert alles, was er sagt, unter den beiden zusammengehörenden Gesichtspunkten der Gesinnung in Christus und der Freude im Herrn, es handle sich um seinen Gefängnisaufenthalt, um Epaphroditus oder um die Leitung. Dadurch bekommt der Brief, der durch die unterschiedlichsten Gegenstände veranlaßt ist, eine strenge thematische Geschlossenheit.

Zugleich gelingt es Paulus, durch diese Geschlossenheit die Paränese nicht nur in eine inhaltliche Verbindung zu diesen Anlässen, sondern auch in eine strenge Einheit im Sinne von Mahnung zu vorbildlichem Verhalten und Vorbild für ein den Mahnungen entsprechendes Verhalten zu bringen. Der einzige der fünf Anlässe, den er nicht im Sinne eines Vorbildes in A oder E, sondern in der Paränese entfaltet, ist die Ermahnung an die Gemeindeleiter. Doch die durch diesen Streit veranlaßte Ermahnung wird durch die Vorbilder in diesem Brief erst recht untermauert. Die im Briefkorpus aufgebaute Spannung wird an letzter Stelle in e^2 in ein hohes Lob auf die christusgemäße Gesinnung der Philipper aufgehoben.

Paulus paart gekonnt mehr oder weniger zusammenhangslose, äußere Gegebenheiten mit einer strengen, inneren Systematisierung. Damit gibt er diesem freundlichen, christozentrischen Brief die angemessene Form.

Zusammenfassung

Paulus hat den Brief aus fünf verschiedenen Gründen geschrieben. Er berichtet über sein Ergehen, er ermahnt die Leitung, er kündigt die baldige Ankunft des Timotheus an, er erklärt die Ankunft des Epaphroditus und er dankt für die Gabe der Philipper. Wenn es einen Hauptgrund gibt, dann ist es aufgrund des Briefkonzeptes der Dank für die Unterstützung, auf den hin der ganze Brief abzielt. Doch Paulus verknüpft die fünf divergierenden Anlässe durch eine systematische Konvergenz. Er ordnet alles unter die zusammengehörenden Gesichtspunkte der Gesinnung in Christus und der Freude im Herrn.

6 Das Thema des Briefes an die Philipper

6.1 Die Funktion des Proömiums

6.1.1 Vielfältige Anspielungen auf den Briefinhalt

Das Korpus des Philipperbriefes ist streng durchdacht und sorgfältig aufgebaut. Doch der Philipperbrief besteht aus drei weiteren Teilen. Diese sind das Präskript (1,1f), das Postskript (4,21-23) und das Proömium (1,3-11).

Das Proömium (προοίμιον) ist für die antike Rhetorik eine fest umschriebene Größe. In der antiken Rhetorik hat das Proömium den Hauptzweck, "den Hörer, bei der Gerichtsrede also den Richter, auf den Gegenstand der Rede vorzubereiten."[341] "Die notwendigste Funktion des Proömiums und gleichzeitig seine Eigenart ist es, Aufschluß zu geben, welches der Zweck ist, um dessentwillen die Rede gehalten wird."[342] Dies geschieht vor allem mit den Mitteln der captatio benevolentiae (Erzeugung von Wohlwollen), der Herstellung von Aufmerksamkeit (auditores attentos facere) und der Erzeugung von Empfänglichkeit (auditores dociles facere). Um Wohlwollen zu erzeugen, geht man entweder von sich, vom Gegner, vom Zuhörer oder von der Sache selbst aus, indem man entweder lobt oder tadelt. Die Herstellung der Aufmerksamkeit und der Empfänglichkeit sind nicht so genau definiert. Man kann unter dem ersten Punkt zum Beispiel erwähnen, daß es um etwas besonders Wichtiges geht. Speziell beim zweiten kann eine kurze Umschreibung des Themas stehen[343].

Im Gegensatz zu vielen anderen paulinischen Proömien ist die Abgrenzung des Proömiums des Philipperbriefes in der Forschung unbestritten[344]. Es umfaßt die Verse 1,3-11. In ihm steht, wie meistens bei Paulus, eine Danksagung (1,3ff) und eine Fürbitte (1,9ff). Dank oder Fürbitte stehen in antiken Briefen häufig, sie sind ein Teil des Eröffnungsgrußes. Paulus gestaltet mit diesen beiden Elementen meistens seine Vorworte, die als solche nicht zur Gattung Brief, sondern zur Gattung Rede gehören.

Hier im Proömium des Philipperbriefes findet man alle drei vorgestellten Bestandteile eines rhetorischen Vorwortes. Am offensichtlichsten ist das bei der captatio benevolentiae. Paulus bewirkt ganz gezielt Wohlwollen, indem er sowohl von sich als auch vom Zuhörer ausgeht. Von den Zuhörern geht er aus, indem er

---

341 Fuhrmann, 84f.
342 Aristoteles, III, 14, 6. Als deutsche Übersetzung wurde verwendet: Aristoteles, Rhetorik, Übers., mit einer Bibliographie, Erläuterungen und einem Nachwort von Franz G. Sieveke, München 1989³, 206.
343 Fuhrmann, 84f.
344 Schnider/Stenger, 42.

die Philipper mit Lob überschüttet und so ihr Wohlwollen erregt. Er dankt überschwenglich bei jeder Erinnerung und bei jedem Gebet für sie (1,3-5). Er gesteht ihnen zu, daß sie durch ihre Teilnahme an den Fesseln des Paulus und in der Verteidigung und Befestigung des Evangeliums Mitteilhaber an der Gnade[345] geworden sind (1,7). Von sich geht er aus, indem er ihnen sein eigenes, festes Vertrauen ausdrückt, daß Gott sein Werk in ihnen vollenden wird (1,6), und indem er Gott als Zeugen für seine herzliche Sehnsucht nach ihnen anruft (1,8).

Die beiden nächsten Punkte sind nicht so deutlich zu sehen. Die Aufmerksamkeit bewirkt er nicht dadurch, daß er betonen würde, daß der Brief etwas Wichtiges enthielte. Doch zeichnet sich das Proömium durch besondere Herzlichkeit und Innigkeit des Tones aus[346].

Die Erzeugung der Empfänglichkeit bildet den dritten klassischen Teils eines Proömiums (auditores dociles facere). Hier kann, wie oben erwähnt, eine kurze Zusammenfassung der Rede stehen. "Aufnahmebereit (docilem) macht zweifellos schon die so erzielte Aufmerksamkeit, des weiteren aber auch, wenn wir kurz und klar die Hauptsache, worüber der Richter entscheiden muß, angeben - wie es Homer und Vergil zu Beginn ihrer Werke machen."[347] Doch Paulus macht es uns nicht einfach. Die Hauptsache des Briefinhaltes ist nicht leicht zu erkennen. Dennoch besteht das Proömium aus einer ununterbrochenen Reihe von Anspielungen auf das Briefkorpus.

Es lohnt sich, das Präludium von für den ganzen Brief wichtigen Stichworten näher zu betrachten. Wieder zeigt sich, wie sorgfältig Paulus den Brief geplant hat. Schon in 1,3f beginnt dies. Paulus dankt Gott und er fleht zu ihm (zweimal). Zählt man sein Bitten aus 1,9 dazu (προσεύχεσθαι), so sind es vier Ausdrücke, mit denen Paulus über sein Gebet spricht. Das kann eine Anspielung auf d[2] sein. In 4,6 fordert er die Philipper mit vier verschiedenen Wörtern zum Gebet auf. Es sind übrigens praktisch hier wie dort dieselben Wörter, nur daß er die "Anliegen" durch ein doppeltes "Flehen" ersetzt (1,3f.9: εὐχαριστῶ, δεήσει, δέησιν, προσεύχομαι; 4,6: προσευχῇ, δεήσει, εὐχαριστίας, αἰτήματα).

In 1,4 steht χαρά, einer der Zentralbegriffe des Briefkorpus. Der zweite folgt in 1,7. Dort finden wir nicht nur φρονεῖν, sondern sogar τοῦτο φρονεῖν (vgl. 2,5). Doch beide Begriffe erscheinen nur einmal im Proömium, und sie sind auch durch ihre Stellung nicht sonderlich betont.

Das Stichwort κοινωνία hat hingegen mehr Gewicht. Es tritt nicht nur in 1,5 auf, sondern auch in der Form von συνκοινωνούς in 1,7. Dieser Begriff hat zentrale Bedeutung für das Lob der Philipper: Sie stehen in der Gemeinschaft des Evangeliums (1,5), indem sie mit Paulus an dessen Fesseln und an der Verteidigung und Befestigung des Evangeliums teilnehmen. Dies ist eine Anspielung auf die Gemeinschaft des Geistes (2,1) und die Gemeinschaft mit den Leiden Christi

---

345 Vgl. 8.2.
346 Z. B. 1,3f; 1,8 (ἐν σπλάγχνοις).
347 Quintilian, IV 1,34, 419.

(3,10), aber vor allem auf die Beteiligung der Philipper an der Rechnung des Gebens und des Nehmens (4,15: ἐκοινώνησεν) und auf ihre Mitbeteiligung an der Trübsal des Paulus (4,14: συνκοινωνήσαντες). Sehr wahrscheinlich enthalten 1,5 und 1,7 direkte Anspielungen auf ihre Unterstützung. Diese ist für Paulus ein weiterer Beweis ihrer Teilnahme am Evangelium (1,5), und es ist auch Mitanteilnahme an seinen Fesseln, da diese Unterstützung ihm als Gefangenem gegolten hat. Der Bezug des Proömiums zu e² ist überhaupt besonders stark[348].

In 1,6 findet sich ein deutlicher Hinweis auf 2,12f. Der Anfänger des guten Werkes in ihnen, der es auch vollenden wird (1,6), wird identisch sein mit dem, der ihr Wollen und Wirken wirkt und so ihr Heil bewerkstelligt (2,12f). Ihre Teilnahme am Evangelium ist ihre Unterstützung, die, wie gezeigt, ein Akt der Gesinnung Christi ist. Gott wird dieses gute Werk vollenden. Das heißt, daß er die Philipper in dieser Gesinnung bewahren und stärken wird. Er wird das gute Werk getan haben bis zum Tage Jesu Christi (1,6: ἄχρι ἡμέρας Χριστοῦ Ἰησοῦ; vgl. 1,10). Der eschatologische Bezug rahmt die ganze Paränese ein (1,27 und 4,5[349]).

In 1,7 erwähnt Paulus seine Fesseln, über die er in 1,12-26 ausführlich berichtet. Das Evangelium gilt es zu verteidigen und zu befestigen. Denn schließlich gibt es Menschen, die gerade nicht mit einer evangeliumsgemäßen Gesinnung wandeln (1,15), sondern Feinde des Kreuzes sind, durch die man sich nicht erschrecken lassen darf (1,28) und auf die man nur als abschreckendes Beispiel blicken soll (3,2ff).

In 1,9 bittet er Gott darum, daß ihre Liebe (ἀγάπη) immer mehr überfließe in Erkenntnis und jeder Empfindung. In 2,2 ruft er sie dazu auf, untereinander dieselbe Liebe zu haben, und gebraucht diese Wendung als Synonym für die Gesinnung Christi[350].

Paulus muß im Gefängnis wählen, wie er dort die Gesinnung Christi am besten lebt (1,22ff). Wer in der Gesinnung Christi lebt, steht in der Verantwortung, abzuschätzen und sich zu entscheiden, wie er das am besten tut. Dies läßt er in 1,10 anklingen. Er möchte, daß die Philipper lernen, zu prüfen, worauf es ankommt, damit (ἵνα) sie lauter und unanstößig sind (1,10). Dies wird aufgenommen in 2,15; dort will er, daß (ἵνα) sie tadellos und rein sind, indem sie erfüllt sind (πεπληρωμένοι) mit der Frucht der Gerechtigkeit. In 2,2 will Paulus, daß sie seine Freude erfüllen (πληρώσατε), und in 2,30 ist Epaphroditus derjenige, der den Mangel ihrer Dienstverpflichtung gegenüber Paulus ausfüllt (ἀναπληρώσῃ). In 4,18 ist Paulus erfüllt (πεπλήρωμαι) und in 4,19 verheißt er, daß Gott ihnen allen Mangel ausfüllen wird (πληρώσει). Überhaupt weist 1,11 eine große Ähnlichkeit auf mit 4,19. In diesen beiden Versen ist nicht nur von einem zukünftigen Erfülltsein der Philipper die Rede, sondern dieses Erfülltsein hat explizit etwas mit Jesus Christus zu tun (1,11: διὰ Ἰησοῦ Χριστοῦ; 4,19: ἐν Χριστῷ Ἰησοῦ).

---

348 Vgl. Jewett, Epistolary Thanksgiving, 53, und vor allem Swift, 248f.
349 s. oben bei Anm. 323.
350 Vgl. 5.2.3.

Die Frucht der Gerechtigkeit, die durch Jesus Christus kommt (1,11: καρπὸν δικαιοσύνης) könnte auf die Frucht der Arbeit (1,22: καρπὸς ἔργου), nach der Paulus strebt, und auf die Frucht (4,17: καρπόν), die sich zugunsten der Philipper vermehrt, hindeuten.

Der Bezug des Briefkorpus zum Proömium ist in e[2] besonders deutlich zu sehen. Das ist ein Hinweis auf der formalen Ebene, daß diesem Abschnitt eine entscheidende Rolle in bezug auf den ganzen Brief beizumessen ist[351].

Das Ende des Proömiums in 1,11 zeigt an, wozu dies alles sein soll, nämlich εἰς δόξαν καὶ ἔπαινον θεοῦ, also zu exakt demselben, zu dem der Hymnus (2,11: εἰς δόξαν θεοῦ πατρός.) und e[2], und damit das ganze Briefkorpus (4,20: τῷ δὲ θεῷ καὶ πατρὶ ἡμῶν ἡ δόξα) abschließend bestimmt sind, nämlich zur Verherrlichung und zum Preise Gottes des Vaters. Während das Proömium auf die ganze inhaltliche Fülle des Philipperbriefes anspielt, zeigt der letzte Satz deutlich, was der letzte Zweck dieser Fülle sein soll. In keinem anderen Brief läßt sich das Gleiche beobachten. Aber im Philipperbrief sind außer dem Prä- und dem Postskript alle Hauptgliederungseinheiten am Ende durch eine solche Aussage charakterisiert. Der Schluß des "Makroparallelismus" des Briefkorpus, derjenige des Hymnus und der des Proömiums, stimmen überein und ordnen damit dem ganzen Philipperbrief eine Hauptfunktion zu, die Verherrlichung Gottes des Vaters.

6.1.2 Koinonia als zentrales Thema des Briefes

Nicht nur das Briefkorpus ist sorgfältig geplant, sondern auch das Proömium ist äußerst eng auf dieses bezogen und mit ihm verflochten.

Dennoch oder gerade deshalb ist es um so erstaunlicher, daß die beiden Zentren des Briefkorpus ("Gesinnung Christi" und "Freude im Herrn") nur angerissen werden, ohne daß man ihre Wichtigkeit für den Inhalt des Briefes spüren könnte. In einer interessanten Arbeit versucht R. C. Swift über das Vorwort zum Hauptthema des Philipperbriefes vorzustoßen. Er kommt so zur Annahme, daß der Brief die Gemeinschaft der Philipper am Evangelium zum Thema hat[352]. Er versucht diese Hypothese anhand des ganzen Briefes nachzuweisen. Damit weist er auf eine Spur hin, die es wert ist, näher betrachtet zu werden.

Immerhin lobt Paulus die Philipper in 1,5 und in 1,7 zweimal wegen ihrer Koinonia, einmal wegen ihrer Gemeinschaft am Evangelium und einmal dafür, daß sie Mitteilhaber seiner Fesseln und der Verteidigung und Bekräftigung des Evangeliums geworden sind. Ihre Anteilnahme am Evangelium manifestiert sich in ihrer Unterstützung. Sie haben vom ersten Tag bis jetzt daran teilgenommen. Jetzt haben sie ihm die Unterstützung gesandt, und vom ersten Tag an haben sie das schon ein- beziehungsweise zweimal getan (4,16). Durch die Unterstützung nehmen sie an seiner Gefangenschaft teil (1,7), aber auch an der Verteidigung und

---

351 Z. B.Jewett, Epistolary Thanksgiving, 53, Swift, 249f und O'Brien, 18 weisen daraufhin.
352 Ebd., 237ff.

Befestigung des Evangeliums. Ich denke, daß 1,7 nicht als Hinweis auf eine akute Verfolgungssituation der Philipper gewertet werden darf. Denn im ganzen Brief ist keine Stelle zu finden, die das wirklich belegen würde. Auch 1,30 hat nicht diese Funktion, denn der ἀγών, den sie haben und an Paulus sehen, weist nicht auf einen Leidenskampf hin, sondern auf einen Wettkampf, in dem sie stehen. In a[1] berichtet Paulus zwar von seinem Leiden, aber in a[2] weist er unabhängig von der Leidensthematik auf seinen Wettkampf hin. Er jagt nach dem Ziel, dem Kampfpreis der Berufung nach oben (3,14). Das ist also der Kampf, den die Philipper bei Paulus sehen. Doch sie nehmen an seiner Gefangenschaft teil, indem sie ihn darin unterstützen.

Allerdings haben die Philipper in der Vergangenheit Leidenserfahrungen gemacht (1,29). Diese scheinen aber nicht ein direkter Anlaß für die Abfassung dieses Briefes gewesen zu sein.

Paulus zeigt in 1,12ff, wie er im Gefängnis noch mehr zur Verbreitung des Evangeliums beiträgt. Durch ihre Unterstützung nehmen sie selbstverständlich auch an seiner Verbreitung des Evangeliums durch Verteidigung - schließlich ist Paulus wegen des Evangeliums ein Gefangener - und durch Befestigung - durch die Gefangenschaft des Paulus sind viele Brüder gestärkt worden - teil. Das macht sie für Paulus ebenfalls zu Mitteilhabern der Gnade. Sowohl Paulus als auch die Philipper leben in dieser Gnade. Denn aufgrund der ihnen von Gott geschenkten Gnade verschenken sie ihren Besitz um des Evangeliums willen. Paulus verschenkt freiwillig Freiheit und Ruf und eventuell sogar sein Leben; die Philipper verschenken ihren materiellen Besitz.

Diese Gemeinschaft am Evangelium ist gleichzeitig eine gegenseitige Gemeinschaft zwischen Paulus und den Philippern, denn schließlich verschenken die Philipper ihren materiellen Besitz an Paulus und dadurch an seinen Dienst in der Evangeliumsverkündigung, und Paulus ist bereit, für sie sein Leben zu verschenken und damit ihrem Glauben zu dienen (2,17). Wie erwähnt, ist diese Beziehung besonders herzlich (z. B. 1,3 und 1,7). Diese Herzlichkeit erreicht ihren Höhepunkt in 4,10-20, indem Paulus dort den ganzen Brief mit dem großen Lob, das sich sämtliche Vorbilder und die gesamte Paränese dienstbar macht, abschließt. Diese herzliche Beziehung zwischen ihnen, die auch eine Beziehung zum Evangelium und damit zu Jesus Christus und Gott, dem Vater, ist, scheint als feines Grundmuster des Briefes überall durch.

Dafür gibt das Wortmaterial schon einen Hinweis. Das Wort σύν kommt viermal vor. In 1,1 bezeichnet es die Heiligen in Philippi zusammen mit ihrer Leitung, in 4,21 die Brüder, die mit Paulus zusammen sind, in 1,22 das von Paulus erstrebte Zusammensein mit Christus und in 2,22 den Dienst des Timotheus, den er zusammen mit Paulus verrichtet. Doch das wäre noch nichts Besonderes, wenn es in diesem Brief nicht soviele mit σύν zusammengesetzte Wörter gäbe, die direkt auf Beziehungen hinweisen. Einige davon kommen bei Paulus sonst nie vor.

Wörter mit συν	Beziehung
1,27: συναθλεῖν (nur hier im NT)	unter den Phil
4,3: "	von Mitarbeitern zu Paulus
2,2: σύμψυχος (nur hier im NT)	unter den Phil
3,10: συμμορφίζεσθαι (nur hier im NT)	von P(aulus) zu Christus
3,17: συμμιμητής (nur hier im NT)	von Phil zu P
4,3: σύζυγος (nur hier im NT)	von Mitarbeiter zu P
4,3: συλλαμβάνειν (nur hier bei Paulus)	unter den Mitarbeitern
1,23: συνέχειν (nur noch einmal in 2 Kor 5,14)	(von Wahlmöglichkeiten)
2,25: συστρατιώτης (nur noch einmal in Phlm 2)	von P zu Mitarbeiter
3,21: σύμμορφος (noch einmal in Röm 8,29)	von P und Phil zu Christus
4,14: συγκοινωνεῖν (noch einmal in Eph 5,11)	von Phil zu P
1,7: συγκοινωνός (in Röm 11,17 und 1 Kor 9,23)	von Phil zu P
2,17: συγχαίρειν (in 1 Kor 12,26 und 13,6)	von P zu Phil
2,18: "	von Phil zu P
2,25: συνεργός	von P zu Mitarbeiter
4,3: "	von P zu Mitarbeitern

Praktisch jedes σύν zeigt eine Beziehung an.

Die Koinonia umfaßt gemäß dem Gebrauch dieser Wörter verschiedene Beziehungen. Vereinfacht könnte man sie als eine Dreiecksbeziehung zwischen Christus, Paulus und den Philippern bezeichnen. Die Mitarbeiter gehören manchmal mehr auf die Seite der Philipper, manchmal mehr auf die von Paulus, meistens aber auf beide Seiten.

Aber nicht nur der Wortgebrauch, sondern auch die Wortstatistik weist auf die Gemeinschaft als wichtiges Thema hin. Paulus redet in A hauptsächlich über sich selber, in B bis D aber über die Philipper und erst in E werden diese beiden Perspektiven definitiv zusammengebracht und miteinander vermischt. Der Selbstbericht in A besteht aus 493 Wörtern, B, C und D tragen ohne den zentral gesetzten Hymnus die an die Philipper gerichtete Paränese mit 499 Wörtern vor. Das, was über die Philipper ausgesagt ist, hält sich mit dem, was über Paulus ausgesagt ist, genau die Waage. Beide Partner scheinen quantitativ denselben Anteil an diesem Briefkorpus zu haben.

Auch wenn A vor allem über Paulus berichtet, obwohl ganz am Anfang von a[1] (1,12) und a[2] (3,2) die Ausrichtung auf die Philipper deutlich gemacht ist, so ist am Ende von a[1] (2,24ff) und am Ende von a[2] (3,15f) der Bezug zu den Philippern speziell betont. Auch wenn B bis D hauptsächlich auf die Philipper ausgerichtet ist, obwohl überall deutlich ist, daß dies mit Paulus im Zusammenhang steht (z.B. 1,27; 3,17), so ist die Perspektive auf Paulus hin am Ende von d[1] (2,17f) und d[2] (4,9) ebenfalls sehr betont. Was Paulus von sich schreibt, schreibt er in Beziehung zu den Philippern, was er über die Philipper schreibt, schreibt er in Beziehung zu sich. Damit scheint zugleich die Wichtigkeit der gegenseitigen Beziehung beziehungsweise der Gemeinschaft ausgedrückt. E führt die beiden Pole abschließend zusammen. Das wird auch im Wortgebrauch deutlich.

Wenn A Dinge behandelt, die Paulus betreffen und das in 1,12 mit einem τὰ κατ' ἐμέ angezeigt wird, und es in B bis D um Angelegenheiten der Philipper geht und dies in 1,27 mit einem τὰ περὶ ὑμῶν deutlich gemacht wird, so sind in E beide Elemente vorhanden. In 2,19c steht schon im ersten Satz von e[1] ein τὰ περὶ ὑμῶν. Im dazugehörigen chiastischen Pendant von 2,23 folgt ein τὰ περὶ ἐμέ. Dieser Wechsel zieht sich durch ganz E. Zweimal steht ein τὰ περὶ ὑμῶν (2,19f) in e[1] gegenüber einem τὰ περὶ ἐμέ (2,23)[353]. In e[2] findet man ein τὸ ὑπὲρ ἐμοῦ (4,10) gegenüber einem τὰ παρ' ὑμῶν (4,18). Wendungen dieser Art kommen im Briefkorpus nur an den genannten Stellen vor, also im ersten Vers von A, im ersten der Paränese und in E. Das weist auf eine beabsichtige Setzung hin und stützt die Hypothese, daß die Wendungen vor allem in A und B eine Titelfunktion haben[354].

In ganz E ist ein ständiger Wechsel der Pronomina zwischen Paulus und den Philippern feststellbar (ἐγώ + Dekl. e[1]: 8x; e[2]: 7x; ὑμεῖς + Dekl. e[1]:7x; e[2]: 5x). Es stehen sich somit 15 Formen von ἐγώ und 12 von ὑμεῖς gegenüber. Im ganzen Brief ist das Verhältnis der beiden Wörter etwa ausgewogen. 54 "ἐγώ" stehen 51 "ὑμεῖς" entgegen.

Neben der gegenseitigen Bedingtheit der Freude sind zusätzlich die 16 Wörter der Freude (χαίρειν, συγχαίρειν, χαρά) symmetrisch auf Paulus und auf die Philipper verteilt. Acht bezeichnen die Freude des Paulus (1,4; 1,18.18; 2,2.17.17; 4,1; 4,10) und acht die der Philipper (1,25; 2.18.18.28.29; 3,1; 4,4.4).

Es gibt somit auf formaler Ebene erstaunliche Symmetrien zwischen dem, was Paulus betrifft, und dem, was über die Philipper gesagt wird. Das entspricht verschiedenen, schon aufgeführten inhaltlichen Beobachtungen. Die Freude des Paulus und die der Philipper sind sehr stark voneinander abhängig[355]. Paulus lebt die Gesinnung Christi auch für die Philipper (2,17f), und diese befolgen diese Gesinnung ebenfalls in bezug auf Paulus (4,10ff). Das Vorbild, das Paulus für sie ist (A) und zu dessen Nachahmung er sie aufruft (B bis D), befolgen sie schon (E).

Es gibt aber noch kleinere Hinweise für die "symmetrische" Beziehung zwischen Paulus und den Philippern. Nicht nur betet Paulus für die Philipper (1,9), sondern auch sie für ihn (1,19). Nicht nur ist Paulus bereit, sich für die Philipper zu opfern (2,17: σπένδομαι), sondern die Philipper haben schon mit der Unterstützung für Paulus geopfert (4,18: θυσίαν δεκτήν). Paulus sieht und hört die Philipper (1,27), sie sehen und hören auch ihn (1,30). Paulus "denkt in bezug auf sie alle" (1,7: φρονεῖν ὑπὲρ πάντων ὑμῶν), sie "denken in bezug auf ihn" (4,10: τὸ ὑπὲρ ἐμοῦ φρονεῖν)

Die Symmetrie scheint ihren inhaltlichen Höhepunkt in 4,18 zu erreichen. Paulus quittiert den Empfang der Unterstützung und sagt, er sei erfüllt. Damit aber spricht

---

353 Vgl. 5.8.3.
354 Zweimal ὑπὲρ ὑμῶν im Proömium (1.4.7)
355 Vgl. 5.3.

er an, daß das, was er von den Philippern erhalten hat, das, was er ihnen bis jetzt gegeben hat, aufwiegt[356].

Nimmt man alle diese Beobachtungen zusammen, drängt sich folgende Interpretation geradezu auf: Gemeinschaft am Evangelium ist zugleich auch Gemeinschaft unter Brüdern. Eine vollkommene oder, besser gesagt, eine gesunde und reife Gemeinschaft zeichnet sich dadurch aus, daß sich Geben und Empfangen zwischen den verschiedenen Partnern ausgleicht. Doch der Ausgleich kommt nicht zustande, weil man ihn nach Schuldigkeit ausrechnet, sondern weil beide Seiten ihre Habe und sich selber einander freiwillig verschenken.

Diese Gemeinschaft hat Paulus mit den Philippern erreicht. Sie ist eine Gemeinschaft von gleichgestellten Partnern. Sie ist Freundschaft. Beide Seiten haben die andere im Herzen. Möglicherweise konstruiert Paulus in 1,7 διὰ τὸ ἔχειν με ἐν τῇ καρδίᾳ ὑμᾶς bewußt zweideutig. Diese AcI- Konstruktion erlaubt ein doppeltes Verständnis. Paulus hat die Philipper im Herzen oder die Philipper haben Paulus im Herzen. Der Briefinhalt zeigt, daß beides der Fall ist.

Meine Interpretation dieser Beobachtungen ist folgende:

Paulus hat sich freiwillig den Philippern "verschenkt". Er hat ihnen das Evangelium verkündet, ohne daß er ihnen das aufgrund irgendeiner Leistung ihrerseits schuldig gewesen wäre. Auch während seines ersten Aufenthalts hat er wahrscheinlich nichts von den Philippern angenommen[357], da dies seiner Praxis widersprochen hätte, obwohl das schon ein eigentlicher Rechtsverzicht war, denn der Unterhalt durch die Gemeinde hätte ihm zugestanden (1 Kor 9,18). Was Paulus getan hat, ist am ehesten im Wort Agape zusammengefaßt. Die Agape kann durchaus einseitig sein. Sie verschenkt, ohne zurückzuverlangen oder zurückzuerwarten, auch wenn das ihr Recht wäre. Offensichtlich hat Paulus versucht, in seiner Missionspraxis ein sichtbares Abbild dieser Liebe zu sein. Nicht nur hat Gott das Evangelium kostenfrei gemacht, denn es gilt für jeden, der glaubt (Röm 1,16), sondern Paulus versucht das auch bei der Verkündigung daran sichtbar werden zu lassen, daß er das zu seinem Lebensunterhalt Notwendige nicht von den Gemeinden nimmt - ein Akt der wahren Gesinnung Christi.

Doch nun hat eine dieser Gemeinden, die gelernt hat, daß das Evangelium kostenfrei ist, da sich Jesus Christus selber verschenkt und seinen Reichtum losgelassen hat und da sein Apostel Paulus ebenfalls auf das, was ihm zusteht, verzichtete, angefangen, nachdem sie soviel dieser göttlichen Agape empfangen hat, diese Liebe ebenso ohne Verpflichtung und geradeso kostenfrei weiterzuverschenken. Obwohl man annehmen muß, daß Paulus von den Philippern ausdrücklich nichts verlangt hat, haben sie ihn nun freiwillig schon mehrmals beschenkt und unterstützt. Die Liebe, die Paulus ihnen aus der Gesinnung Christi heraus geschenkt hat, ist zu ihrer eigenen Liebe geworden. Die zuerst einseitige Agape ist zur wechselseitigen Agape und damit zur Freundschaft und zur Koinonia geworden. Die rich-

---

356 Vgl. 5.8.3.
357 1 Kor 9 legt dies auf jeden Fall für jede paulinische Gemeinde nahe.

tige Koinonia kann nicht einseitig sein. In der gesunden Gemeinschaft beteiligen sich beide Seiten ohne Zwang und Verpflichtung und beschenken sich gegenseitig freiwillig.

Partner einer solchen Gemeinschaft sind gleichberechtigt, wenn beide im Verschenken gleich stark geworden sind. Diese Koinonia weist, allerdings nur für den außenstehenden Betrachter, Züge eines Handels auf. Die eine Seite gibt, die andere gibt zurück und gibt weiter. Doch die Haltung ist eine andere: Es gibt hinter diesem Vorgang keinen Vertrag, auch keinen stillschweigenden, sondern das Geben geschieht freiwillig, in der Währung, die gerade sinnvoll ist und zur Verfügung steht. Das kann eine materielle Unterstützung sein, wie bei den Philippern, oder die eigene Freiheit, wie bei Paulus, oder sogar das eigene Leben, wie bei Christus. Es ist nicht die ökonomische Gesinnung des "do ut des", sondern die Gesinnung Christi, die gibt, auch wenn sie nichts zurückbekommt. Doch wenn beide Seiten anfangen, in dieser Gesinnung zu leben, dann fängt das Verschenken an, das Empfangen aufzuwiegen, oder ökonomisch betrachtet: Nun gleicht sich die Rechnung des Gebens und Empfangens aus (4,15).

Offensichtlich fallen in der Koinonia die beiden gegensätzlichen Pole der totalen Freiwilligkeit des Gebens und der ökonomischen Verrechenbarkeit dieses Gebens zusammen. Hier wird auch die Antwort zu finden sein, weshalb Paulus das Leben in der Gesinnung Christi sowohl als freiwillige Gnade bezeichnen kann und auf der anderen Seite darüber wie über Handelsbilanzen redet[358]. Die einseitige Agape ist das Fundament der Koinonia. Diese besteht daraus, daß alle an ihr Beteiligten selber aktiv auf diesem Fundament stehen. Doch daraus entsteht ein gegenseitiges Schenken und Beschenktwerden, das vom Güterfluß her fast wie Kaufen und Verkaufen aussieht; allerdings sind es andere Güter, die hier verschenkt werden, und der Verschenkende übt keinen direkten Einfluß darauf aus, wie, wann und womit der Beschenkte selber zum Schenkenden wird.

Die Koinonia besteht aus gegenseitigem Handeln in bezug aufeinander oder, anders gesagt, aus wechselseitigem Einwirken aufeinander. Das wird auch der Grund sein, weshalb Paulus dieses gegenseitige Wirken in D betont[359]. Da Gott der Schöpfer der Koinonia ist, weiß jeder, der seinen Reichtum oder sogar sich selber in der Gesinnung Christi freiwillig weggibt, daß er von Gott wiederum beschenkt wird. Deshalb rechnet Paulus mit seiner definitiven Erhöhung zu Christus, falls er sein Leben hingeben muß (1,23), obwohl dies ein freiwilliger, unverfügbarer Akt Gottes ist.

Gemeinschaft am Evangelium und dadurch auch Gemeinschaft untereinander entsteht durch die Teilnahme an der Gesinnung Christi von verschiedenen Menschen. Aber nicht nur das zeichnet diese Gemeinschaft aus, sondern auch die gegenseitige Freude im Herrn, die diese Gesinnung komplementär ergänzt[360].

---

358 Vgl. o. bei Anm. 221 die Aufzählung dieser beiden Elemente in diesem Brief.
359 Vgl. 5.7.3.
360 Vgl. 5.3.

Paulus systematisiert den Inhalt dieses Briefes unter den Gesichtspunkten der Gesinnung Christi und der Freude im Herrn. Es macht den Anschein, daß er diese beiden Pole im übergeordneten Begriff der Koinonia und dem, was sie inhaltlich meint, zusammenfaßt. Damit wäre dieser Gelegenheitsbrief, der aufgrund von mehreren, aktuellen Anlässen geschrieben worden ist, noch strenger durchsystematisiert als bis jetzt angenommen.

Auf jeden Fall ist die Gemeinde in Philippi durch den freiwilligen Dienst des Paulus nicht nur dazu gekommen, an Christus zu glauben (vgl. 1 Thess 1,13) und in den Geboten Gottes zu wandeln (vgl. 1 Thess 4,1ff), sondern auch dazu, selber in der von Jesus Christus vorgelebten Gesinnung des Dienstes und der Selbsterniedrigung zu leben.

Aufgrund ihrer Reife in der Koinonia freut sich Paulus so über diese Gemeinde, auch wenn er ihnen, um die gegenseitige Freiwilligkeit des Gebens zu wahren, zeigt, daß er diese Gabe nicht angestrebt hat (4,11f.17). Deshalb ist er so herzlich und deshalb beendet er den Brief in e^2 mit einem großen Lob. Die Philipper sind Mitteilhaber der Gnade - die sie nicht nur empfangen, sondern auch weitergeben - in seinen Fesseln und in der Verteidigung und Befestigung des Evangeliums geworden (1,7). Sie nehmen teil an der Trübsal des Paulus (4,14) und haben Gemeinschaft an der Rechnung des Gebens und Nehmens (4,15). Sie stehen in der Koinonia des Evangeliums (1,4).

"Die notwendigste Funktion des Proömiums und gleichzeitig seine Eigenart ist es, Aufschluß zu geben, welches der Zweck ist, um dessentwillen die Rede gehalten wird."[361] So umschreibt Aristoteles die Hauptaufgabe des Vorworts. Gemäß der Bitte im Proömium des Philipperbriefes im Zusammenhang des Briefkorpus ist der Zweck dieses Briefes die Schärfung des Unterscheidungsvermögens der Philipper, damit sie immer deutlicher sehen, wie sie am besten die Gesinnung Christi beziehungsweise die Agape leben (1,9ff). Doch der erste und letzte Zweck des Briefes ist für Paulus, ihnen seinen Dank, seine Freude und sein Lob auszusprechen, daß sie schon in dieser Gesinnung leben (1,3ff) und mit ihm in der Koinonia des Evangeliums stehen[362].

Zusammenfassung

Das Proömium spielt in vielfältiger Weise auf den Inhalt des Briefes an. Dennoch wird weder das Leben entsprechend der Gesinnung Christi noch die Freude im Herrn als Hauptthema angegeben, sondern die Koinonia wird als grundlegendes Briefthema eingeführt. Die Koinonia erweist sich als eine durch den Brief durchgehende Klammer, welche die beiden komplementären Pole der Gesinnung Christi und der Freude im Herrn zusammenhält.

---

361 Aristoteles, III, 14, 6 ,206.
362 Weitere Ausführungen zur "Koinonia" bei den epistolographischen Ausführungen in 7.1.

6.2 Die Funktion des Präskripts und des Postskripts

Das Präskript (1,1f) rahmt zusammen mit dem Postskript (4,21-23) den Brief ein. Auch in den Rahmenteilen wird die sorgfältige Gestaltung des Briefes noch einmal deutlich. Beide Teile verweisen durch verschiedene Elemente aufeinander[363].

Nicht nur ihre beinahe identische Länge[364], sondern auch verschiedene ähnliche Wendungen sind solche Elemente. Ein πᾶσιν τοῖς ἁγίοις (1,1) steht einem πάντα ἅγιον (4,21) gegenüber. In beiden kommt ein σύν (1,1; 4,21) und ein χάρις (1,2; 4,23) vor. Dreimal "Jesus Christus" im Präskript steht zweimal "Jesus Christus" im Postskript gegenüber. Je das erste Mal heißt es "Christus Jesus" (1,1; 4,21) und dazu chiastisch am Schluß je "Jesus Christus" (1,2; 4,23). Je einmal wird Jesus als Kyrios bezeichnet (1,2; 4,23).

Das Präskript des Philipperbriefes ist eines der wenigen, in dem Paulus sich nicht auf seine apostolische Vollmacht beruft[365], und das einzige, in dem er sich ausschließlich mit dem Titel "Sklave Christi" vorstellt. Das scheint schon einen deutlichen Hinweis auf den Inhalt des Briefes zu geben. In diesem Brief geht es nicht um die Grundwahrheiten des Evangeliums, die von inneren oder äußeren Feinden bedroht sind, sondern darum, sich in der Nachahmung Christi immer mehr einzuüben. Das Vorbild der Selbsterniedrigung ist im Hymnus mit dem Begriff δοῦλος vorgestellt (2,7). Dieses Vorbild ahmen Paulus und Timotheus aber nach (z. B. 2,22), weshalb Paulus hier ganz am Anfang speziell diesen Begriff δοῦλοι Χριστοῦ Ἰησοῦ als Selbstbezeichnung gewählt hat.

6.3 Das übergeordnete theologisch-inhaltliche Thema: Gemeinschaft

Der Philipperbrief ist eine sorgfältig geplante und kunstvolle Einheit. Paulus hat ihn aufgrund verschiedener Begebenheiten[366] geschrieben, diese aber unter den Gesichtspunkten "Freude im Herrn" und "Gesinnung Christi" systematisiert. Diese Pole werden wiederum durch das Thema der "Gemeinschaft im Evangelium" zusammengehalten.

Zugleich hat Paulus mit diesem Schreiben auf die verschiedenen Gegebenheiten reagiert, die Philipper anhand von diesen etwas gelehrt und "last but not least" mit ihnen die Gemeinschaft und den Kontakt gepflegt.

---

363 "The closing salutation (4,21-23) balances the opening greeting in 1,1-2." Swift, 250.
364 32 und 34 Wörter.
365 Auch nicht in 1 Thess, 2 Thess und Phlm.
366 Vgl. 5.10.

Ich versuche kurz darzustellen, welche Systematik bei Paulus hinter den beiden komplementären Polen der "Freude im Herrn" und der "Gesinnung Christi", die durch das Thema der "Gemeinschaft" verbunden sind, stehen könnte.

Offensichtlich kann der im Hymnus als Vorbild dargestellte Wandel Christi mit dem Wort Agape bezeichnet werden, auch wenn Paulus diesen Begriff im Philipperbrief nur selten verwendet (1,9.16; 2,1.2). Die Agape verschenkt sich selbst. Die Agape sucht nicht das Ihre, sondern das des anderen. Die Agape erniedrigt sich freiwillig und dient, auch wenn dies Leiden bedeutet (vgl. 1 Kor 13,8). Doch die Agape ist nicht die Koinonia. Derjenige, der durch Agape dem Nächsten dient, hat deshalb nicht unbedingt Gemeinschaft mit diesem. Für die Realisierung der Koinonia braucht es mehr. Und genau das, so scheint mir, will Paulus mit diesen systematisierenden Themen den Philippern zeigen. Genau genommen sind vier verschiedene Schritte nötig, damit von Koinonia zwischen zwei Personen oder Parteien die Rede sein kann:

1. Person A schenkt Person B Liebe (Agape)

2. Person B schenkt Person A Liebe (Agape)

Erst wenn eine Interaktion der Liebe zwischen zwei Personen stattfindet, kann von Koinonia die Rede sein. Erst wenn beide Seiten einander freiwillig dienen und sich für einander erniedrigen, realisiert sich Gemeinschaft. Doch das reicht nicht. Die Liebe muß auch gegenseitig angenommen werden. Die angemessene Antwort des mit Liebe Beschenkten ist Freude. Sich zu freuen, heißt, die Agape richtig anzunehmen. Wenn Liebe-Geben einerseits also bedeutet, in der Gesinnung Christi zu leben, so meint Liebe-Annehmen anderseits aber auch, sich zu freuen. Die zwei noch fehlenden Schritte sind also:

3. Person A freut sich an der Liebe von Person B

4. Person B freut sich an der Liebe von Person A.

Werden alle diese vier Schritte vollzogen, ist die Koinonia verwirklicht.

Aktion	Reaktion	*der Person*
1. Agape	3. Sich freuen	*A gegenüber B*
2. Agape	4. Sich freuen	*B gegenüber A*

Schematisierte Darstellung realisierter Gemeinschaft nach dem Philipperbrief

Alle diese Merkmale von wahrer Koinonia finden sich im Philipperbrief. Allerdings ist zu beachten, daß Paulus alle diese Elemente nie explizit so stringent als Prinzip dargestellt hat. Wenn aber alle Beobachtungen zur Gesinnung Christi[367], zur Freude im Herrn[368] und zur Koinonia[369] zusammengenommen werden, ist das die plausibelste Erklärung: Paulus versteht auf dem Hintergrund dieses systematischen Konzepts Koinonia und wendet dieses Verständnis im Philipperbrief an.

1. Aus Liebe zu den Philippern will Paulus noch nicht sterben, sondern bleiben (1,23f), obwohl er auch bereit wäre, aus Liebe für sie zu sterben (2,17). Aus Liebe zu ihnen will er Timotheus senden, und aus Liebe hat er Epaphroditus gesandt (2,19.25).

2. Aus Liebe zu Paulus haben ihn die Philipper schon mehrmals unterstützt und helfen ihm auch jetzt materiell und personell mit Epaphroditus (4,16ff).

3. Die Philipper sollen sich über die Liebestaten des Paulus an ihnen freuen. Sein Bleiben dient zu ihrer Freude (1,25), aber auch wenn er für sie sterben sollte, sollen sie sich freuen (2,18). Die Philipper sollen sich ebenfalls am heimgekehrten Epaphroditus freuen.

4. Paulus freut sich sehr an ihrer Unterstützung (4,10), ja die Philipper sind seine Freude (4,1).

Paulus scheint bei all diesen Aufrufen zur Freude beziehungsweise dazu, seine Liebe anzunehmen, nirgends ernstlich zu befürchten, daß die Philipper sich seiner Liebe verweigern könnten. Nur beim Leitungskonflikt hält er sie dazu an, seine Freude noch zu vergrößern (2,2).

Sowohl Liebe als auch Freude gehören in den Herrschaftsbereich des Herrn. Die Freude ist die Freude im Herrn (z.B. 3,1), und die Liebe zeigt sich in der Gesinnung, die auch in Jesus Christus war (2,5).

Zwischen Paulus und den Philippern hat sich - vielleicht sogar im Unterschied zu jeder anderen Gemeinde - das Ideal der Koinonia verwirklicht. Deshalb hat dieser Brief einen solchen freudigen und herzlichen Grundton und deshalb mündet er in das Lob der Philipper (4,10ff). Das Liebe-Geben und das Liebe-Empfangen hält sich zwischen Paulus und den Philippern die Waage. Die Rechnung des Gebens und Empfangens (4,15) ist ausgeglichen (4,18). Beide dienen einander in der Gesinnung Christi, und beide freuen sich aneinander im Herrn. Die Koinonia ist verwirklicht.

Zusammenfassung

Wahre Koinonia resultiert aus gegenseitigem, freiwilligem Dienen (Agape) und aus gegenseitigem Annehmen des Dienens (sich freuen).

---

367 Vgl. 5.2.
368 Vgl. 5.3.
369 Vgl. 6.1.2.

7 Der Stil des Briefes an die Philipper

7.1 Epistolographische Elemente

7.1.1 Der Philipperbrief als antiker Brief

Der Philipperbrief ist ein sprachliches Kunstwerk. Es bleibt die Frage, auf welche Traditionen Paulus für dessen Gestaltung und Niederschrift zurückgreifen konnte und wie bewußt er das getan hat. Dieser Frage soll nun nachgegangen werden, indem der Brief nach epistolographischen Elementen untersucht wird, dann aber auch nach rhetorischen[370] und nach seiner Beziehung zum Alten Testament. Das kann im Rahmen dieser Arbeit nicht umfassend geschehen. Doch Grundlinien, die sich besonders aufgrund des Konzeptes des Briefes ergeben, sollen angedeutet werden[371].

Der Philipperbrief ist ein Brief, der in der antiken Welt geschrieben wurde. Deshalb ist es naheliegend, ihn nach Elementen der antiken Epistolographie abzusuchen. Es gibt zwei neuere Aufsätze, einen von R. Russell und einen von L. Alexander, die unter Berücksichtigung von epistolographischen Elementen auf die Frage der Struktur des Philipperbriefes eingehen.

Russell arbeitet allerdings nur indirekt mit der antiken Epistolographie. Er versucht zu zeigen, daß der Philipperbrief mit der paulinischen Briefstruktur, die anhand von anderen Paulusbriefen erarbeitet wurde, übereinstimmt, wenn diese nicht zu eng gefaßt wird.

Die hellenistische Briefstruktur besteht aus Präskript, Briefkorpus und Postskript. Bei Paulus ist diese Grundstruktur Russell zufolge um die Danksagung, die ein Gebet um geistliches Wohlergehen, eine Erinnerung an den Empfänger und eine eschatologische Klimax enthält, und um die Paränese, die dem Briefkorpus folgt, erweitert[372]. Russell versucht nun, diese Struktur im Philipperbrief nachzuweisen. Er kommt zu folgender Gliederung :

1,1-2: Präskript
1,3-11: Briefliche Danksagung (mit Inhaltsangabe)
1,12-2,18: Briefkorpus
    1,12-18: Briefkorpusanfang (einführende Gedanken)
    1,19-2,18: Briefkorpusmitte (Entfaltung der einführenden Gedanken)

---

370 "Zunächst sind Rhetorik und Epistolographie nach antikem Verständnis zwei verschiedene Dinge". Classen, 13.
371 Der Umfang dieser Arbeit und die Forschung, die in vielem noch im Fluß ist, macht eine abschließende Untersuchung des Philipperbriefes in bezug auf diese Themen unmöglich.
372 Russell, 297.

1,27-2,11: Paränetischer Unterabschnitt
2,12-13: Appell
2,14-18: Eschatologische Klimax
2,19-30: Briefkorpusende
3,1-4,9: Paränese
4,10-20: Briefkorpusende
4,21-23: Postskript[373]

Am Ende betont Russell nochmals, daß formkritische Prinzipien dieses Resultat begründen, aber daß man letztere bei Paulus keinesfalls zu eng fassen dürfe. Paulus gebraucht die Form des hellenistischen Briefes, gestaltet sie aber eigenwillig nach seinem Bedarf um und kann auch seine Brieform je nach Brief unterschiedlich ausgestalten[374].

Russell versucht mit diesem Aufbauvorschlag nicht nur, den Philipperbrief in ein paulinisches Brieformular einzupassen, sondern mit seiner Haupteinteilung in Briefkorpus, das die eigentlichen Aussagen des Briefes enthält, und in Paränese, die durch diese Aussagen begründet ist, auch das klassische Indikativ-Imperativschema auf den Philipperbrief anzuwenden.

Obwohl er zu einer Einheitshypothese kommt, widersetzt sich der Philipperbrief doch eindeutig diesem Einteilungsversuch, wie diese Arbeit schon gezeigt hat. 3,1-16 ist Selbstbericht und nicht Paränese, ebenso reicht die erste Paränese nicht nur bis 2,11, sondern bis 2,18. Ohne eine Parallelstruktur ist es schwierig, ein doppeltes Vorkommen der Paränese zu erklären, geschweige denn eine Verdoppelung des Briefkorpusendes. Russells Arbeit zeigt, wie schnell eine Methode nicht nur den Text erklärt, sondern zugleich durch Anpassung auch verändert.

Positiv an Russells Arbeit bleibt aber, daß er an der Grundaufteilung des Briefes zeigt, wie Paulus den Brief in der Tradition antiker Epistolographie schreibt. Das wird nicht nur an der Haupteinteilung in Präskript, Postskript, briefliche Danksagung und Briefkorpus gezeigt, sondern auch an einzelnen Elementen, wie zum Beispiel der Kundgabeformel in 1,12, die typisch für den hellenistischen Brief ist[375].

7.1.2 Das Muster des Familienbriefes

Gewinnbringender für das Verständnis des Aufbaus des Philipperbriefes ist die Arbeit von Alexander. Er kritisiert den ungenügenden Gebrauch von hellenistischen brieflichen Parallelen in der bisherigen Forschung[376]. Er weist im Philipperbrief das Strukturmuster der sogenannten "Familienbriefe"[377] nach. Diese

---

373 Ebd., 299-305.
374 Ebd., 306.
375 Ebd., 301.
376 Alexander, 90.
377 Veröffentlicht bei White, Nr. 105-108.

haben ein halbformales Strukturmuster ("semi-formal pattern")[378]. Dieses besteht aus folgenden Teilen:

A: Präskript (häufig mit familiärer Anrede wie z. B. Bruder).
B: Gebet für den Empfänger
C: Beruhigung über den Absender (z. B. Bericht über Ergehen und Pläne, häufig mit einer Kundgabeformel eingeleitet, die anzeigt, daß hier das eigentliche Thema des Briefes zu finden ist)
D: Bitte um Beruhigung über das Ergehen des Empfängers
E: Informationen über die Überbringer der Nachrichten
F: Austausch von Grüßen Dritter
G: Abschließender Wunsch für Wohlergehen[379]

Das bedeutendste strukturelle Kennzeichen dieser Briefe ist, daß ihnen ein eindeutiges Briefkorpus fehlt. Das kommt daher, daß der Hauptgrund dieses Briefes der Austausch von Neuigkeiten zwischen dem Absender und der Familie ist[380]. Die Hauptfunktion dieser Briefe ist die Stärkung der Familienbande[381].

Der Philipperbrief folgt nach Alexander dieser Struktur:

A: 1,1-2
B: 1,3-11
C: 1,12-26
D: 1,27-2,18
E: 2,19-30
F: 4,21-22
G: 4,23[382]

Das zentrale Thema des Philipperbriefes liegt Alexander zufolge nicht in einem einzelnen Punkt, sondern in der Stärkung der Familienbande zwischen Paulus und der philippischen Gemeinde. Deshalb war es für die Exegese bis jetzt auch so schwierig, ein zentrales Thema zu finden[383].

Der Philipperbrief gehört zu der Gattung der Familienbriefe. Deshalb ist das erste Thema nach der Danksagung die Beruhigung über sein Ergehen. Paulus zeigt den Philippern in 1,12-26, daß seine Situation trotz der widrigen Umständen keinen Grund zur Sorge gibt. Die Mitteilungen über sein Ergehen sind der eigentliche Grund des Briefes. Die Wichtigkeit dieses Punktes ist noch durch die

---

378 Ebd., 90.
379 Ebd., 91-93.
380 Ebd., 93.
381 Ebd., 99.
382 Ebd., 94.
383 Ebd., 93f.

Kundgabeformel in 1,12 hervorgehoben. 1,27-2,18 gibt dem Anliegen des Paulus Ausdruck, das er für das geistliche Wohlergehen der Philipper vertritt. In 2,19-30 informiert er über Epaphroditus, den Überbringer dieser Nachricht, und über Timotheus, der ebenfalls möglichst bald Nachrichten überbringen soll[384].

Mit der Erklärung der Verse 3,1-4,20 hat Alexander eher Mühe. Er zeigt, daß "freut euch" in einem Familienbrief keineswegs am Schluß stehen muß und ein Dank für eine Unterstützung am Briefende nichts Ungewöhnliches ist[385]. Bei den Problemen von 3,1ff zeigt er, daß das hellenistische Briefformular nicht zu einer Aufteilung zwingt[386].

Abschließend betont er, daß das Muster des Familienbriefes nur als Abschußrampe ("launchingpad") für eine tiefere Ebene der Ermahnung und der Predigt dient, mit der Paulus besonders im dritten Kapitel den Rahmen des Familienbriefes sprengt. Alexander fordert wegen dieser Resultate dazu auf, die Themen der Warnung vor "Irrlehrern" und des Gemeindekonfliktes nur noch als untergeordnet zu betrachten[387].

Auch wenn Alexander einzelne Aspekte überbetont (so ist die Kundgabeformel nicht die Einleitung in das zentrale Thema dieses Briefes[388], sondern nur die Einleitung in den Teil der brieflichen Selbstempfehlung[389]), ist seine Arbeit doch ausgezeichnet.

Er kann damit die drei Hauptabschnitte des Briefkorpus erklären. 1,12-26 ist ein ausführlicher Bericht über die Umstände, in denen sich Paulus befindet und eine Beruhigung der Philipper wegen seines Ergehens. Im praktisch gleich langen paränetischen Teil 1,27-2,18 kümmert sich Paulus vor allem um das Ergehen der Philipper. Allerdings beachtet Alexander die dreifache Unterteilung des paränetischen Teiles nicht. In 2,19-30 informiert er über den jetzigen und über den zukünftigen Nachrichtenübermittler, über Epaphroditus und über Timotheus.

Hätte Alexander die Parallelstruktur des Philipperbriefes beachtet, hätte er auch mit 3,1-4,20 keine Mühe, entsprechen die einzelnen Abschnitte dieser Einheit doch der ersten Briefhälfte (1,12-2,30) und damit ebenfalls denjenigen eines Familienbriefes: In 3,2-16 berichtet Paulus wieder ausführlich über sich, in 3,17-4,9 nimmt er wieder deutlich Bezug auf die Situation der Philipper und interveniert sogar ganz direkt im Fall von Euodia und Syntyche. In 4,10-20 dankt er für das durch den Nachrichtenüberbringer Epaphroditus erhaltene Geld.

---

384 Ebd., 95.
385 Er interpretiert diese Stelle aber eher als Ausdruck der Verlegenheit des Paulus über das erhaltene Geld, 97f.
386 Ebd., 98.
387 Ebd., 99.
388 Ebd.,100.
389 Schnider/Stenger, 51ff.

Auch wenn er viele Phänomene des Briefes mit dieser Struktur nicht erklärt, schwächt dies das Resultat dennoch nicht, denn er deutet die Möglichkeit an, daß diese Strukturebene zur Entfaltung eines viel tieferen Sinnes dienen kann.

Falls Paulus den Brief wirklich mit Elementen eines typischen Familienbriefes geschrieben hat, werden durch die Strukturebene einige andere Beobachtungen weiter erhärtet. Erstens paßt das bisherige Resultat, daß der Philipperbrief aus verschiedenen aktuellen Anlässen geschrieben wurde und nicht ein Kampfbrief gegen Irrlehrer oder ein dogmatisches Lehrschreiben ist, gut dazu. Aber vor allem scheint das Muster des Familienbriefes eine angemessene Form für einen Brief zu sein, dessen Hauptthema die innige Gemeinschaft des Absenders mit den Empfängern ist, wie dies das Proömium angezeigt hat[390].

Paulus scheint mit dem Grundmuster des "Familienbriefes" den Philipperbrief formal auf dessen zentralen Inhalt abgestimmt zu haben. Inhalt und Form decken sich auch auf dieser Ebene.

7.1.3 Weitere epistolographische Elemente

Es sind aber noch andere epistolographische Elemente im Philipperbrief zu finden. Ein Brief dient nach antiker Auffassung zur Realisierung einer freundschaftlichen Verbindung von Getrennten[391]. Überhaupt soll das Wesen eines Briefes Freundschaft schlechthin und sein spezifischer Inhalt Freundschaftskundgebungen sein. Es liegt auf der Hand, daß dem Philipperbrief mit seiner Betonung der innigen Gemeinschaft und seiner Herzlichkeit dieses Thema nicht ferne liegt.

Eine weitere antike Forderung an den Brief ist die nach dem Ethos, der εἰκὼν ψυχῆς. Damit ist das Ideal gemeint, wonach der Briefschreiber seinem Inneren im Brief Ausdruck verleihen soll, damit der Empfänger den Absender im Brief sehen kann[392]. Auch dieser Gesichtspunkt kommt im Philipperbrief mit seinen ausführlichen Selbstdarstellungen in A, in denen Paulus nicht nur über seine Situation sondern auch über seine innere Haltung in dieser Situation berichtet, sehr zum Tragen. Im Philipperbrief wird dieses Ethos in 1,12 mit einer Kundgabeformel, die ein typisch briefliches Element ist, eröffnet[393].

Ein antiker Brief kann auch Lehre (doctrina) enthalten, die in der Form des freundschaftlichen Gesprächs zum Tragen kommen soll[394]. Das trifft ebenfalls auf den Philipperbrief zu. Paulus schreibt in freundschaftlicher Form Lehre über die Koinonia, die Gesinnung Christi und die Freude im Herrn.

Anhand dieser Beispiele wird deutlich, daß der Philipperbrief nicht nur im Präskript und Postskript und in der Danksagung viele Elemente eines antiken

---

390 Vgl. 6.1.2.
391 Thraede, 22f.
392 Ebd., 23.
393 Schnider/Stenger, 43 und 52.
394 Thraede zu Cicero, 44.

Briefes enthält. Weitere briefliche Elemente im Philipperbrief zählt Schoon-Janssen auf. "Das im Phil am häufigsten verifizierbare Freundschaftsbrief-Phänomen ist das ἀπών/παρών-Motiv"[395]. Schoon-Janssen weist es für folgende Verse nach: 1,7.27a.27b; 2,12.18; und in abgewandelter Form in 1,25 und in 2,24[396]. Das für einen antiken Freundschaftbrief typische Sehnsuchtsmotiv (πόθος) erscheint in 1,3f.8; 4,1 und in abgewandelter Form in 2,19[397], und das "Freundschaftsbrief-motiv der Einheit in Freundschaft" in 4,3b und in 4,15b[398].

7.1.4 Der Philipperbrief und die Epistulae morales von Seneca

Besonders interessant ist ein Vergleich des Philipperbriefes mit den Epistulae morales von Seneca[399]. H. Cancik, die diese Briefe ausführlich untersucht hat, schreibt, ihr eigentlicher, philosophischer Inhalt ist "Moral", die mit "erzieherischer Absicht" zur "Einübung sittlichen Verhaltens" behandelt wird[400]. Schon diese Aussagen lassen einen interessanten Vergleich mit unserem Brief erwarten, geht es doch Paulus ebenfalls darum, die Philipper zum weiteren Einüben von sittlichem Verhalten anzustacheln. Dieses Verhalten ist nicht ein stoisches Ideal, sondern die Gesinnung Christi.

Senecas Philosophieren ist "eine besondere Weise des Erziehens in der Freundschaft"[401]. Ihm erschien die Briefform mit ihren Grundelementen der Selbstdarstellung und der Freundschaft[402] als das geeignete Mittel, um seine philosophisch-paränetischen Gedanken, verbunden mit autobiographischen Zügen, fest-zuhalten. Die Griechen betrachteten den Brief von Anfang an als für diesen Zweck geeignet[403]. Bei Seneca ist eine enge Verbindung von Selbstdarstellung und Paränese zu finden[404], und Freundschaft ist von seinem Philosophieren nicht zu trennen.

Vergleicht man diesen Befund mit dem Philipperbrief, so kann man die Parallelen sofort erkennen. Auch der Philipperbrief ist sehr stark von einem freund-schaftlichen Grundton geprägt, und die Selbstdarstellung des Paulus nimmt viel Raum ein. Diese beiden Elemente sind mit der Paränese verbunden und dienen zu-sammen mit jener als Rahmen und Grundlage für die Lehre, die Paulus in diesem Brief dann vermitteln will.

---

395 Schoon-Janssen, 136. Vgl. Thraede, 46.
396 Ebd., 137.
397 Ebd. Vgl. Thraede, 61.
398 Ebd., 138. Vgl. Thraede, 126.
399 Bei einem Vergleich der E. m. mit Phil sollte beachtet werden, daß die Unterscheidung von Epistel und Brief der antiken Auffassung eines Briefes nicht wirklich angemessen ist. Thraede, 3.
400 Cancik, 15.
401 Ebd., 76.
402 Ebd., 50f.
403 Ebd., 48.
404 Ebd., 56.

Die Selbstzeugnisse Senecas dienen seiner Philosophie als Beispiel für das in der Paränese geforderte ethische Verhalten. "Wenn er von seiner Bemühung um die Verwirklichung des Guten, seinen Erfolgen wie seinen Mißerfolgen spricht, dann stellt er damit dem Freund seine eigene Erfahrung zum Ansporn und Trost, vor allem aber zum Lernen vor Augen; derartige Selbstzeugnisse haben also die Funktion des Exemplum." Dennoch hat Seneca "als Erzieher kein ungebrochen autoritatives Selbstbewußtsein." Er ist sich der Spannung bewußt, selber Vorbild zu sein und zugleich unvollkommen zu sein. "Neben Stellen, wo er mit großem Autoritätsanspruch fordert und verbietet, stehen andere, in denen er sich seiner Schwäche und Unvollkommenheit anklagt."[405] "Die Rechtfertigung seines Tuns liegt für ihn darin, daß Erziehung immer zugleich Selbsterziehung ist."[406] Auch Seneca eifert einem Vorbild nach. Sein Vorbild ist Sokrates. "Indem er dem Exemplum des Sokrates folgt, wird er selbst zum Exemplum."[407]

Das sind verblüffende Parallelen zum Philipperbrief. In dieser Arbeit wurde gezeigt, daß Paulus seine Selbstdarstellung ebenfalls dazu benutzt, um damit den Philippern ein Beispiel für die Paränese zu geben. Paulus gibt sich als Vorbild und fordert die Philipper auch dazu auf, seinem Vorbild nachzueifern (z. B. 4,9), obwohl auch er von sich weiß, daß er noch nicht vollkommen ist und sich weiter bemühen muß (3,12f). Er eifert dem Vorbild Jesu Christi nach. Paulus macht deutlich, daß er ein Vorbild wird, indem er dem Exemplum von Jesus Christus folgt (3,17: συμμιμητής).

Für Seneca ist der Tod die höchst mögliche Form der vorbildlichen Selbstdarstellung[408]. Auch für Paulus ist seine mögliche Hinrichtung ein Weg, ein Vorbild der Gesinnung Christi für die Philipper zu sein (1,21ff).

Bei Seneca findet sich somit vor allem in der Selbstdarstellung das Bemühen um die "congruentia vitae et doctrinae"[409]. Doch nicht nur Lehre und Leben müssen übereinstimmen, sondern auch der Stil der Niederschrift mit diesem Leben und dieser Lehre[410]. Der Philipperbrief des Paulus hat sich in dieser Studie schon als besonders eindrucksvolles Beispiel für die Realisierung dieser beiden Ideale gezeigt.

Die Klärung der Frage, wie so viele Parallelen zwischen diesen beiden Zeitgenossen möglich sind, würde den Rahmen dieser Arbeit sprengen. Dazu kommt ja noch, daß Paulus den hellenistischen Tugendbegriff τὸ ἐπιεικές mit der Bedeutung der Gesinnung Christi füllen kann (4,5) und das eine Tugend ist, der Seneca ein ganzes Büchlein gewidmet hat[411]. Des weiteren hat Seneca seine erzwungene Selbsttötung nach Tacitus als Trankopfer dargestellt[412] und Paulus im

---

405 Ebd., 76.
406 Ebd., 76f.
407 Ebd., 78.
408 Ebd., 109ff.
409 Ebd.,114.
410 Ebd., 134ff.
411 Seneca, de clementia.
412 Tac, ann 15,64.

Philipperbrief seinen eventuellen Tod ebenso verstanden (2,17). Doch nimmt man nicht eine direkte Abhängigkeit des einen vom anderen an[413], so zeigt der Philipperbrief mindestens, daß beide aus einer gemeinsamen Tradition schöpfen konnten.

7.1.5 Die Verknüpfung verschiedener Brieftypen

Paulus konnte bei der Abfassung des Philipperbriefes auf verschiedene epistolographische Elemente und Traditionen zurückgreifen. Es ist einfacher, anzunehmen, daß er dies nicht unbewußt, sondern sehr bewußt und gezielt getan hat. Es fällt schwer zu glauben, Paulus habe die Grobstruktur des "Familienbriefes" unbewußt übernommen. Diese Struktur drängt sich zwar auf für die enge, freundschaftliche Beziehung, die er mit den Philippern pflegt und für das Ziel der Aufrechterhaltung des Kontaktes mit ihnen, das sich im zentralen Thema der Koinonia niederschlägt. Zugleich widerspricht sie aber scharf einem durchsystematisierten Lehrinhalt, der anhand von vorbildlicher Selbstdarstellung und Paränese aufgebaut ist. Die vordergründig widersprüchliche Verbindung ist viel leichter durch einen bewußten Entscheid als durch eine unbewußte Beeinflussung, die ein eigentliches Mißgeschick wäre, zu erklären. So hätte aber Paulus bewußt auf die Gattung der "Familienbriefe" zurückgegriffen, aber diese zugleich mit Vorlagen verknüpft, von denen auch Seneca direkt oder indirekt inspiriert war, um dem spannungsvollen Inhalt dieses durchsystematisierten Gelegenheitsbriefes angemessen auszudrücken.

Doch nicht alle Phänomene des Philipperbriefes lassen sich epistolographisch befriedigend erklären, etwa die Frage nach den Vorlagen für diesen besonders schönen Aufbau des Philipperbriefes mit dem Höhepunkt in 4,10-20 oder jene nach der brieflichen Danksagung (1,3-11), die zugleich auch Funktionen eines rhetorischen Proömiums hat.

Deshalb ist es sinnvoll, weiter nach rhetorischen Traditionen zu fragen, aus denen Paulus schöpfen konnte[414]. Doch zuerst sollen noch zwei spezielle, epistolographische Gesichtspunkte betrachtet werden.

---

413 Die Epistulae morales wurden von Seneca in den Jahren 63 bis 65 geschrieben (Seneca, ix). Später wurde eine solche Abhängigkeit tatsächlich konstruiert und im vierten Jahrhundert schriftlich fixiert mit dem apokryphen Briefwechsel zwischen Paulus und Seneca (Schneemelcher, 45). Interessanterweise wird auch in diesem "Briefwechsel" das Problem von Form und Inhalt thematisiert. Während Seneca nur Lob für den Inhalt der kanonischen Briefe des Paulus hat, kritisiert er deren Form und legt Paulus nahe, seinen Stil zu verbessern (Brief VII, Brief IX, Brief XIII, 47ff).

414 Daß die Frage nach rhetorischen Elementen in Paulusbriefen sinnvoll ist, wird auch von anderen betont: Schnider/Stenger gehen von der Möglichkeit von Mischformen aus, 51. Auch Betz versucht für den Galaterbrief eine Mischform aus brieflichen und rhetorischen Elementen nachzuweisen, (55). Probst zeigt die Einteilung der Cicerobriefe ad familiares in die rhetorischen Teile des Exordium, der Narratio und der Argumentatio (Probst, 86, Fußnote 73). Vgl. auch Jegher-Bucher, 48ff.

Eine briefliche Danksagung kann zwar einen Dank oder eine Bitte enthalten, ist aber meistens sehr kurz und ganz auf das Thema der eigenen Gesundheit oder auf die Gesundheit des Adressaten ausgerichtet. Eine Danksagung, die so lang und so vielfältig mit dem Briefkorpus inhaltlich und formal verwoben ist, wie dies beim Philipperbrief und bei anderen Paulusbriefen der Fall ist, findet man in einem hellenistischen Brief kaum[415]. Doch nun gibt es offensichtlich ein Briefformular, in dem die Möglichkeit vorgesehen ist, in der Danksagung einen kurzen Hinweis auf den Inhalt des Briefes zu geben. Dies ist in der "frühjüdischen Tradition gemeindeleitender Briefe"[416] der Fall. I. Taatz weist diesen Brieftyp nach und schreibt zum Pröomium: "Alle Proömien haben die epistolographische Funktion, bereits zum Briefanliegen überzuleiten"[417].

Bei einer solch kunstvollen Gliederung, wie sie im Philipperbrief vorliegt, stellt sich natürlich auch die Frage, wie dies schreibtechnisch überhaupt möglich war. Sicher hat Paulus nicht einfach spontan etwas niedergeschrieben, sondern sich vorher Gedanken zu Thema und Aufbau gemacht. Es wäre interessant zu wissen, ob er das sogar mit Hilfe von schriftlichen Skizzen getan hat. Solch eine Frage ist sicher nicht eindeutig zu klären, doch zeigt die antike Briefschreibkunst, daß ein schriftliches Briefkonzept sogar für einen kurzen Geschäftsbrief nichts Ungewöhnliches war. Es sind sogar Beispiele solcher Briefkonzepte erhalten geblieben[418]. Allein die Gepflogenheiten antiker Briefschreibkunst haben Paulus schon die Möglichkeit gegeben, den Philipperbrief mit Hilfe eines schriftlichen Konzeptes zu verfassen.

Jedenfalls konnte Paulus aus einem großen Angebot von epistolographischen Möglichkeiten auswählen und diejenige briefliche Form dem Philipperbrief durch neue Verknüpfungen dieser Traditionen geben, die ihm für dessen Inhalt am angemessensten schien[419]. Traditionen, aus denen er offensichtlich schöpfen konnte, sind der hellenistische Freundschaftsbrief, der Familienbrief, der Brief als geeignetes Mittel zur Vermittlung von paränetischer Lehre und der frühjüdische gemeindeleitende Brief.

---

415 Vgl. die vielen Briefbeispiele bei White.
416 Taatz, 102. Taatz weist auch in verschiedenen anderen Punkten eine Verwandschaft dieser Briefe mit den Paulusbriefen nach, 110ff.
417 Ebd., 107. Vgl. z. B. 2 Makk 1,3f.
418 Griechische Papyri der Hamburger Staats- und Universitäts- Bibliothek mit einigen Stücken aus der Sammlung Hugo Ibscher, hrsg. vom Seminar für Klassische Philologie der Universität Hamburg, Hamburg 1954, 179f.
419 Classen betont, es sei für die antike Briefschreibkunst selbstverständlich gewesen, mehrere Brieftypen miteinander zu verknüpfen (8; 29).

7.2 Rhetorische Elemente

7.2.1 Probleme rhetorischer Gliederungsversuche

Es gibt einige neue Arbeiten, die sich mit der rhetorischen Gestalt des Philipperbriefes befassen.

Die schon erwähnte Arbeit von Swift gehört dazu. Er zeigt, wie in 1,3-11 der Prolog das zentrale Thema des Philipperbriefes angibt. Dies ist eine typische Funktion des rhetorischen Proömiums[420]. Allerdings unterscheidet er rhetorische Begriffe nicht klar von epistolographischen. Er kommt zu folgender Gliederung:

1,1-2: Salutation
1,3-11: Prolog
1,12-26: Biographischer Prolog
1,27-4,9: Korpus
   1,27-30: Einführung
   2,1-4,1: Zentrale Einheit
   4,2-9: Ermahnende Einheit
4,10-20: Epilog[421]

Der Prolog weist auf das zentrale Thema der Gemeinschaft hin.[422] Der biographische Prolog trägt diese Bezeichnung, da er sämtliche Themen des Prologs nochmals enthält und diese anhand der biographischen Situation des Paulus vorträgt. Dieser Teil hat die rhetorische Funktion der Narratio. "This is a section in which the writer stated his interest in or defended himself in relation to the subject he was writing about."[423] Prolog und Narratio sind rhetorische Begriffe. Demgegenüber ist das nun folgende "Korpus", in dem das Thema entfaltet wird, ein epistolographischer Begriff[424]. Der Epilog gehört wieder zu den rhetorischen Begriffen. Er bezieht sich durch verschiedene Themen wie das des Dankes für die Geldspende und durch gleiches Vokabular sehr eng auf den Prolog. Er balanciert ihn gewissermaßen aus[425]. Swift gibt leider keine nähere Erklärung über die Verwendung dieser unterschiedlichen Bezeichnungen.

Die Stärke dieser Arbeit ist sicher die Bestimmung des zentralen Themas der Gemeinschaft im Prolog und der Hinweis darauf, daß, wenn dieser Brief strukturiert ist, gerade das bedeutet, daß er ein Brief mit einer Botschaft ist[426].

D. E. Garland weist die Einheit des Philipperbriefes nach und zeigt, wie Paulus das literarische Muster der Inklusionen gebraucht. Besonders wichtige Wörter

---

420 s. o. bei Anm. 341.
421 Swift, 236 und 243.
422 Ebd., 237ff.
423 Ebd., 241ff.
424 Ebd., 243ff.
425 Ebd., 249f.
426 Ebd., 250.

verwendet er häufig ganz am Anfang eines Abschnittes und dann wieder am Ende im Schlußfolgerungsteil desselben Abschnittes. Er zeigt dies z. B. am Abschnitt 1,12-26, der durch das Wort προκοπή in 1,12 und in 1,25, welches sonst bei Paulus nie vorkommt, eingerahmt wird[427]. Ein weiterer Grund für die Einheit ist nach Garland die Wiederkehr von seltenen Wörtern wie zum Beispiel πολιτεύεσθαι in 1,27 und πολίτευμα in 3,20[428].

3,1 sei der Beginn einer digressio. Eine digressio ist "die Behandlung eines Ereignisses, das jedoch zum Interesse des Falles gehört, in einer außerhalb der natürlichen Abfolge verlaufenden Form."[429] Paulus behandle nichts Neues, sondern nur Dinge, über die er in seinem früheren Dienst schon gesprochen hat. Das τὰ αὐτά beziehe sich auf diese, und ganz "Phil 3" enthalte solche Dinge[430]. Die zentrale Aussage dieses Briefes sei in 4,2f die pastorale Konfrontation des Paulus mit den beiden bedeutenden Gemeindeleiterinnen Euodia und Syntyche, die aufgrund von Stolz und Eigennutz in Streitigkeiten verwickelt waren[431]. Diesen emotionalen Appell bereite Paulus mit der digressio in 3,1-21 vor, indem er damit beabsichtigt, die Zuhörer innerlich zu bewegen. Die digressio sei nach dem Muster einer rhetorischen Beratungsrede verfaßt[432]. Dennoch - und hier scheint sich Garland zu widersprechen - möchte er dieses Kapitel vor allem als eine Abhandlung im Rahmen einer Prunkrede betrachten[433]. Leider begründet er diese Vermischung von zwei der drei klassischen Redegattungen[434] nicht näher.

Garland versucht, das umstrittenste Kapitel des Philipperbriefes mit Hilfe der antiken Rhetorik zu erklären und in den Philipperbrief einzubetten.

D. F. Watson versucht den Philipperbrief durchgehend auf dem Hintergrund antiker Rhetorik zu interpretieren. Er kommt ebenfalls zu einer Einheitshypothese und schlägt folgenden Aufbau vor:

1,3-26: exordium (Proömium)
1,27-30: narratio
2,1-3,21: probatio
    2,1-11: Erste Entfaltung der propositio[435]
    2,12-18: Zweite Entfaltung der propositio
    2,19-30: digressio
    3,1-21: Dritte Entfaltung der propositio

---

427 Watson, D. F., 159f. Schoon-Janssen zeigt, daß dieses Argument, das Garland für die Einheit und zur Begründung der Zusammengehörigkeit von 1,27-30 verwendet, einer kritischen Untersuchung dieser Inklusionen nicht standhält.
428 Ebd., 160f.
429 Quintilian, IV,3,14, 493.
430 Garland, 164ff.
431 Ebd., 172.
432 Ebd., 173.
433 Ebd.
434 Aristoteles, Rhetorik, I, 3,3.
435 Watson, D. F., 68. Mit propositio meint er offensichtlich den Teil, den er oben narratio genannt hat.

4,1-20: peroratio
    4,1-9: repetitio
    4,10-20: adfectus[436]

Paulus stelle in der narratio das Anliegen kurz dar, welches er schon im Proömium durch Erzeugung von Wohlwollen, Aufmerksamkeit und Empfänglichkeit und durch eine persönliche Erzählung vorbereitet habe: Die Aufforderung, ein Leben würdig des Evangeliums zu leben. In der Beweisführung (probatio) behandle er dieses Thema, indem er es in dreifacher Weise entfalte. Darin eingeschoben stehe ein Exkurs (digressio); hier verdeutliche Paulus anhand von Beispielen, was er mit der evangeliumsgemäßen Lebensführung meine, zu der er in der narratio aufrufe und die er in der probatio in dreifacher Weise begründe. In der peroratio verwende er eine repetitio, um in kurzer Summierung der einzelnen Punkte verstärkt zum richtigen Handeln aufzurufen. Als adfectus gebrauche Paulus abschließend die Danksagung, um noch einmal die positive Haltung der Philipper ihm gegenüber zu verstärken.

Der Philipperbrief gehöre zur Redegattung der beratenden Rede. Watson zählt dafür mehrere Gründe auf. Der Brief habe offensichtlich die Absicht, die Zuhörer anzuweisen und zu überzeugen. Indem es um Nützlichkeit und Schädlichkeit und um zu Erwartendes und Nichtzuerwartendes gehe, sei der Brief auf die Ziele der beratenden Rede ausgerichtet. Auch die Verwendung von Beispielen sei wichtig für die beratende Rede. Dennoch gehöre die digressio in 2,19-30 zur Gattung der Lobrede, denn Timotheus und Epaphroditus werden gelobt[437].

Eine rhetorische Analyse des Philipperbriefes ist anscheinend nicht einfach. Während Garland 3,1-21 als digressio (Exkurs) bezeichnet, ist für Watson nicht dies die digressio, sondern 2,19-30. Der biographische Prolog oder die narratio findet sich nach Swift in 1,12-26. Watson bezeichnet aber erst 1,27-30 als narratio.

J. Schoon-Janssen kritisiert den Aufriß von Watson. Er argumentiert damit, daß W. Schenk allein für "Phil 3" einen ähnlichen Aufbau wie Watson für den ganzen Brief mit exordium (3,2-4), narratio (3,5-7), propositio (3,8-11), argumentatio (3,12-14) und refutatio (3,15-21) vorschlägt[438]. Ebenso versucht Schenk diesem Kapitel (3,2-4.3.8f) den Charakter einer Gerichtsrede zuzuschreiben, die sich vom lobenden Charakter des anderen Brieffragments (1,1-3,1 + 4,4-7) deutlich unterscheidet[439]. Auch wenn Schoon-Janssen all das ablehnt, zeigt er damit doch, daß die rhetorische Methode von sich aus noch keine Klarheit für die Einheitsfrage gibt. "Während Schenk mit seiner rhetorischen Analyse seine Teilungshypothese zu stützen versucht, will Watson mit derselben Methode die Einheitlichkeit des Phil sichern."[440]

---

436 Ebd., 61ff.
437 Ebd., 59f.
438 Schenk, Philipperbrief, 3298.
439 Ders., Philipperbriefe, 278.
440 Schoon-Janssen, 141.

Schoon-Janssen folgt Watson in der Bestimmung des Philipperbriefes als beratender Rede und ebenso mit der Bestimmung von 1,27-30 als einer der wichtigsten Abschnitte des Philipperbriefes. Er kritisiert aber, daß Watson den Leidenshintergrund des ganzen Briefes nicht berücksichtige. Für Schoon-Janssen "bleibt die entscheidende Erkenntnis, die die Erforschung rhetorischer Elemente im Phil in den letzten Jahren erbracht hat, die von Garland, daß in 3,2 eine Digressio beginnt, die den Philippern anhand des nicht-aktuellen Judaisten-Beispiels klarmachen soll, daß auch sie selbst viel zu sehr auf sich selbst und ihr eigenes Fleisch setzen."[441]

Keiner dieser rhetorischen Gliederungsvorschläge deckt sich mit der Gliederung des Philipperbriefes, wie sie sich in dieser Arbeit gezeigt hat. Offensichtlich reicht die rhetorische Analyse - auf jeden Fall so, wie sie bis jetzt angewendet wurde - allein nicht aus, um zu einer brauchbaren Sicht des dem Brief zugrunde liegenden Konzeptes vorzustoßen. Gerade wenn wie hier das zentrale Thema schwierig zu erkennen ist, erweist sich diese Methode auch nicht als Schlüssel zum Verständnis, sondern kann wie andere Methoden in der Geschichte der Philipperbriefforschung zu einer weiteren Aufsplitterung der Meinungen beitragen.

Das soll am Beispiel der narratio verdeutlicht werden. Die narratio ist dazu da, den Gegenstand der Rede kurz und klar darzustellen[442]. Der Philipperbrief ist nun aber nicht wegen eines Gegenstands geschrieben worden, sondern aufgrund von mindestens fünf äußeren Anlässen, die anhand von drei inneren, systematisierenden Themen aufeinander bezogen sind[443]. Der Philipperbrief enthält also verschiedene Gegenstände. Es gibt keinen Abschnitt, der diese kurz und klar darstellen würde, und damit ist weder 1,27-30 (Watson) noch 1,12-26 (Garland) eine narratio. Es gibt überhaupt keine narratio im Philipperbrief. Dies ist aber kein Indiz dafür, daß Paulus im Philipperbrief nicht auf rhetorische Elemente zurückgreifen würde, denn Aristoteles lehnt eine Erzählung für die Beratungs- und die Lobrede sogar prinzipiell ab[444]. Mit der rhetorischen Analyse läßt sich das Gliederungsproblem nicht so einfach lösen, wie man manchmal den Anschein erwecken möchte.

Dennoch kann die Rhetorik einige Phänomene des Philipperbriefes erklären. 1,12-26 besteht aus einer "brieflichen Selbstempfehlung", die Paulus zur "Ethosbeschaffung" dient, was neben einer epistolographischen[445] auch eine rhetorische Kategorie[446] ist. Der Redner stellt seinen Charakter und seine hohe Gesinnung und dazugehörend seine Absicht dar, die er mit einer Rede verfolgt. Diese Absicht aber wird durch den Endzweck (τέλος), der Endzweck aber durch den Nutzen bestimmt. "Denn niemand glaubt einem, daß das eigene Handeln von einem anderen Grund als dem Nutzen geleitet sei."[447] Dieses Ethos ist besonders in

---

441 Ebd.,142f.
442 Quinintilian, IV.2.36.40.
443 Vgl. 5.10 und 6.1.
444 Aristoteles III, 13, 3.
445 Vgl. 7.1.
446 Schnider/Stenger, die das Ende dieser Selbstempfehlung erst in 1,30 sehen, 52.54.
447 Aristoteles III, 16, 8+9, 214f.

der Erzählung zu finden[448]. Nun gibt es aber keine typische Erzählung im Philipperbrief. Dennoch trägt 1,12-26 diesen "ethischen" Zug. Diese Spannung muß geklärt werden, doch zuerst soll diese Ethosfunktion im einzelnen nachgewiesen werden.

In 1,12-26 stellt Paulus seine hohe Gesinnung dar, indem er zeigt, wie er sich in den widrigsten Umständen vorbildlich verhält, und damit wiederum, wie glaubwürdig sein Charakter ist. Und als ob er Aristoteles gelesen hätte, führt er den Philippern seine Nützlichkeitserwägungen vor Augen. Zu sterben wäre zwar viel besser, da es für ihn einen Gewinn bedeuten würde, zu bleiben ist aber ihretwegen notwendiger (1,21ff). So entscheidet er sich für das Nützlichere, das ist ihr Gedeihen und ihre Freude (1,25). In diesem Abschnitt stellt sich Paulus also nicht nur als praktisches Beispiel für die Philipper dar, sondern betont zugleich die Glaubwürdigkeit seiner Person in bezug auf seine paränetischen Forderungen. Doch selbstverständlich hat nicht nur a^1, sondern auch a^2 diese Funktion. Auch in 3,1-16 zeigt sich Paulus nicht nur als Vorbild für die Gesinnung Christi, sondern indem er zeigt, wie er von dieser hohen Gesinnung geprägt ist, bringt er sein inneres Wesen zum Ausdruck und trägt damit ebenfalls zu seiner moralischen Glaubwürdigkeit bei. Auch hier macht er sich Gedanken über die Nützlichkeit. Was ihm früher Gewinn war, achtet er jetzt als Verlust wegen des alles überragenden neuen Nutzens, welcher ist, Christus zu gewinnen (3,7f). Vielleicht gibt er sogar in 3,12 und 15 ausdrücklich sein τέλος bekannt. Sein τέλος ist, vollkommen zu sein, das heißt, Christus zu ergreifen (3,12), aber diesen Endzweck erreicht man nur, indem man sich selber erniedrigt (3,15) und von sich nicht denkt, ihn schon erreicht zu haben.

Dennoch läßt sich dieser Brief kaum in ein rhetorisches Gliederungsschema hineinpressen und schon gar nicht in eines, das aus Proömium, narratio und/oder propositio, probatio, refutatio und Epilog besteht. Da die Paränese in B bis D eher eine allgemeine Ermutigung für ein weiteres Wachstum in der richtigen Gesinnung ist, die an wichtiger Stelle auf den Konflikt der beiden Frauen hin konkretisiert wird, dieser Konflikt und dessen Lösung aber nicht zuerst kurz und klar dargestellt und dann ausführlich bewiesen wird, sondern Ermahnung und Ermutigung in den Abschnitten eng miteinander, mit dem Hymnus und sogar mit A und E verwoben sind, ist nicht einmal die Auflösung des Briefes in die aristotelische Grundeinteilung der Darlegung des Sachverhalts und des Beweises des Gesagten möglich[449]. Eventuell könnte man 4,10-20 noch als Epilog bezeichnen, da hier der ganze Brief seinen abschließenden Höhepunkt erreicht. Quintilian sagt zum Epilog, "daß es sich hierbei um den krönenden Abschluß der Rede handelt."[450] Daß 4,10-20 tatsächlich den Höhepunkt des Philipperbriefes bildet, wurde in 4.3.8 gezeigt.

---

448 Ebd.
449 Ebd., III, 13, 1.
450 Ebd., VI, 1, 55, vgl. 697. Allerdings spricht er nur über den Epilog der Gerichtsrede.

7.2.2 Der Einfluß der Gattung der Prunkrede

Doch nun lohnt es sich dennoch, nach der richtigen Redegattung zu suchen. Wenn das bisherige Resultat korrekt ist, kann der Philipperbrief, der seinen Höhepunkt im Lob von E erreicht, kaum eine Gerichtsrede oder eine Beratungsrede sein, auch wenn in der Paränese, und besonders bei Euodia und Syntyche mit Elementen der Beratungsrede zu rechnen ist.

Schon Watson hat gezeigt, daß das vorherrschende Tempus im Philipperbrief das Präsens ist. Dies ist vor allem das Tempus der Prunkrede[451]. Schenk sieht in den einzelnen Teilen des Philipperbriefes die Gattung der Prunkrede außer im dritten Kapitel, also genau dem Kapitel, das Garland und Schoon-Janssen als Prunkrede bezeichnen. Damit ist jeder Teil des Philipperbriefes schon mindestens einmal als Prunkrede bezeichnet worden. Doch viel entscheidender und aufschlußreicher ist, was Aristoteles zur Prunkrede zu sagen hat.

In der Lob- oder Prunkrede hat der Zuhörer nicht über Künftiges noch über Vergangenes, sondern über "rhetorisches Vermögen" zu urteilen. Der Zuhörer ist nicht ein Mitglied der Volksversammlung und nicht ein Richter, sondern "jemand, der die Rede genießt."[452] "Die Gattung der Prunkrede behandelt entweder Lob oder Tadel."[453] Der Zweck dieser Redegattung ist "das Ehrenhafte" und "das Unehrenhafte". Im Philipperbrief lobt Paulus die Philipper an entscheidender Stelle ganz am Schluß, er lobt aber auch Timotheus und Epaphroditus. Er zeigt ihre Ehrenhaftigkeit und auch seine eigene. Als verstärkenden Kontrast zeigt er die Unehrenhaftigkeit der Gegner des Kreuzes.

"Tugenden und Laster" und "Schönes und Häßliches" sind "die Gesichtspunkte für den lobenden und tadelnden Redner." Die größten Tugenden sind aber die, "die den anderen am nützlichsten sind, wenn es nämlich so ist, daß die Tugend ein Vermögen ist, wohltätig zu sein."[454] Tugendhaft sind alle Werke, die möglichst ohne Eigennutz geschehen und eher anderen zum Genuß verhelfen[455]. Der Philipperbrief fällt durch das häufige Vorkommen von hellenistischen Tugenden auf. In 4,8 ist ein eigentlicher Tugendkatalog vorhanden. Die προκοπή, die in 1,12 und in 1,25 vorkommt, ist ein Ausdruck, der auch im hellenistischen Tugendvokabular vorkommt, und mit ἐπιεικές und αὐτάρκης (4,5.11) sind ebenfalls Tugenden benannt. Die Gesinnung Christi ist diejenige Gesinnung, die radikal auf das Wohl des anderen ausgerichtet ist. Deshalb kann sie besonders leicht mit einer Tugend identifiziert werden.

"Da aber aus Handlungen das Lob folgt und da es Eigenart des tüchtigen Mannes ist, mit Absicht zu handeln, so muß man aufzuzeigen versuchen, daß der

---

451 Watson, D. F., 59 und Aristoteles I, 3, 4.
452 Aristoteles I, 3, 2, vgl. 21.
453 Ebd., I, 3, 3, vgl. 21.
454 Ebd., I, 9, 1-6, vgl. 47.
455 Ebd., I,9, 19-23, vgl. 49.

Handelnde mit Absicht gehandelt hat."[456] Paulus trägt dieses Element in bezug auf seinen möglichen Tod deutlich vor, indem er darüber mit suizidalem Vokabular schreibt[457].

Die Steigerung ist am passendsten für die Lobrede. Als Steigerung ist ein Vergleich mit berühmten Leuten sehr geeignet[458]. Paulus vergleicht die Philipper mit seinen Mitarbeitern Epaphroditus und Timotheus und vor allem mit sich selber, alle zusammen aber mit der Gesinnung Christi.

Die Prunkrede "entspricht am meisten der der schriftlichen Darstellung". Diese ist "die höchste Form der artistischen Ausbildung"[459]. Der besonders kunstvolle Aufbau des Philipperbriefes erinnert an diese Aussagen von Aristoteles.

"Die Proömien der epideiktischen Reden aber werden gebildet aus Lob bzw. Tadel." Sie müssen beim "Zuhörer den Glauben erwecken, er selbst oder sein Geschlecht oder seine Beschäftigung oder auf sonst irgendeine Weise habe er Teil am vorgetragenen Lob."[460] Dies geschieht im Proömium des Philipperbriefes, in dem Paulus mit der Danksagung die Philipper lobt. Er gibt ihnen hier sogar Anteil an der später folgenden Schilderung seiner eigenen vorbildlichen Haltung im Gefängnis, indem er sie als Mitteilhaber seiner Fesseln und seines Dienstes be- zeichnet (1,7).

Obwohl Aristoteles zuerst einmal die Erzählung für die Prunkrede pauschal ab- gelehnt hat, zeigt er dann doch eine spezielle Möglichkeit für diese auf. "Die Erzählung ist in den Reden der epideiktischen Redegattung nicht zusammenhän- gend, sondern nach Teilen gliedert." "Nebenher ist in die Erzählung das einzu- bringen, was für deine eigene Tugendhaftigkeit zuträglich ist."[461] Im Philipperbrief gibt es keine Einheit, die wie eine typische narratio den Gegenstand des Briefes kurz darstellt, sondern die einzelnen Themen des Briefes sind auf verschiedene Teile aufgeteilt. Paulus zeigt seine eigene Tugendhaftigkeit in A, aber auch in praktisch jedem anderen Abschnitt des Philipperbriefes.

"In den epideiktischen Reden wird die Amplifikation, daß Dinge schön und nützlich sind, einen großen Raum einnehmen; denn die Fakten selbst muß man für glaubhaft halten."[462] Und wirklich versucht Paulus zu zeigen, daß sowohl seine Gefangenschaft als auch die Rückkehr des Epaphroditus nützlich sind, und er zeigt, wie nützlich die Unterstützung der Philipper für sie und für ihn selber ist.

---

456 Ebd., I, 9, 32, vgl. 51.
457 Vgl. dazu die Ausführungen zu Droge bei Anm. 270.
458 Ebd., I, 9, 38-40.
459 Ebd., III, 12, 2 + 5, vgl. 199 + 202.
460 Ebd., III, 14, 2 + 11, vgl. 205 + 208.
461 Ebd., III, 16, 1 + 5, vgl. 212f.
462 Ebd., II, 17, 3, vgl. 216.

"Bei den epideiktischen Reden muß man in die Rede selbst Lobsprüche einschieben ..."[463] Das hohe und im Zusammenhang überraschende Lob von 4,1 erklärt sich als solch eingeschobener Lobspruch besonders gut.

Der Philipperbrief weist viele Charakterzüge einer Prunkrede auf. Er ist zum Dank und zum Lob der Philipper geschrieben. Dennoch hat er Elemente einer Beratungsrede. Diese haben gewisse Gemeinsamkeiten. "Was man nämlich beim Beraten empfiehlt, das wird zu Lobesäußerungen, wenn man die Ausdrucksweise umwandelt."[464] Wenn man die Steigerung und den dazugehörenden Vergleich besonders in der Prunkrede verwenden kann, dann das Beispiel in der Beratungsrede[465]. Paulus scheint den Philipperbrief in einer gewissen Spannung zwischen diesen beiden Redegattungen geschrieben zu haben. Wenn er sich selber, Timotheus, Epaphroditus und besonders Jesus Christus in diesem Brief als Beispiel darstellt und wenn er den Philippern ein Wachsen in der Gesinnung Christi empfiehlt und dies Euodia und Syntyche sogar eindringlich nahelegt, werden diese beratenden Aspekte in dieser Prunkrede am Schluß eindeutig ebenfalls in ein großes Lob aufgehoben. In der Gesinnung, die Paulus ihnen empfiehlt, leben sie schon, und deshalb ist es möglich, sie mit den Beispielen für diese Empfehlungen zu vergleichen. Die Philipper leben in der Gesinnung des Paulus und vor allem in der Gesinnung Christi.

Paulus scheint sich zu bemühen, den Philipperbrief nie auf eine rein beratende Ebene wechseln zu lassen, sondern immer den lobenden Grundton beizubehalten. Das ist besonders gut an der schärfsten Mahnung im Philipperbrief in 4,2f zu beobachten, die durch das hohe Lob in 4,1 abgesichert ist. Aber nicht nur die Gemeinde wird gelobt, sondern auch in der Mahnung an die Gemeindeleitung bemüht sich Paulus offensichtlich darum, den lobenden Grundton nicht zu verlieren. Die am Konflikt beteiligten Verantwortlichen, die Paulus ermahnt, zeichnet er zugleich mit sehr lobenden Ausdrücken aus. Der eine wird als γνήσιε σύζυγε angeredet, das ist sogar ein doppelter Ehrentitel, und Euodia und Syntyche werden von Paulus gelobt, daß sie sich mit ihm am Wettkampf des Evangeliums beteiligt haben und ihr Name im Buch des Lebens steht.

Die Erwägungen über die rhetorischen Gattungen helfen somit, die Argumentationsstrategie des Paulus im Philipperbrief besser zu verstehen. In A stellt er sich zunächst einmal als Beispiel dar. In der Paränese (B-D) rät er, der Gesinnung Christi entsprechend zu leben, und zwar erstens gemäß dem Beispiel von Jesus Christus selbst, dann aber auch gemäß dem von ihm und seinen Mitarbeitern. Zugleich betont er schon hier, daß die Philipper bis jetzt entsprechend dieser Gesinnung gewandelt sind (1,30; 2,12; 4,1). In E stellt er Timotheus und Epaphroditus als weitere Beispiele für diese Gesinnung vor. Aber Epaphroditus ist nicht nur ein Vorbild für die Philipper, sondern auch eines von ihnen. Mit dem Dank für die Spende hebt Paulus nun auch die beratenden Elemente definitiv in das Lob auf. Die Beispiele werden zu Vergleichen, und was er als Beratung empfohlen

---

463 Ebd., III, 17, 11, vgl. 218.
464 Ebd., I, 9, 35, vgl. 52.
465 Ebd., I, 9, 40.

hat, wird zum Lob. Sie sollen nicht nur wandeln wie Christus und Paulus und seine Mitarbeiter, sondern ihr Wandel läßt sich durchaus mit dem von Paulus und seinen Mitarbeitern und sogar mit dem von Christus vergleichen. Sie sind in ihrem Wandel Christus ähnlich geworden.

Im Brief liegt somit eine Spannung zwischen beratender und lobender Rede vor, doch die Lobrede herrscht sogar in der Paränese vor[466]. Die Spannung wird am Schluß eindeutig zugunsten des Lobes aufgelöst[467].

Es ist gut möglich, daß diese untergeordnete, beratende Funktion des Briefes in der kürzeren Bitte des Proömiums (1,9-11) angedeutet wird, die lobende Hauptfunktion aber in der längeren Danksagung desselben (1,3-8).

7.2.3 Lokalkolorit in der Wortwahl

Ph. Perkins legt in einem Aufsatz ihren Finger auf ein ganz anderes rhetorisches Element[468]. Sie versucht zu zeigen, daß Paulus bewußt Wortmaterial aus dem sozialen Umfeld der Philipper übernommen und verwendet hat. Beim Verweis auf das Politeuma und auf die athletischen Wettkämpfe wird dies besonders deutlich. Damit will Paulus die soziale Situation der Philipper rhetorisch vergegenwärtigen[469]. Aufgrund eines überlieferten Konfliktes aus Alexandrien zwischen Juden, die als unabhängige, politische Einheit in dieser Stadt organisiert waren - nämlich als Politeuma - und Griechen, die dies als eine ungerechtfertigte Privilegierung betrachteten, stellt sie die Hypothese auf, daß Paulus gegen eine Gegnerschaft in Philippi kämpfen mußte, die dort für die christliche Gemeinde ein solches christliches Privileg erreichen wollte. Deshalb betone er, daß ihr Politeuma im Himmel ist[470]. Paulus will so auf jeglichen rechtlichen Schutz verzichten gegenüber dem Staat, dessen Herrscher sich als Kyrios und als Soter bezeichnet. Denn der wahre Kyrios ist Christus (2,10; 3,20), und der ist auch ihr Soter (3,20).

Mit dem Wettkampfvokabular (1,27-30; 3,13-14) könnte Paulus die Philipper an die Wettkämpfe erinnern, die zu Ehren von Mitgliedern der kaiserlichen Familie abgehalten wurden. Sogar für die Verbindung des "Erfolges" von Paulus mit dem "Erfolg" der Philipper (2,16) gibt es Analogien in der Umwelt. Siegte der Athlet im Wettkampf, wurde sein Herr dafür gekrönt[471]. Seltsamerweise führt Perkins Vers 4,1 nicht an, welcher noch viel besser zu dieser Aussage passen würde, bezeichnet Paulus die Philipper doch hier als seinen Siegeskranz.

---

466 Vgl. den Vergleich mit Aristoteles und auch 1,27; 2,18; 4,1.
467 Jegher-Bucher zeigt, daß eine Mischung von verschiedenen Redegattungen der antiken Rhetorik entspricht (81).
468 Perkins, 509-520.
469 Ebd., 512f.
470 Ebd., 516f.
471 Ebd., 515-517.

Auch wenn Perkins ihre Arbeit aufgrund von drei Arbeitshypothesen schreibt, die in dieser Arbeit widerlegt werden[472], und auch wenn ihre Hypothese des philippischen "Politeumastreites" in der Gemeinde mit der Parallele zu Alexandrien eine zu dürftige Basis hat, zeigt ihre Arbeit doch in eine richtige Richtung. Es ist gut möglich, daß Paulus gezielt gewisse Wörter aus der Umwelt der Philipper verwendet, um diese Umwelt in seinem Brief zu vergegenwärtigen und damit seine Aussagen zu stützen.

Wie ein feines Webmuster ziehen sich gewisse auffällige Wörter durch den ganzen Brief hindurch. Da ist einmal das politisch gefärbte Vokabular, auf das Perkins hinweist. Während die Verwendung von κύριος für Paulus nicht unüblich ist, so erscheint das Wort σωτήρ schon viel seltener[473]. Die Wörter πολίτευμα (3,20) und πολιτεύεσθαι (Phil 1,27) erscheinen nur ein einziges Mal bei Paulus. Der Aufruf zum richtigen politischen Wandel ist in 1,27 sehr betont ganz zu Beginn der Paränese gesetzt. Die Philipper sollen als Bürger würdig leben. Das Wort kann sogar heißen "den Staat verwalten". Paulus ruft die Philipper dazu auf, würdevolle Bürger zu sein. Es ist einfacher anzunehmen, daß er mit diesem Wort und den anderen nicht zu einer komplizierten gemeindlichen Streitfrage Stellung nimmt, sondern fein auf ein gesellschaftliches Ideal der hellenistischen Gesellschaft anspielt, nämlich ein angesehener Bürger zu sein und sich eventuell sogar ehrenvoll an der Verwaltung zu beteiligen. Paulus fordert die Philipper dazu auf, ihre politische Stellung wahrzunehmen, indem sie würdige Bürger für ihr Gemeinwesen und ihren Herrn und Retter sind. Ihr Bürgerort ist allerdings im Himmel, und das gesellschaftliche Ideal, ein würdiger Bürger zu sein, erreicht man dort nicht durch Selbsterhöhung, sondern durch Selbsterniedrigung, wie es dem Kyrios und Soter dieses Politeuma entspricht.

Natürlich ist eine solche Interpretation zu gewagt, wenn sie nicht weiter gestützt wird. Doch auch das Wettkampfvokabular im Philipperbrief erinnert an ein Ideal der damaligen Gesellschaft. Wer in den Wettkämpfen gewann, genoß hohes Ansehen und nicht nur er, sondern auch sein Herr, wie Perkins zeigt. Paulus spielt mit vielen Wörtern, die er sonst selten gebraucht, auf dieses Ideal an. Auf einen Wettkampf spielt sicher συναθλεῖν in 1,27 und in 4,3 an[474], aber auch ἀγών (1,30)[475], βραβεῖον (3,14)[476] und στέφανος (4,1)[477], und vielleicht auch die Wörter παραβολεύεσθαι (2,30)[478], ἀντίκεισθαι (1,28) und σκοπός (3,14). Im Zusammenhang wurde schon deutlich, daß diese Wörter in Beziehung zur Selbsterniedrigung stehen. Paulus jagt nach dem Siegespreis (3,14) durch Selbsterniedrigung, und die Philipper, die im selben Wettkampf stehen wie er (1,30), sind seine Freude und sein Siegeskranz (4,1), da sie in der Gesinnung Christi leben. Die an Christus Glaubenden sollen das gesellschaftliche Ideal des

---

472 Dreiteilung, Wichtigkeit der Gegner und 2,5-11 als vorpaulinischer Hymnus.
473 Nur noch in Eph 5,23; 1 Tim 1,1; 2,3; 4,10; 2 Tim 1,10; Tit 1,3.4; 2,10.13; 3,4.6.
474 Nur hier im NT.
475 Kol 2,1; 1 Thess 2,2; 1 Tim 6,12; 2 Tim 4,7.
476 Im NT nur noch in 1 Kor 9,24
477 1 Kor 9,25; 2 Thess 2,19; 2 Tim 4,18.
478 Nur hier bei Paulus.

Sieges im Wettkampf auf ihre Weise erlangen, nämlich durch die Selbstentäußerung.

Sicher war es damals wie heute für die meisten ein Ideal, wirtschaftlich erfolgreich und reich zu sein. Die auffällige Handelsterminologie im Brief wurde auch schon erwähnt und zwar gerade im Zusammenhang mit der Selbsterniedrigung: εἰς λόγον δόσεως καὶ λήμψεως (4,15)[479] und εἰς λόγον ὑμῶν (4,17)[480], ἀπέχειν (4,18)[481], κέρδος (1,21; 3,27)[482], κερδαίνειν (3,8)[483], βεβαίωσις[484] und ζημία (3,7.8)[485]. Auch diese Wörter kommen sonst bei Paulus nur selten oder nie vor. Auch sie gebraucht er offensichtlich zur Umschreibung der Selbsterniedrigung[486]. Damit spricht er an, daß, wer im Himmelsstaat Gewinn machen will, dies paradoxerweise durch Selbsterniedrigung tut. Auch dieses gesellschaftliche Ideal wird in der neuen Gesellschaft des Evangeliums durch Streben nicht nach oben, sondern nach unten erreicht.

Bei den wenigen militärischen Wörtern im Brief ist es sicher vorsichtiger, auf eine solche Interpretation zu verzichten. Auch wenn Paulus Epaphroditus, der ebenfalls die Gesinnung Christi vorbildlich lebt, als Mitsoldaten (2,25: συστρατιώτης) bezeichnet, haben die restlichen Wörter, die in die gleiche Richtung zeigen könnten, zu wenig Gewicht[487].

Anders sieht es mit zwei weiteren Wortgattungen aus, die ebenfalls in der hellenistischen Gesellschaft beheimatet sind. Zwei Wörter im Philipperbrief sind Fachausdrücke aus den Mysterienreligionen. Beide stehen eindeutig im Zusammenhang mit der Selbsterniedrigung Christi[488]. Paulus ist eingeweiht (4,12: μυεῖσθαι)[489] in die Fähigkeit, erniedrigt und erhöht zu sein. Diejenigen, die diese Gesinnung haben (4,15: τοῦτο φρονεῖν), das ist die Gesinnung, die auch in Jesus Christus war (2,5), sind vollkommen (τέλειοι). Neben anderen Bedeutungen, die τέλειος hat, ist es auch ein Terminus technicus des Mysterienwesens und bezeichnet den mit den Weihen Versehenen, das heißt den Eingeweihten[490]. Offensichtlich ist für Paulus derjenige, der das Ziel des Mysten erreicht hat, derjenige, der in der Gesinnung Christi lebt. Auch dieses hellenistische Ideal

---

479 Strack/Billerbeck zeigt, daß dies auch jüdische Handelsterminologie ist (Bd. 3, 624).
480 Diese Wendungen sind einzigartig im NT.
481 1 Thess 4,3; 5,22; 1 Tim 4,3; Phm 15.
482 Im NT nur noch in Tit 1,11.
483 1 Kor 9,19.20.20.21.22.
484 Es bedeutet "zunächst die Erfüllung eines Vertrages ... insbesondere die eines Kaufvertrages seitens des Verkäufers durch Übergabe des verkauften Gegenstandes" (Pauly-Wissowa). Im NT nur noch in Hebr 6,16.
485 Nur hier bei Paulus.
486 Vgl. 5.2 und 6.2.
487 Vgl. ἀντίκεισθαι 1,28; ἐχθρός (3,18), ὑποτάσσειν (3,21).
488 Vgl. 5.4.2.
489 Nur hier im NT.
490 Vgl. Bauer, 1614, der im NT nur dieser Stelle und noch Kol 1,28 diese Bedeutung zugesteht.

wenigstens eines Teiles der Gesellschaft[491] (immerhin ist seit 42 v. Chr. Isis die Schutzgöttin von Philippi[492]) erreicht man in der neuen Gesellschaft, in der Jesus Christus der Kyrios ist, durch Selbsterniedrigung.

Das dominanteste dieser hellenistischen Ideale, die Paulus für seine Zwecke verwendet, ist das ethische. In keinem seiner Briefe gebraucht er so viele Begriffe aus der hellenistischen Moral und besonders aus dem stoischen Sittlichkeitsideal. Die προκοπή (1,12.25)[493] ist ein stoisches Ideal[494]. Ebenfalls weisen die Wörter ἄμεμπτος[495] und ἀκέραιος[496] und als Gegensatz dazu σκολιά[497] und διεστραμμένος[498] in 2,15 in dieselbe Richtung. Noch deutlicher ist es mit dem Ausdruck τὸ ἐπιεικές in 4,5, dessen synonyme Verwendung für die Gesinnung Christi schon gezeigt wurde[499]. Ein typischer hellenistischer Tugendkatalog beginnt in 4,8[500]. Die meisten dieser Wörter gebraucht Paulus ebenfalls sonst nicht häufig, προσφιλής und εὔφημος sogar nie. Wieder ganz offensichtlich mit der Gesinnung Christi verknüpft, erscheint mit αὐτάρκης in 4,11 ein Zentralbegriff der Stoa[501]. Damit zeigt Paulus, daß wer in der Gesinnung Christi lebt, die höchsten sittlichen Ideale der Gesellschaft verwirklicht. Allerdings werden diese Ideale nicht einfach übernommen, sondern von der Selbsterniedrigung Christi her neu interpretiert[502].

Zusammenfassend kann man sagen, daß Paulus die Philipper mit dem Gebrauch dieser Wörter fein darauf hinweist, daß sie die Ideale ihrer Umwelt, durch die man Ansehen und Erhöhung bekommt, im himmlischen Politeuma des Kyrios Jesus Christus auch erreichen. Allerdings sind diese Idealbegriffe neu gefüllt, und man gelangt nicht durch Selbsterhöhung, sondern durch die Selbsterniedrigung dazu. Wer im Politeuma Gottes "Karriere" machen will, erniedrigt und entäußert sich, oder anders gesagt, wer der Höchste sein will, der soll der Diener von allen sein.

Es bleibt festzuhalten: Diese Wörter gehören nicht primär zur argumentativen thematischen Entfaltung - das wäre eine Überbetonung ihrer Bedeutung - sondern

---

491 Mindestens zwei Mysterienkulte wurden für die Zeit des Paulus in Philippi nachgewiesen: Dionysische Mysterien und Isiskult. Vgl. Portefaix, 104ff.116ff.
492 Vgl. O'Brien, 5.
493 Sonst nie im NT.
494 Arnim, 122.
495 Außer in 3,6 nicht mehr bei Paulus.
496 Röm 16,19. Vgl. auch Arnim, 11.
497 Nur hier bei Paulus.
498 Nur hier bei Paulus.
499 Vgl. 5.2. Vgl. Arnim, 54.
500 Vgl., Russell, 304. Außer für προσφιλής und εὔφημος gibt Arnim für jedes Wort stoische Belegstellen an.
501 Arnim, 31.
502 Es gibt noch viele Wörter aus der religiösen Gebets- und Opfersprache, doch es ist wahrscheinlicher, daß Paulus damit nicht primär auf das hellenistische Umfeld sondern auf die jüdische Tradition und die LXX anspielt und deshalb sollen diese weiter unten untersucht werden, vgl. 7.3.1.

sie spiegeln in feiner Weise etwas von den Themen wieder. Sie gehören nicht zur Struktur und zum Thema des Bildes, sondern zur Farbe.

Das Fragen nach epistolographischen und rhetorischen Elementen im Philipperbrief hat sich als sehr fruchtbar erwiesen. Viele Ergebnisse der Erforschung des Konzeptes sind erhärtet worden. Der Philipperbrief ist eine Mischform aus epistolographischen und rhetorischen Elementen. Diese Feststellung ist nicht überraschend, wurden solche Mischformen doch schon mehrfach bei Paulus festgestellt. Eine solche Mischform wird von F. Schnider und W. Stenger für die briefliche Selbstempfehlung nachgewiesen[503]. H. D. Betz sieht im Stil des Galaterbriefes eine solche Mischform[504].

Die Epistolographie zeigt, daß Paulus sogar mit der Grundstruktur das Hauptthema der Koinonia stützt, indem er den Brief an das Muster des Familienbriefes anlehnt. Die in dieser Arbeit nachgewiesenen Elemente des freundschaftlichen Gelegenheitsbriefes, der dennoch gezielt Lehre vermittelt, ist offensichtlich für die Antike nichts Unvorstellbares, wie der Vergleich mit Seneca gezeigt hat. Die antike Rhetorik macht nicht nur den auffälligen Gebrauch bestimmter Wörter, die dazu gehören, den Inhalt stilistisch angemessen auszudrücken, begreiflich, sondern die Gattung der Prunkrede läßt den besonders kunstvollen Aufbau des Philipperbriefes mit der fehlenden, zusammenfassenden Themenangabe nach dem Proömium und mit den eingeflochtenen Lobsprüchen verständlich werden. Zugleich stützt die Epistolographie das Resultat, daß der Philipperbrief vor allem zum Lob der Philipper geschrieben wurde.

Anscheinend hat Paulus aus vorgegebenen Traditionen für die Niederschrift des Philipperbriefes das übernommen, was ihm zur besseren Verständlichkeit des Inhaltes und zu dem ihm angemessenen Ausdruck am förderlichsten schien.

7.3 Alttestamentliche Elemente

7.3.1 Die Verankerung im jüdischen Denken

Offensichtlich schöpfte Paulus bei der Niederschrift des Philipperbriefes aus verschiedenen Traditionen. Nach den epistolographischen und rhetorischen Elementen soll nun noch nach alttestamentlichen Traditionen gefragt werden.

---

503 Schnider/ Stenger, 51f.
504 Betz, 55f: "Der Galaterbrief des Paulus ist jedoch ein Beispiel für die Gattung des apologetischen Briefes". Diese besteht aus einer Mischung aus Briefform, Autobiographie und Verteidigungsrede. Vgl. auch Jegher-Bucher, die ebenfalls rhetorische und epistolographische Elemente im Galaterbrief nachweist (46).

Die eindrückliche Beziehung der zentralen Thematik von Freude und Dienen verknüpft mit "Furcht und Zittern" in Ps 2,11 wurde bereits erwähnt[505]. Ebenso gibt es aber noch viele weitere implizite Anspielungen auf das Alte Testament. J. Schoon-Janssen zählt einige auf, so Phil 1,11 (Prv 3,9; 11,30(LXX)); Phil 1,19 (Hi 13,16(LXX)); Phil 2,7 (Jes 53,3.11); Phil 2,10f. (Jes 45,23(LXX)); Phil 2,15, (Dtn 32,5; Dn 12,3(LXX)); Phil 2,16 (Jes 49,4; 65,23(LXX)); Phil 3,19 (Hos 4,7); Phil 4,3 (Ps 69,29); Phil 4,4f. (Ps 145,18); Phil 4,18 (Gen 8,21; Ex 29,18; Hes 20,41; Jes 56,7). "Diese Passagen weisen allesamt Anklänge an das AT auf und reflektieren auf diese Weise den jüdischen Hintergrund des paulinischen Denkens, der auch in Abschnitten wie Phil 3,20f sehr deutlich wird." In diesem Zusammenhang findet Schoon-Janssen ein weiteres Argument gegen die Überbewertung der Gegnerthematik in 3,2ff. "Das Fehlen jeglicher auf das AT gestützter Argumentationen im Phil ist vor allem deshalb bemerkenswert, weil die Philipper es in 3,2ff scheinbar mit judaistischen Gegnern zu tun haben. Auch aus dem Fehlen von AT-Zitaten bestätigt sich hier also nochmals der Beispiel-Charakter von 3,2-11."[506]

Ausführliche Erörterungen der alttestamentlichen Anspielungen und Bezüge im Philipperbrief findet man bei E. Lohmeyer[507]. Mit größter Sorgfalt zeigt er die tiefe Verankerung des Philipperbriefes im jüdischen und alttestamentlichen Denken[508].

Paulus steht folglich mit dem Philipperbrief, obwohl er kein direktes Schriftzitat aufführt, auf dem Boden der hebräischen Bibel, der Septuaginta[509] und des zeitgenössischen Judentums[510]. Doch was bedeutet dies für die Gliederung dieses Briefes?

Aus dem frühen Judentum ist ein schönes Beispiel für das Ideal der Übereinstimmung von Form und Inhalt erhalten. Der Verfasser des zweiten Makkabäerbuches schließt mit folgendem, schönen Bild: "So will ich nun hiermit dies Buch beschließen, nachdem Nikanor umgekommen ist und die Hebräer die Stadt seit jener Zeit wieder in Besitz haben. Und wenn es gut gelungen und geschickt geordnet ist, so war das meine Absicht. Ist's aber zu einfach geraten, so habe ich doch getan, soviel ich vermochte. Denn immer nur Wein oder nur Wasser

---

505 s. o. bei Anm. 320.
506 Schoon- Janssen, 145.
507 Ein Vergleich der alttestamentlichen Belegstellen von Schoon-Janssen mit denen von Lohmeyer zeigt, daß die meisten von ihnen schon bei Lohmeyer zu finden sind.
508 Besonders viele alttestamentliche Hinweise finden sich in seinen zahlreichen Fußnoten; vgl. z. B. Fußnote 4, Vgl. 53 zu 1,20.
509 Paulus wird meistens die LXX verwendet haben; vgl. Koch, 48.
510 J. Becker schreibt zu Phil 2,15f: "Paulus überträgt in diesem Text jüdische Ansprüche und jüdisches Bewußtsein auf die christliche Gemeinde" (47), vgl. dazu auch Strack/Billerbeck (621), dort finden sich ebenfalls weitere Bezüge (618-625). Eine weitere wichtige jüdische Tradition im Philipperbrief zeigt N. Walter: "So fremd für den aus hellenistischer Tradition kommenden Menschen der Gedanke des Leidens um Gottes und seines Ausschließlichkeitsanspruches willen sein mußte, so sehr war es einem Paulus aus der Tradition des Judentums seit der Zeit der Makkabäer und Hasidim geläufig, daß Leiden um Gottes willen Freude sein könne" (428ff).

trinken wird einem zuwider; wenn aber Wein mit Wasser vermischt erst wirklich Freude macht, so erfreut die Art, wie man die Worte setzt, die Ohren derer, die die Geschichte hören. Damit bin ich am Ende angelangt."[511]

Doch das Streben nach Übereinstimmung von Sprache und Inhalt findet sich nicht nur in den jüngeren Büchern der LXX, die in der Auseinandersetzung mit dem Hellenismus entstanden sind, sondern auch in der ganzen hebräischen Bibel. Während die Fragen nach hellenistischen, epistolographischen und rhetorischen Elementen für das Verständnis des kunstvollen Gesamtaufbaus des Philipperbriefes sehr nützlich waren, wurde dennoch keine Antwort auf die Frage gefunden, aus welchen Traditionen Paulus bei der parallelen Anordnung der einzelnen Briefabschnitte schöpfen konnte.

Auch wenn die Stilfigur des Parallelismus ein weit verbreitetes, sprachliches Phänomen ist, so ist doch gerade die semitische und bei uns vor allem die alttestamentliche Literatur bekannt für den überragenden Stellenwert, den sie dem Parallelismus einräumt. Wegen der Bedeutung des Parallelismus in der alttestamentlichen Literatur liegt die Frage nahe, ob Paulus für die parallele Anordnung der einzelnen Abschnitte des Philipperbriefes auf alttestamentliche Traditionen zurückgreifen konnte.

Neueste Untersuchungen zu alttestamentlichen Büchern zeigen, daß parallele beziehungsweise chiastische Anordnungen in der Makrostruktur zu finden sind. Alexander Fischer postuliert für einen Teil von Kohelet einen streng gegliederten Aufbau. Kohelet 1,12-2,26 besteht aus drei Gedankenkreisen (A, B und C), die in chiastischer Weise (C', B' und A') wieder aufgenommen werden. Die Feingliederung dieser je drei Abschnitte ist durch eine parallele Feinstruktur gegeben. Sowohl A, B und C als auch C', B' und A' sind durch jeweils dasselbe parallele, dreigliedrige Muster aufgebaut. Chiastische und parallele Strukturen bestimmen also diesen Abschnitt des Kohelet[512]. Letzterer ist nochmals in einen größeren chiastisch strukturierten Teil integriert. In Kohelet 1,3-3,15 stehen sich je drei Gedankenkreise chiastisch gegenüber (I, II, III x I', II', III')[513].

Sogar in der Prosaliteratur gibt es chiastische Anordnungen in der Makrostruktur von großen Textzusammenhängen. J. P. Fokkelmann schlägt für die Thronfolgegeschichte 2 Sam 9-20 und 1 Kö 1-2 eine Grundstruktur in vier Akten vor. Der dritte Akt besteht aus 16 Teilen, die sich in einem achtgliedrigen Chiasmus gegenüberstehen[514].

Diese Beispiele zeigen, daß wenigstens die Vermutung berechtigt ist, daß Paulus für die parallele Strukturierung des Philipperbriefes auf alttestamentliche Traditionen zurückgreifen konnte. Da dies jedoch auch für die alttestamentliche

---

511 2 Makk 15,38 (nach rev. Lutherübersetzung).
512 Fischer, A., 79.
513 Ebd., 85.
514 Fokkelmann, 415.

Forschung eine relativ neue Frage ist, kann in dieser Arbeit keine gesicherte Antwort gegeben werden.

Avi Hurvitz beschreibt ein weiteres Phänomen des Parallelismus. Er stellt fest, "daß sich nahezu alle Fälle von Parallelismus durch das spezielle Strukturmerkmal charakterisieren lassen, wonach einander entsprechende semantische Einheiten im jeweiligen syntaktischen Gebilde in gleichwertiger Stellung (...) vorkommen."[515] Das heißt, daß ein Grundmerkmal eines Parallelismus die Austauschbarkeit seiner Glieder ist. "In der Tat läßt sich zeigen, daß in allen hier zur Debatte stehenden Fällen die jeweils entsprechenden semantischen Einheiten, so innerlich verschieden sie auch strukturiert sein mögen, tatsächlich im selben syntaktischen Gefüge oder Kontext stehen, insofern als sie sich ohne weiteres gegeneinander austauschen lassen, woraufhin das neue Satzgebilde (...) sprachlich immer noch akzeptabel ist."[516]

Prüft man die Glieder der Parallelismen des Philipperbriefes auf ihre gegenseitige Austauschbarkeit hin, sieht man, daß sich a^1 durchaus mit a^2 vertauschen läßt (dasselbe gilt für b^1 und b^2 u.s.w.) und dennoch ein sprachlich akzeptables Resultat erhalten bleibt, das inhaltlich nicht viel von seiner Bedeutung einbüßt[517].

Dies ist nachträglich ein weiteres Indiz für den nachgewiesenen, parallelen Aufbau des Philipperbriefes. Vor allem aber erklärt die Austauschbarkeit der einzelnen Glieder eine weitere Eigenart des Philipperbriefes. Die für die Gestaltung eines Parallelismus offensichtlich so wichtige Austauschbarkeit der Glieder wird im Philipperbrief formal dadurch gewährleistet, daß die einzelnen Abschnitte für den sonstigen Stil des Paulus bemerkenswert unverbunden dastehen. Dieser Unterschied zu anderen Paulusbriefen ist an der in 1,27 mit μόνον eingeleiteten Paränese besonders deutlich sichtbar und wurde auch anhand dieser Stelle weiter oben näher erläutert[518]. Nicht nur auf der Ebene der fünf "Abschnittsparallelismen" wird dies ersichtlich, sondern auch bei dem das Briefkorpus umspannenden "Makroparallelismus", der durch diese gebildet wird. Ein Grund, weshalb 3,1 die crux interpretum des Philipperbriefes ist und wieso viele Exegeten von diesem Vers mit ihren Teilungshypothesen ausgegangen sind, liegt darin, daß 3,1 syntaktisch nur lose die erste Briefhälfte mit der parallelen zweiten Hälfte verbindet. Dadurch wird die parallele Stellung der beiden Briefkorpushälften betont. Dasselbe ist auch innerhalb des Abschnittes d^2 zu finden. Das τὸ λοιπόν in 4,8, das die beiden parallelen Glieder 4,4-7 und 4,8f syntaktisch so schwach verbindet und somit ebenfalls Anlaß zu literarkritischen Operationen gegeben hat[519], will offensichtlich diese beiden Hälften nicht enger miteinander verbinden, um die Austauschbarkeit

---

515 Hurvitz, 93.
516 Ebd., 92.
517 Selbstverständlich geht der spannungsvolle, rhetorische Bogen des Gesamtaufbaus verloren, wenn z. B. das den Höhepunkt bildende e^2 anstelle von e^1 gesetzt wird und somit nicht mehr am Schluß steht (vgl. 5.8). Dennoch wäre der Brief immer noch verständlich. Ich wage sogar zu behaupten, daß mancher moderne Zuhörer von einer solchen Umstellung nichts merken würde.
518 s. o. bei Anm. 284 und Lohmeyer, 73.
519 Z. B. Barth, G., 10.

der beiden Glieder zu gewährleisten und damit deren parallele Gegenüberstellung zu betonen.

Für mich ist die Grundstruktur des Philipperbriefes am leichtesten auf dem Hintergrund des hebräischen Parallelismus membrorum zu verstehen. Dieses Muster bezieht sich im Philipperbrief nicht nur auf Wortpaare, sondern ist im Sinne einer globalen Bezeichnung einer Gedankenfigur verwendet. Wörter, Themen, Stilfiguren, Wortanzahl-Verhältnisse[520] und anderes mehr werden einander gegenübergestellt.

So entsprechen sich die Glieder der Abschnittsparallelismen in ihrem Thema, in ihrer Länge und, in unterschiedlicher Dichte, auch in Stil und Wortmaterial. Elemente des synonymen (z. B. 2,18 und 4,4), des antithetischen (z. B. 1,21: "Gewinn" und 3,7: "Verlust") und des synthetischen (z. B. 2,2 und 4,2) Parallelismus membrorum sind in diesen Textteilen zu finden. Die parallelen Glieder haben gewisse kongruente Aspekte, doch grundsätzlich stehen sie sich in komplementärer Weise gegenüber.

Nun ist aber der Parallelismus membrorum im strengen Sinn eine poetische Stilfigur und deshalb in prophetischen und vor allem in den typisch poetischen Büchern wie den Psalmen zu finden. Das ergibt zunächst eine Schwierigkeit für die Interpretation des prosaischen Philipperbriefes, die aber verschwindet, wenn man beachtet, daß eine Hauptfunktion des Briefes das Lob der Philipper ist. Dieses poetische Element könnte Paulus als geeignet für die schöne und angemessene Darstellung dieses Lobes betrachtet haben. Und schließlich soll der ganze Brief einem Zweck dienen, der sehr deutlich in die Richtung psalmischer Dichtung führt, nämlich der Ehre und dem Preis Gottes (1,11; 4,20)[521].

Meiner Meinung nach hat Paulus den kunstvollen parallelen Aufbau aus drei Gründen gewählt. Er selber erwähnt in 3,1b explizit seine didaktische Erwägung, daß, wenn er dieselben Dinge mehrmals sagt, die Philipper dadurch stark gemacht werden. Der zweite Grund wird ein Schönheitskriterium sein. Paulus wollte das, was er sagte, auch schön ausdrücken. Das Lob der Philipper, das mit Elementen der Prunkrede durchzogen ist, wird durch die Parallelstruktur im Brief besonders schön entfaltet. Drittens vermute ich, daß Paulus mit der feingegliederten Parallelismusstruktur dem ganzen Brief, obwohl Prosa, doch ein hymnisch preisendes Gepräge geben wollte.

Es ist gut möglich, daß sich Paulus mit der Parallelismusstruktur an die liturgische, feierliche Sprache der alttestamentlichen Poetik, insbesondere der Psalmendichtung anlehnt. Schließlich ist der Preis Gottes des Vaters das oberste Ziel dieses Briefes (vgl. 1,11; 2,11; 4,20). Dazu würde auch der auffällige vier-

---

520 Vgl. besonders die spiegelbildliche Länge der Abschnitte mit der mathematischen Dimension der Parallelismen bei Watson, W. G. E., 115ff.

521 Vgl. Alonso Schökel: Die Synonymität - die im Philipperbrief formal durch die gleiche Abschnittslänge und auch z. T. inhaltlich gegeben ist - drückt im AT "emotion" und "contemplation" aus, 66f.

fache Gebrauch von Ausdrücken aus der Gebetsterminologie je im Proömium und in d² [522] und die starke Präsenz von alttestamentlichem Opfer- und Gottesdienstvokabular gut passen[523].

Auf jeden Fall steht Paulus mit der Niederschrift des Philipperbriefes traditionsgeschichtlich auch auf alttestamentlichem Boden. Man kann sagen, der Diasporajude Paulus hat zur Freude und zum Lob der Philipper und zur Ehre Gottes geschrieben, indem er auf hellenistische und jüdische Stiltraditionen zurückgriff und diese kunstvoll miteinander verflocht.

7.3.2 Der Verfasser des Hymnus

Lohmeyer hat Folgendes über den Hymnus gesagt: "Dann ist aber der Schluß unausweichlich, daß das Gedicht wohl ursprünglich griechisch geschrieben ist, aber von einem Dichter, dessen Muttersprache semitisch war"[524]. Diese Aussage kann man auf den ganzen Brief ausdehnen, nur daß hier keine Aussage darüber gemacht werden soll, ob die Muttersprache von Paulus "semitisch" war - sein Denken war es sicher.

Da diese Aussage von Lohmeyer in "Kyrios Jesus" aber dazu diente, den Stil des Hymnus von dem des Philipperbriefes abzuheben und damit dessen vorpaulinische Abfassung zu belegen, sollen nun seine Argumente für die vorpaulinische Abfassung des Christusliedes mit dem Ertrag meiner Arbeit zum ganzen Philipperbrief verglichen werden. Ich möchte mich hier nur mit Lohmeyer auseinandersetzen, weil er mit seiner Hypothese den Stein der Bestreitung der paulinischen Verfasserschaft erst richtig ins Rollen brachte, und weil zweitens der Umfang der ganzen Hymnusforschung ein solches Maß angenommen hat, daß es hier nicht genügend Raum gibt, angemessen darauf einzugehen.

Für Lohmeyer ist der Hymnus aufgrund von verschiedenen Beobachtungen vor dem Philipperbrief geschrieben: 1. Der Hymnus hebt sich vom Philipperbrief ab, weil "diese Periode strenger gefügt und sorgfältiger geformt ist als andere mehr briefliche Stellen des gleichen Schreibens."[525] Tatsächlich ist der Hymnus sehr sorgfältig komponiert, doch auch der ganze Philipperbrief ist, wie gezeigt, äußerst überlegt durchgeformt. 2. "Ein διὸ καί scheidet die Periode in zwei genau gleiche Hälften."[526] Auch der Philipperbrief ist, sieht man von dieser zweigeteilten Periode ab, in zwei genau gleiche Hälften geteilt. 3. Der Hymnus "geht über den paränetischen Zusammenhang nicht nur weit hinaus, sondern ist auch nur lose mit ihm verknüpft."[527] Abgesehen davon, daß die lose Verknüpfung der einzelnen Perikopen

---

522 Vgl. 6.1.
523 σπένδεσθαι (2,17); θυσία (2,17; 4,18); εὐωδία (4,18; vgl. Gen 8,21); ὀσμή (4,18; vgl. Gen 8,21); aber auch δεκτός (4,18); εὐάρεστος (4,18); λειτουργός (2,25) und λειτουργία (2,17; 2,30), diese Wörter werden zur Bezeichnung des Priesterdienstes gebraucht.
524 Lohmeyer, Kyrios Jesus, 9.
525 Ebd., 4.
526 Ebd., 5.
527 Ebd., 8.

überhaupt ein Charakteristikum des Briefes ist, wurde eingehend gezeigt, wie der Hymnus, die Paränese und der ganze Brief miteinander verknüpft sind[528]. Der Hymnus hebt sich also vom Stil des ganzen Briefes nicht deutlich ab, abgesehen davon, daß er eben ein Hymnus ist. Es ist deshalb einfacher und naheliegender anzunehmen, daß der Hymnus nicht vor der Abfassung des Philipperbriefes entstanden ist.

Mit weiteren Argumenten versucht Lohmeyer zu zeigen, daß der Hymnus nicht von Paulus selber stammen kann. 1. Kein anderes Lied von Paulus zeigt "die Strenge der strophischen Bildung und die bis ins Feinste durchgeführte Gliederung, die dieses Gedicht besitzt."[529] Der ganze Philipperbrief zeigt aber, daß Paulus zur sprachlich kunstvollen Gliederung und Ausschmückung eines Prosatextes fähig und willens ist. So spricht seine sprachliche Fähigkeit nicht dagegen, daß er auch ein Gedicht wie diesen Hymnus verfassen konnte. 2. Ein weiteres Argument von Lohmeyer ist, daß im Hymnus Ausdrücke in einer Weise von Paulus verwendet sind, wie es sonst bei ihm nicht der Fall ist. Er führt u. a. Begriffe wie ἁρπαγμὸν ἡγεῖσθαι, κενοῦν, ταπεινοῦν, ὑπερυψοῦν, μορφή und σχῆμα auf[530]. In 4.3.2 wurde gezeigt, wie Paulus alle hier aufgezählten Wendungen (außer ὑπερυψοῦν und ἁρπαγμός), wenn auch zum Teil in leicht abgewandelter Form[531], im ganzen Brief mit Bezug auf den Hymnus verwendet. 3. "Der Ausdruck θανάτου δὲ σταυροῦ ist formell und sachlich nur als ein paulinischer Kommentar zu einem gegebenen μέχρι θανάτου zu begreifen"[532]. J. Schattenmann hat dargestellt, wie diese Wendung die Mitte des mit Hilfe von Elementen des hellenistischen Prosahymnus sorgfältig aufgebauten Christusliedes ist. Diese Wendung kann nicht weggenommen werden, ohne die sprachlich schöne Gliederung des Hymnus zu zerstören. 4. Weiter betont Lohmeyer, daß sich in diesem Hymnus sowohl "semitische" als auch "griechische" Stilelemente nachweisen lassen[533]. Das gleiche gilt für den ganzen Philipperbrief. Der Hymnus hat eine "poetische Struktur", ist ein "Psalm" und hat als solcher die Funktion eines "jubelnden Gebetes"[534]. Auch wenn der Philipperbrief eine Prosaschrift ist, die nicht als Psalm bezeichnet werden darf und die auch nicht ein Gebet darstellt, so enthält er doch poetische Elemente - sogar mit seiner parallelen Grundstruktur, welche in gewisser Weise an die Psalmendichtung erinnert - und der ganze Brief dient zum "jubelnden" Preise Gottes (4,20).

Auch wenn ich hier explizit nur auf die Argumente von Lohmeyer eingegangen bin, gibt es für mich keinen zwingenden Grund, daran zu zweifeln, daß Paulus diesen Hymnus selber verfaßt hat. Im Gegenteil spricht der ganze Philipperbrief dafür, daß Paulus diesen Hymnus speziell für diesen Brief komponiert und den ganzen Brief ausdrücklich auf den Hymnus bezogen hat. Der ganze Philipperbrief zeigt, daß Paulus zu einer solchen sprachlichen und theologischen Leistung fähig ist.

---

528 Vgl. 5.2 und auch 5.8.3.
529 Ebd., 8.
530 Ebd.
531 Z. B. 3.21: μετασχηματίζεσθαι anstelle von σχῆμα.
532 Lohmeyer, Kyrios Jesus, 8.
533 Ebd., 9.
534 Ebd., 9ff.

Zusammenfassung

Um dem lobenden Inhalt des Briefes eine angemessene Form zu geben, verknüpft Paulus verschiedenste antike Traditionen miteinander. Der Philipperbrief ist entsprechend den Gepflogenheiten antiker Epistolographie geschrieben. Neben vielen Einzelelementen entspricht sein Grundmuster dem der Familienbriefe. Zusätzlich enthält er viele Züge des speziellen, zur Lehrunterweisung dienenden Freundschaftsbriefes (wie die epistulae morales von Seneca). Rhetorische Gliederungsversuche sind beim Philipperbrief wenig sinnvoll. Dennoch ist ein starker Einfluß der Gattung der Prunkrede nachweisbar. Anscheinend nimmt Paulus mit der Wortwahl gezielt Rücksicht auf die gesellschaftliche Situation in Philippi. Der Einfluß von jüdischem Denken ist unverkennbar. Besonders die Anordnung des ganzen Briefes in parallele Teile scheint aus dieser Tradition zu stammen. Der Hymnus wird wohl doch von Paulus komponiert und speziell für diesen Brief abgefaßt worden sein.

8 Die Niederschrift des Philipperbriefes

8.1 Der historische Ort des Philipperbriefes

8.1.1 Philippi

Philippi liegt im östlichen Teil von Mazedonien an der Via Egnatia, der Hauptverbindungsstraße zwischen Rom und dem Osten auf dem Landweg, "die Rom und Orient auf ideale Weise verband"[535]. Die Stadt und ihre Landschaft war eine römische Kolonie, die durch Rom ab 42 v. Chr. mit römischen Militärveteranen besiedelt wurde. Ab 30 v. Chr. trug sie den Namen Colonia Augusta Julia Philippensis. Für Paulus könnte Philippi ein kleines Abbild von Rom gewesen sein[536], denn römische Elemente waren in einer römischen Kolonie sehr wichtig[537] und "in ihrer kommunalen Organisation kopierten die römischen Kolonien mehr oder weniger die Mutterstadt"[538]. Falls Paulus schon damals entschlossen war, nach Rom zu gehen (vgl. Röm 15,22), wäre es besonders verständlich, weshalb Paulus als erste europäische Stadt das "Mini-Rom" Philippi aufsuchte und nicht die regional viel bedeutendere Stadt Amphipolis[539]. Die Stadt, in der Griechisch und Lateinisch gesprochen wurde, war von einer gemischten Bevölkerung aus Thrakiern, Griechen und Römern bewohnt[540]. Neben dieser kulturellen Vielfalt zeichnete sich Philippi auch durch eine Vielzahl von religiösen Kulten aus[541]. Aufgrund des Berichtes von Lukas könnte man annehmen, daß es nur eine kleine jüdische Bevölkerungsgruppe gab, die keine Synagoge besaß (Apg 16,13) und sich deshalb außerhalb der Stadt traf[542]. Doch dies muß nicht so sein, denn diese Angabe erklärt sich einfacher aus dem Koloniestatus von Philippi. "Nach einem römischen Gesetz durften vom Staat nicht offiziell anerkannte Religionsgemeinschaften ihre kultischen Zusammenkünfte nur außerhalb der Stadtmauern ... abhalten"[543].

Die Gemeinde in Philippi ist die erste, die von Paulus auf dem europäischen Festland gegründet wurde (Apg 16,11f). Schon seine erste missionarische Tätigkeit hier war mit Leidenserfahrungen verbunden (Apg 16,22ff). Seither wurde auch die Gemeinde selber von Leidenserfahrungen nicht verschont (Phil 1,29). Von Anfang an werden die Frauen eine wichtige Rolle in dieser Gemeinde gespielt haben.

---

535 Elliger, 45.
536 Ebd.
537 Ebd., 32.
538 Ebd., 43.
539 Ebd., 31; O'Brien, 4.
540 Portefaix, 67ff.
541 Pauli - Wyssowa, 2241ff.
542 O'Brien, 4.
543 Elliger, 50.

Schon in der jüdischen Bevölkerungsgruppe scheint dies der Fall gewesen zu sein (Apg 16, 13). Auf jeden Fall verkündigen Paulus und seine Mitarbeiter zuerst Frauen das Evangelium. Die erste Taufe wurde an einer Frau namens Lydia vollzogen, die offensichtlich eine Gottesfürchtige war (Apg 16,14f). Anscheinend trafen sich die ersten Gläubigen in ihrem Haus (Apg 16,40). Gemäß der Apostelgeschichte war es wiederum eine Frau, an der sich für Paulus der erste Konflikt auf europäischem Boden entzündete (Apg 16,16ff). Dies geschah im Jahr 48 oder 49[544].

Einige Jahre später, bei der Niederschrift des Philipperbriefes, sind immer noch mindestens zwei Mitglieder der Leitung der Gemeinde Frauen, nämlich Euodia und Syntyche, die sich in ihrem Dienst ausgezeichnet haben (Phil 4,2f). In dem Moment, als Epaphroditus in Philippi abreiste, scheint aber ein Konkurrenzkampf zwischen ihnen ausgebrochen zu sein, der ihren Dienst gefährdete[545].

Die Gemeinde verbindet eine innige Freundschaft mit ihrem Gründer Paulus. Obwohl er kaum etwas von ihr angenommen hat, als er in Philippi verweilte[546], haben sie sich nun mindestens schon zum dritten Mal entschlossen, ihn in seiner missionarischen Tätigkeit materiell zu unterstützen. Epaphroditus wurde mit dieser Unterstützung zu Paulus gesandt. Vielleicht hatte er zusätzlich den Auftrag der Gemeinde, bei Paulus zu dessen Unterstützung zu bleiben (Phil 2,25). Es ist wahrscheinlich, daß Epaphroditus mit der finanziellen Unterstützung diese lange Reise nicht allein antrat, sondern daß er einen oder mehrere Begleiter hatte. Besonders wahrscheinlich ist dies deshalb, weil Paulus, der immerhin der Gründer dieser Gemeinde ist, auch kaum je allein gereist ist. Diesen Gemeindegesandten werden neben der finanziellen Unterstützung auch Nachrichten, Grüße und Fragen von der Gemeinde in Philippi und vielleicht auch Sorgen über das Ergehen von Paulus und seiner missionarischen Tätigkeit mitgegeben. Am Ende ihrer Reise erreichen sie Paulus in seiner Gefangenschaft.

8.1.2 Rom

Doch wo war Paulus? Der Abfassungsort des Philipperbriefes ist eine umstrittene Frage. Die drei Haupthypothesen treten für Rom, Cäsarea oder Ephesus ein. Während seit dem zweiten bis in das achtzehnte Jahrhundert Rom als Abfassungsort nicht bestritten wurde und auch in unserer Zeit noch vertreten wird[547], tauchte daneben später Cäsarea (z. B. E. Lohmeyer[548]) und Ephesus (z. B. J. Gnilka[549]) als möglicher Abfassungsort auf.

---

544 Jewett, Chronologie, z. B. Tabelle ganz hinten.
545 Vgl. 5.6.3.
546 1 Kor 9,3ff legt dies für jede paulinische Gemeinde nahe.
547 Z. B. Haupt, 88f.
548 Lohmeyer, Philipper, 3.
549 Gnilka, 18ff.

Gnilka listet verschiedene Gründe gegen eine Abfassung in Rom und Cäsarea auf. Erstens berichte Paulus in keinem seiner Briefe ausdrücklich selber von einer cäsarenischen oder römischen Gefangenschaft. Zweitens würden 1,26 und 1,30 darauf hinweisen, daß er erst einmal in Philippi gewesen sei (nach Apg 18,23 und 2 Kor 7,5f wäre er aber vor Rom oder Cäsarea schon mehrmals dort gewesen). Drittens hätten die Philipper "ziemlich rasch von der Gefangennahme ihres Apostels gehört und Epaphroditus zu ihm geschickt. Und Paulus wolle nach Epaphroditus den Timotheus nach Makedonien senden. Ehe er aber selber komme, solle Timotheus zu ihm zurückgekehrt sein (2,19ff). Die zeitliche Nähe zur Gemeindegründung und die räumliche Nähe zu Philippi sind immer noch gewichtige Gründe gegen Rom und Caesarea." Ebenfalls würde einer dieser beiden Abfassungsorte den Reiseplänen nach Rom und dann nach Spanien widersprechen, die Paulus im Römerbrief kundtut (Röm 15,22)[550].

G. F. Hawthorne, der für Cäsarea eintritt, sagt, die Annahme von mindestens sechs Reisen zwischen Paulus und den Philippern sei zum Verständnis des Philipperbriefes notwendig (1. Information der Philipper über die Gefangenschaft des Paulus 2. Sendung des Epaphroditus 3. Information der Philipper über die Krankheit des Epaphroditus 4. Information des Epaphroditus über die Sorge der Philipper wegen seiner Erkrankung 5. - 6. Angekündigte Hin- und Rückreise des Timotheus). Diese vielen Reisen sind für ihn der Hauptgrund, der gegen das ferne Rom spricht[551].

Auch wenn Paulus in keinem seiner Briefe ausdrücklich etwas von einer cäsarenischen oder römischen Gefangenschaft schreibt, sind diese beiden Gefangenschaften in der Apostelgeschichte belegt. Über eine ephesinische Kerkerhaft gibt es hingegen überhaupt keinen expliziten biblischen Bericht[552]. 1,26 und 1,30 weisen nicht unbedingt daraufhin, daß Paulus erst einmal in Philippi gewesen ist. Wie rasch die Philipper von der Gefangennahme des Paulus gehört haben, läßt sich nicht feststellen, doch legt 4,10 nahe, daß sie die Unterstützung nicht sofort gesandt haben, denn Paulus hat erfahren, daß sie dies schon früher tun wollten, aber dazu keine Gelegenheit hatten. Ebenfalls ist es leicht vorstellbar, daß Paulus während seiner langen Gefangenschaft in Cäsarea und Rom seine Reisepläne änderte.

So bleibt noch das Argument der großen Distanz. Hawthorne gibt nicht näher an, weshalb die große Distanz zwischen Cäsarea und Philippi viel leichter zu bewältigen war als die nach Rom[553]. Nimmt man an, daß Rom der Abfassungsort des Philipperbriefes gewesen ist, so liegt nahe, daß die meisten Gemeinden schon während des Aufenthalts von Paulus in Cäsarea über dessen Gefangenschaft und even-

---

550 Gnilka, 20f.
551 Hawthorne, xxxvii - xxxviii.
552 1 Kor 15,32 als Hinweis auf eine solche Gefangenschaft zu nehmen, wie es Gnilka vorschlägt (21f), scheint mir zu gewagt und wird in modernen Kommentaren auch kaum vertreten. Vgl. etwa die Kommentare von Klauck (116), Lang (230) und Strobel (255), die diese Auslegungsmöglichkeit nicht einmal erwähnen.
553 O'Brien rechnet mit etwa 40 Tagen für die Strecke Philippi - Rom, 25.

tuell dann auch über den Transport nach Rom informiert wurden. Diese Nachricht wird sich in der ungefähr zweijährigen Gefangenschaft in Cäsarea sicher nicht auf diesen Ort und die Umgebung beschränkt haben. Ebenso wird sich die Kunde über seine Gefangenschaft in Rom in der Ökumene verbreitet haben. Wenn aber Epaphroditus nicht allein gereist ist, was bei einem höheren Geldbetrag kaum anzunehmen ist, sind viel weniger Reisen zwischen Paulus und den Philippern nötig[554].

Obwohl Gnilka die Romvariante ablehnt, erwähnt er die Gründe, die für Rom sprechen. Neben der alten Tradition, die in Rom den Abfassungsort sah, spricht vor allem die Apostelgeschichte, die von einer zweijährigen Haft von Paulus in einer Mietwohnung berichtet (Apg 28,30), für diesen Ort. Die Angaben des Philipperbriefes stimmen sehr gut mit denen der Apostelgeschichte überein. Paulus befindet sich im Prätorium (1,13) und bei Hausgenossen des Kaisers (4,22)[555]. Hawthorne zählt noch weitere Argumente für Rom auf: "In Rome Paul was a prisoner under house arrest (custodia libera) for at least two years (Acts 28,30; ...). He had soldiers guarding him (28,16), yet he was free to send letters, to receive Jewish leaders and anyone else who came to see him or bring him gifts (28,17.30). He was also free to preach the gospel and he readily took advantage of this opportunity so that evangelism thrived in Rome under Paul's direction (28,31). From Rome Paul had no higher court of appeal; here he would stand trial before Caesar and his fate would ultimately be decided - death or acquittal. ... In Rome there was a church sufficiently large and of sufficiently diverse composition to divide up into factions over Paul and his teaching (Phil 1,14-17)[556]. Der Römerbrief scheint das zu bestätigen (z. B. Röm 3,8).

F. F. Bruce schließt Ephesus als Möglichkeit aus, da es nicht anzunehmen ist, daß es dort ein Prätorium gab. "In the city of Rome under the empire it meant the praetorian guard, the emperor's personal bodyguard. Farther afield it was used for the headquarters of a provincial governor, but of the governor of an imperial province, who had military units under his command. There is no known instance in imperial times of its use for the headquarters of a proconsul, the governor of a senatorial province such as Asia was at this time."[557]

Cäsarea hingegen hatte ein Prätorium, das durch Herodes den Großen errichtet wurde. Doch Cäsarea war politisch unbedeutend. Jeder hätte gewußt, daß Paulus im Kerker sitzt. Es wäre nichts Bemerkenswertes gewesen (vgl. Phil 1,13). Zudem war die Gemeinde in Cäsarea sicher eher klein gegenüber der in Rom. Eine Aufsplitterung für und gegen Paulus ist in einer großen Gemeinde leichter vorstellbar (vgl. Phil 1,15-18)[558].

---

554 Vgl. 8.1.3.
555 Gnilka, 18.
556 Hawthorne, xxxvii + xxxviii.
557 Bruce, 11.
558 Ebd., 13.

Aber es gibt noch weitere Gründe, die für Rom sprechen. Der Stil des Philipperbriefes spricht für Haftvoraussetzungen, die den Angaben der Apostelgeschichte entsprechen. Zur Konzentration, Muße und Vorbereitung, die ein so aufwendiger Brief voraussetzt, würde ein Aufenthalt in einer Mietwohnung (Apg 28,30) gut passen; bei einer Kerkerhaft wäre das hingegen kaum vorstellbar. Ebenso würde die Nähe gewisser Elemente im Brief zu Seneca leichter zu erklären sein, wenn sich Paulus in ähnlicher Umgebung wie jener befand, als er den Philipperbrief verfaßte[559].

8.1.3 Ein historischer Rekonstruktionsversuch

Nimmt man aber an, daß Rom der Abfassungsort für den Philipperbrief war[560], ist folgende Rekonstruktion der historischen Situation möglich:

Als die Kunde über die Gefangenschaft des Paulus in Rom bis nach Philippi vorgedrungen war, entschlossen sich die Philipper, ihn mit einem finanziellen Betrag zu unterstützen. Aber sie fanden zuerst keine Gelegenheit dazu (4,10). Endlich ist das Geld zusammen und die Gesandtschaft mit Epaphroditus bereit, von Philippi aufzubrechen.

Paulus befindet sich zu der Zeit in einer Mietwohnung in römischer Gefangenschaft. Als die Gesandten der philippischen Gemeinde eintreffen, ist Paulus hoch erfreut. Die Gemeinde, die seine Lieblingsgemeinde zu sein scheint, hat ihn schon zweimal finanziell unterstützt, als er mit seiner missionarischen Tätigkeit auf dem europäischen Festland anfing. Das tat keine andere Gemeinde (4,15f). Und die Gemeinde, die ihn früher schon erfreute, hat wieder an ihn gedacht. Grüße werden ausgerichtet und Nachrichten ausgetauscht. Paulus hört, daß es bis auf eine Spannung, die zwischen den beiden gemeindeverantwortlichen Frauen Euodia und Syntyche herrscht, der Gemeinde gut geht.

Doch die Freude des Paulus bleibt nicht ungetrübt. Epaphroditus, der Philipper, der bei ihm bleiben und ihm helfen sollte, ist schwer krank. Die Krankheit bricht vor oder gerade nach der Ankunft in Rom aus. Für Paulus selber ist deshalb bei der Ankunft der Philipper Freude und Leid eng miteinander verbunden.

Noch während Epaphroditus schwer krank ist, kehren seine Gefährten nach Philippi zurück, um über den erfolgreichen Abschluß ihrer Mission der Gemeinde zu berichten. Doch zugleich sind sie in tiefer Sorge um Epaphroditus. Paulus findet die Ruhe nicht, der Gemeinde einen würdigen Dank zu schreiben. Er läßt wahrscheinlich nur einen ersten, mündlichen Dank überbringen.

Epaphroditus' Krankheit wird zunächst lebensbedrohlich (2,27), doch schließlich wird er wieder gesund. Doch Epaphroditus macht sich schwere Sorgen wegen sei-

---

559 Vgl. 7.1.4.
560 Auch O'Brien vertritt wieder die Romvariante (25f).

ner Gemeinde, da die Philipper über den Ausgang seiner Krankheit im Ungewissen sind.

Erleichtert findet Paulus nun endlich die Zeit und die Muße, den Philippern einen würdigen Dank zu schreiben. Dabei kann er sie über die Genesung des Epaphroditus informieren und auch auf andere Dinge eingehen, die durch die Gesandten in Philippi aufgeworfen wurden. Doch wer soll den Brief überbringen? Paulus will Timotheus nicht schicken, bis er Klarheit über seine eigene Situation gewonnen haben wird (2,23). Einen anderen aber, dem er diese Mission anvertrauen könnte, hat er nicht (2,20). So gibt es nur die Möglichkeit für Paulus, Epaphroditus zu senden, obwohl dies möglicherweise gegen die ursprüngliche Absicht der philippischen Gemeinde ist, die ihn als Hilfe für Paulus gesandt hat. Paulus steht in einem gewissen Dilemma: Bleibt Epaphroditus, ist dieser und die Gemeinde weiterhin in tiefer Unruhe (2,26), sendet er ihn aber zurück, könnte das von der Gemeinde als Zurückweisung ihrer personellen Unterstützung angesehen werden. Paulus nimmt den Vorteil für die Gemeinde als erstes Entscheidungskriterium. Bliebe Epaphroditus, wäre das vor allem zu seinem eigenen Vorteil, schickt er ihn aber zurück, werden die Philipper aus ihrer Ungewissheit befreit. So entscheidet er sich dafür, auf seinen Vorteil zu verzichten (vgl. ἀναγκαῖον ἡγησάμην mit dem Hymnus 2,6: οὐχ ἁρπαγμὸν ἡγήσατο), die Bedürfnisse der Philipper höher zu achten als die eigenen (vgl. 2,4) und Epaphroditus zurückzusenden. Doch Paulus muß dies erklären. Er tut das, indem er die Rücksendung als Konsequenz der dem Hymnus entsprechenden Gesinnung Christi deutet und zugleich erklärt, daß außer Timotheus, den er jetzt noch nicht entbehren kann, niemand für diesen Auftrag geeignet wäre[561].

Sehr sorgfältig plant nun Paulus den Brief an die Philipper. Mit dem Brief will er die Philipper darüber informieren, wie vorteilhaft sich seine Gefangenschaft für die Sache des Evangeliums auswirkt, daß die Rücksendung des Epaphroditus unvermeidlich war und Timotheus so bald wie möglich kommt. Besonders wichtig ist ihm, mit einigen Worten zur Klärung des Leitungskonfliktes beizutragen und vor allem für die Unterstützung zu danken. Alles in allem will er mit dem Brief die freundschaftliche Gemeinschaft zu den Philippern weiter pflegen, wie sie es ihm gegenüber mit ihrer Unterstützung getan haben.

Um diesem Brief die angemessene Form zu geben, verknüpft Paulus mit großer Kreativität die unterschiedlichsten Traditionen und schafft mit sprachlicher Genialität etwas Neues, das Kunstwerk des Philipperbriefes.

Auch wenn alle Ausführungen zum historischen Ort des Briefes nur von hypothetischer Art sind, so sprechen doch einige Gründe dafür, diesen Ort in dieser Richtung zu suchen.

---

561 Dies wird sich in den Jahren 60, 61 oder 62 ereignet haben. Vgl. Jewett, Chronologie (Tabelle ganz hinten), Becker, 32 und O'Brien,26; gegen Suhl, der für die Gefangenschaft in Rom die Jahre 56-58 vermutet (338).

Zuerst spricht die formale Gestalt des Briefes für eine derartige Rekonstruktion des historischen Ortes. Auch der Inhalt des Briefes stützt sie, wie oben gezeigt. Er stimmt nicht nur mit dem formalen Aufbau überein, sondern in ihm wird auch der Hauptgrund zu suchen sein, weshalb Paulus überhaupt einen derartig komplizierten und kunstvollen Aufbau gewählt hat. Während es zum Beispiel im Galaterbrief um Grundwahrheiten des Glaubens an Jesus Christus geht (z. B. Gal 1,8) und im ersten Korintherbrief um grundlegende ethische Fragen (z. B. 1 Kor 5,1), handelt der Philipperbrief nicht von solchen Grundlinien des Glaubens, sondern die Paränese will vor allem, daß die Philipper noch mehr in der Liebe wachsen, mit welcher sie jetzt schon leben und handeln (z. B. 1,9ff). Es geht also nicht darum, daß sie ihren Glauben, ihren Wandel oder auch ihre Gesinnung prinzipiell ändern müßten, sondern darum, daß sie weiter lernen, in der Liebe zu wandeln. Nur im Fall von Euodia und Syntyche fordert er dazu auf, gewisse Korrekturen vorzunehmen.

Meiner Meinung nach gibt dieser Befund eine weitere Erklärung für den anspruchsvollen, kunstvollen Aufbau des Philipperbriefes. Während es für Paulus zum Beispiel im Galaterbrief um jeden Preis darum ging, daß die Gemeinden den Brief sofort verstanden und ihr Verhalten änderten, konnte er sich gegenüber den Philippern ein solches Kunstwerk erlauben. Schließlich soll der Brief vor allem ein würdiger Dank sein für die Freude, die sie ihm bereitet haben. Wer in Galatien nicht begreift, worum es geht, ist in der Gefahr unter den Fluch zu kommen (Gal 1,8). Wer es aber in Philippi nicht begreift, der steht unter der Verheißung, daß Gott es auch ihm noch offenbaren wird (Phil 3,15). Es ist gut möglich, daß in der entspannten und freundschaftlichen Beziehung zwischen Paulus und den Philippern eine wichtige Voraussetzung für das sprachlich anspruchsvolle Kunstwerk des Philipperbriefes liegt.

Eine letzte Begründung für meine historische Rekonstruktion liegt darin, daß die Aussagen der Apostelgeschichte über die Haftzeit in Rom ebenfalls dieses Verständnis des Philipperbriefes stützen.

Auch wenn viele Details der Hypothese zum historischen Ort nicht unbestreitbar zu beweisen sind, so zeigt dieser Ansatz dennoch, daß der Aufbau und das Thema des Briefes, wie sie hier vorgelegt wurden, historisch durchaus vorstellbar und nachvollziehbar sind.

8.2 Paulus als Rhetor und Theologe

Paulus ist ein Rhetor. Paulus ist kein Rhetor. Beide Aussagen haben ihre Berechtigung. Paulus ist kein Rhetor. Er ist kein Berufsredner, sondern nach der Apostelgeschichte Zeltmacher. Dennoch ist er offensichtlich jemand, der meisterhaft mit der Sprache umgehen kann. Der Philipperbrief - und nicht nur er - zeigt, daß Paulus in seiner Sprachfähigkeit geradezu geniale Züge aufweist.

Nur ein Mensch, der in subtilem Denken geübt ist, ist zu solch einem Werk fähig. Sogar den abrupten und scheinbar zusammenhanglosen Übergang von 3,1 zu

3,2 hat weder ein "Epileptiker" noch ein "Choleriker", der in plötzliche Zornausbrüche verfällt, geschrieben, sondern einer, der diese Stelle schon rational plante, bevor er mit der Niederschrift des Briefes überhaupt begann, und der sorgfältig abwog, wie sie beim Zuhörer wohl wirken würde.

Auch wenn es zu wenig Quellen gibt, um festzustellen, wie weit Paulus ein "Naturtalent" war und wie weit er auf schulische Bildung zurückgreifen konnte, so legt der Philipperbrief doch beides nahe: Paulus scheint ein Mann gewesen zu sein, der auf schulische Bildung zurückgreifen und diese in sehr begabter Weise seiner Sache dienstbar machen konnte.

H. Köster sagt zur Stelle Phil 3,5-6, in der Paulus am ausführlichsten auf seine Herkunft Bezug nimmt: "Danach stammte Paulus aus einer jüdischen Familie aus dem Stamme Benjamin, war am achten Tage beschnitten worden, streng jüdisch erzogen und hatte sich der Sekte der Pharisäer angeschlossen. Ohne Zweifel schloß das eine formelle Ausbildung in der Auslegung des Gesetzes wie des Alten Testamentes überhaupt ein. Darüber hinaus ergibt sich aus den paulinischen Briefen, daß Paulus hellenistischer Jude war, der in einer Umwelt aufgewachsen sein muß, in der das Griechische die normale Umgangssprache war. Die paulinischen Briefe zeigen außerdem einen Grad der Beherrschung des Griechischen und eine Kenntnis popularphilosophischer Anschauungen und rhetorischen Könnens, die auf eine griechische Schulbildung schließen lassen, und zwar in der Tradition der damals weit verbreiteten kynisch-stoischen Diatribe."[562] Er war ein Mann, "der als hellenistischer Diaspora-Jude eine gute griechische Bildung besaß"[563].

M. Hengel betont den großen hellenistischen Einfluß auf das Judentum in der Diaspora. "Jews went through the obligatory training of the gymnasium; they learnt Homer and classical poetry, and pursued further studies in rhetoric and philosophy; they went to the theatre and the games; they had social contacts with non-Jews and even entered upon a successful career in the Ptolemaic civil service. ... In a similarly many-sided educational milieu, Paul of Tarsus[564], the young Pharisee, developed his masterly rhetorical style, in which rabbinical exegesis and popular philosophy accompany an apocalyptic view of the world."[565]

In ausführlicher Weise zeigt J. Becker, daß Paulus wohl "durch ein jüdisches Bildungswesen der hellenistischen Diaspora gegangen" ist, das vermutlich weitgehend analog zum hellenistischen Bildungsweg aufgebaut war und so Rhetorik eingeschlossen hat[566].

---

562 Köster, 530.
563 Ebd., 531.
564 Bornkamm, Paulus: "Berühmt war Tarsos vor allem auch als ein Zentrum griechischer Bildung" (27).
565 Hengel, Judaism, 204f. Weiterführendes in "Der vorchristliche Paulus und die Rhetorik" (212ff).
566 Becker, 54f. Vorsichtiger ist Schmeller, der nur einen "mittelmäßigen Einfluß hellenistischer Bildungselemente" annimmt (91).

Vielleicht darf man auch 2 Petr 3,15f als neutestamentlichen Beleg dafür nehmen, daß Paulus schon damals für seine anspruchsvolle Ausdrucksweise bekannt war. Auf jeden Fall scheint die hervorragende Qualität seiner Briefe in seinen eigenen Gemeinden schon beinahe sprichwörtlich gewesen zu sein (2 Kor 10,10).

Wenn in der antiken Welt Inhalt und Form in angemessener Weise übereinstimmen sollen, dann muß auch in der Sache selber, über die Paulus schreibt, nach weiterer Motivation und Ursache für diese sprachliche Schönheit gesucht werden. Letzter Grund, um auf formaler Ebene dieses Meisterwerk des Philipperbriefes zu schaffen, wird für Paulus das Evangelium selber gewesen sein[567].

Es würde den Rahmen dieser Arbeit in jeder Hinsicht sprengen, nun ausführlich die Theologie des Paulus zu entfalten. Doch muß aufgrund des Philipperbriefes mindestens festgehalten werden, daß Paulus nicht nur der geniale Theologe der "Rechtfertigung allein aus Gnaden" ist. Im Philipperbrief geht es viel mehr um Aspekte der "Nachahmung" als um solche der Rechtfertigung, obwohl diese selbstverständlich eine Voraussetzung für die theologischen Aussagen des Philipperbriefes bilden (Phil 3,9).

Der Begriff "Nachfolge", oder besser gesagt der der "Nachahmung",[568] scheint mir geeignet zu sein, die theologische Grundlinie des Philipperbriefes zu charakterisieren, obwohl der Begriff nicht vorkommt. In dieser Nachahmung geht es darum, dem Weg Christi nachzufolgen. Der Weg, den es nachzuahmen gilt, ist mit dem Hymnus meisterhaft dargestellt. Nachahmung heißt freiwilliger Verzicht auf Privilegien, auch wenn die Privilegien von Gott selber kommen, um anderen zu dienen. Nachahmung heißt aber auch, daß solches Verhalten drei Konsequenzen hat: Eine soteriologische, eine missionarische und eine doxologische. Wer sich entäußert, wird von Gott erhöht, trägt zur Verbreitung des Evangeliums bei und verherrlicht Gott durch sein Verhalten.

Obwohl die Nachahmung Christi in Selbstentäußerung und Sklavendienst auch Leiden miteinschließt, ist sie sehr eng mit der Freude verbunden. Die Freude im Herrn ist die komplementäre Ergänzung zur Selbstentäußerung. Wird nun Selbsterniedrigung und Freude zum gegenseitigen Handlungsprinzip in einer Beziehung, verwirklicht sich dadurch die wahre Koinonia.

Es scheint, daß für Paulus das "sola gratia", das für die Rechtfertigung jedes Mitwirken des Menschen ausschließt, in der Nachahmung zur Richtlinie des eigenen Handelns wird. Freiwillig soll man die Gnade, die man durch Glauben empfangen hat, durch die Liebe anderen weiterverschenken. Der Glaube empfängt ohne eigenes Verdienst, und ohne Verdienst des anderen verschenkt sich die Liebe.

---

567 Paulus als "Mann der missionarischen Praxis" ist auch ein "Literat". Dies sind nicht, wie Bornkamm meint, unvereinbare Gegensätze (Paulus 19). Zur Frage, ob die Briefe des Paulus literarischen Charakter haben, vgl. Jegher-Bucher (94ff).
568 Zur Unterscheidung dieser Begriffe im NT siehe Betz, der hinter allen Unterschieden dieser verschiedenen Begriffe doch dieselben theologischen Intentionen sieht (187).

Dieser zweite Aspekt bildet im Philipperbrief eine der vorherrschenden theologischen Grundlinien.

Das Besondere am Philipperbrief ist, daß dieser Aspekt eine so bedeutende Stellung einnimmt. Die theologische Auffassung, die dahinter steht, ist auch in anderen Briefen zu entdecken. Im Zweiten Korintherbrief, in dem Paulus für die Kollekte für Jerusalem wirbt, bezeichnet er sie als Gnade (z. B. in 8,7: χάρις). Es geht dort darum, daß die Gemeinden einen Teil ihres Reichtums zusammenlegen, um damit die Gemeinde in Jerusalem zu unterstützen. Auch wenn Paulus stark für das Geld wirbt, gebietet er ihnen doch nicht, an der Sammlung teilzunehmen, sondern er betont, daß die Gabe freiwillig sein muß (9,7). Paulus motiviert die Korinther u. a. mit dem Argument zur Teilnahme, daß sie dadurch das Vorbild Christi nachahmen würden (2 Kor 8,9)[569]. Sogar die drei Folgen des Vollzuges der Gesinnung Christi werden sichtbar. Als soteriologische Folge dieses Verhaltens verheißt Paulus den Korinthern den Segen Gottes (9,6.10f). Die missionarische Folge schimmert nur sehr schwach durch. Ihre Unterstützung füllt den Mangel (9,12: προσαναπληροῦσα τὰ ὑστερήματα vgl. Phil 2,30: ἀναπληρώσῃ τὸ ὑμῶν ὑστέρημα) der Heiligen aus. Dafür ist die doxologische Folge sehr deutlich sichtbar. Durch die Gabe wird Gott durch die Empfänger begeistert verherrlicht (9,12f: δοξάζοντες τὸν θεόν, vgl. Phil 1,11: εἰς δόξαν ... θεοῦ).

Die Gemeinde in Jerusalem hat das Evangelium zuerst erhalten und auch weitergegeben, so daß es tief in die Diaspora vordringen konnte. Mit der Sammlung will Paulus, daß die Diasporagemeinden die Koinonia, die auf der wechselseitigen Agape beruht, mit Jerusalem verwirklichen und nun mit ihren materiellen Möglichkeiten der Gemeinde in Jerusalem helfen. So versichert er der korinthischen Gemeinde, daß die Unterstützung Gemeinschaft gegenüber denen in Jerusalem bedeutet und wiederum sehnsüchtiges Gebet von jenen für die Korinther zur Folge hat. Das geschieht alles wegen jener freiwilligen Unterstützung, die Paulus "Gnade" nennt (9,13f).

Paulus wirbt folglich in der korinthischen Gemeinde darum, daß sie freiwillig ihren Reichtum - der aus finanziellen Mitteln besteht - weiterverschenkt. Damit lebt sie, mit allen damit implizierten Folgen, in der Gesinnung Christi und verwirklicht durch ihr freiwilliges, materielles Geben die wahre Koinonia mit der Gemeinde in Jerusalem, die ihr, wenn auch in indirekter Weise, freiwillig das Evangelium weitergegeben hat. Aufgrund des in dieser Arbeit dargestellten Konzeptes, das für Paulus im Philipperbrief offensichtlich der Koinonia zugrunde liegt[570], nehme ich an, daß für Paulus die Kollekte die Gelegenheit war, mit der die Koinonia zwischen den von ihm gegründeten Gemeinden und der Jerusalemer Gemeinde erst ermöglicht wurde. Denn anscheinend entsteht Koinonia erst durch wechselseitige Agape (vgl. auch Röm 15,27[571]).

---

569 Auf die Verwandtschaft zwischen dem Philipperhymnus und 2 Kor 8,9 wurde öfters hingewiesen, so z.B. Brändle (264). Brändle betont, daß gerade diese Parallele eine paränetische Auslegung des Hymnus nahelegt (269).
570 Vgl. 6.3.
571 Wie im Philipperbrief verbindet Paulus Freiwilligkeitsmotive mit Handelsterminologie.

In 2 Kor 8 und 9 werden also viele Elemente des theologischen Konzeptes, das im Philipperbrief entfaltet wird, sichtbar.

Auch die schwer verständliche Stelle Kol 1,24 wird auf dem Hintergrund dieses theologischen Musters verständlich. Paulus freut sich in den Leiden - eine schon sehr "philippische" Aussage - und ergänzt das, was noch mangelt (ἀνταναπληρῶ τὰ ὑστερήματα; vgl. Phil 2,30: ἀναπληρώσῃ τὸ ὑμῶν ὑστέρημα) an den Trübsalen Christi für seinen Leib, die Gemeinde. An dieser Stelle tritt der Gedanke in den Vordergrund, daß das Leiden eines Nachfolgers Christi eine Auswirkung auf die Gemeinde hat. Im Philipperbrief bedeutet "in der Gesinnung Christi zu leben", sich zu entäußern, auch wenn das Leiden impliziert. Doch eine solche Selbstentäußerung hat eine missionarische Konsequenz, indem sie zur vermehrten Verkündigung des Evangeliums (z. B. Phil 1,12f) oder zur Stärkung des Glaubens der Gemeinde (z. B. Phil 1,25) beiträgt. An dieser Stelle im Kolosserbrief wird also genau dieses Muster paulinischer Theologie sichtbar.

Der qualitative Unterschied des Weges Christi zu den Wegen seiner Nachfolger wird im Philipperbrief stets gewahrt. Am stärksten tritt dieser Gegensatz aber vielleicht im Römerbrief hervor. Christus hat sich von seiner Vorrangstellung bis in die äußerste Gottferne erniedrigt (z. B. Röm 8,3; Gal 3,13). Paulus wäre als Nachfolger Christi bereit gewesen, sich in dieselbe Gottferne zu erniedrigen und verflucht zu sein, um mit dieser Selbsterniedrigung zum Heil seiner israelitischen Brüder beizutragen[572]. Doch der Weg in eine solche Tiefe war offensichtlich nur für Christus möglich (Röm 9,1-5).

Wie diese theologischen Aspekte mit denen von der Gerechtigkeit Gottes und anderen zusammenwirken und als ganzes die Theologie des Paulus bilden, ist hier nicht darstellbar, da dies den Rahmen und den Umfang dieser Arbeit sprengen würde. Doch eines soll mit diesen Beispielen deutlich sein: Der Philipperbrief bildet in der Theologie des Paulus nicht einen Sonderfall, sondern in diesem Gelegenheitsbrief leuchten Aspekte seiner Theologie auf, die auch in anderen Briefen erscheinen, die hier aber besonders systematisiert, entfaltet und dargestellt werden.

Zusammenfassung

Paulus hat den Philipperbrief wahrscheinlich in Rom kurz nach 60 geschrieben. Ein längerer Aufenthalt in einer Mietwohnung (nach der Beschreibung der Apostelgeschichte) bildet eine gute Voraussetzung für die Ruhe und Konzentration, die die Abfassung eines solch kunstvollen Briefes bedingt. Eine Kerkerhaft würde diese Voraussetzungen wohl kaum bieten. Paulus ist zwar kein Berufsredner, aber er besitzt erstaunliche sprachliche Fähigkeiten. Die theologische Sicht der Nachahmung Christi, der Freude im Herrn und der Koinonia wird im Philipperbrief speziell ausgeführt, ist aber auch in anderen Briefen zu finden.

---

572 Dies ist im Sinne einer missionarischen Folge zu verstehen.

9 Der Philipperbrief als Anfrage

Die Schönheit und auch der Inhalt des Philipperbriefes sind in Grundzügen dargestellt. Die großen, zusammenhängenden Gedanken sind nachvollzogen. Die wichtigen Themen und Muster sind entfaltet. Nun könnte man beginnen, den Brief in seiner ganzen Vielfalt und den vielen feinen Unterschieden, die sich in denselben Grundthemen zeigen, auszulegen. Doch nur weil die Struktur, das Aufbaumuster oder das Konzept deutlich vorliegt, kann man nun einigermaßen sichere Schritte zur Erklärung der einzelnen Sätze wagen. Der Rahmen, den Paulus diesem Brief gegeben hat, ist auch dem Exegeten gegeben. Nur innerhalb dieses Rahmens und gemäß dem Aufriß des Briefes ist verantwortbare Exegese möglich. Der Brief selber hat den hier beschrittenen Weg gewiesen.

Ich bin überzeugt, daß zur Zeit kein anderer Weg gangbar ist. Sogar die neue rhetorische Analyse, für sich genommen, macht die Aufsplitterung der Meinungen nur noch größer[573]. Die alten Wege haben noch deutlicher gezeigt, wie sehr sie auseinandergehen. Wenn man mehrere miteinander vergleicht, sieht man, wie sie sich gegenseitig lähmen. Sogar die Vertreter einer der verschiedenen Grundrichtungen sind sich nicht einig, wie zum Beispiel die verschiedenen Teilungshypothesen zeigen.

Trotz der scharfen Kritik an bisherigen Verstehensversuchen scheint mir gerade eine Stärke dieser Sicht, daß man nun nicht jedes andere Briefverständnis als falsch bekämpfen muß. Im Gegenteil hat die Entdeckung des Konzeptes eine stark integrierende Kraft gegenüber vielen Auslegungen. In der rhetorischen Theorie der Antike wird betont, daß der Zuhörer die Rhetorik nicht erkennen muß, die einer Rede zugrunde liegt, sondern diese muß, ohne erkannt zu werden, ihre Wirkung tun[574]. Und wirklich wirkt der Philipperbrief bis heute auf denjenigen, der ihm zuhört. Gerade der entschlüsselte Aufbau zeigt, weshalb es möglich war, daß verschiedene Exegeten so Unterschiedliches und scheinbar Widersprüchliches gehört haben. Dank dieses Aufbaus kann man nun sehen, daß nicht einfach einer den Brief richtig verstanden hat und alle anderen ihn falsch oder gar nicht begriffen haben. Nicht nur Bengel mit seinem "summa epistolae: gaudeo gaudete" hat richtig gehört, sondern auch Lohmeyer war mit seiner Märtyrerhypothese auf dem richtigen Weg. Beide hörten deutlich je einen der beiden systematisierenden Pole des Philipperbriefes. Der eine hörte vor allem den Gedanken der Freude und der andere den der Nachahmung, die auch Leiden implizieren kann. Diese beiden zentralen Aussagen hatten je ihre Wirkung. Von wieder anderen wurde das diese beiden Pole zusammenfassende Thema der Einheit gehört[575]. Doch auch solche, die den Brief als gemütliche und freundschaftliche Unterhaltung betrachteten[576], lagen nicht einfach falsch. Tatsächlich folgt dieser Brief dem Muster eines Familienbriefes, behan-

---

573 Vgl. 7.2.
574 Vgl. Lausberg, 14.
575 Vgl. Swift (237ff) und Black (308).
576 Vgl. z. B. de Wette, 322f.

delt er doch in scheinbar unzusammenhängender Form die unterschiedlichsten Themen und ist von einem starken Freundschaftsmotiv geprägt[577].

Dank des hier nachgezeichneten Konzeptes des Briefes ist es möglich, zu erklären, weshalb diese unterschiedlichen Hypothesen überhaupt vertreten werden, ohne behaupten zu müssen, daß die meisten gar nicht richtig hingehört haben. Allerdings wurde immer nur ein Teil des Ganzen gehört. Erst der paulinische Aufbau führt zu einem umfassenderen Hören und Verstehen.

Die Entschlüsselung des Konzeptes zeigt jedoch auch, daß es in der Exegese des Philipperbriefes Wege gibt, die das Hören und die Wirkung der Rhetorik erschweren oder sogar verunmöglichen. Im Philipperbrief ist dies außer bei der Überbetonung der Gegnerfrage vor allem bei den vielen verschiedenen Teilungshypothesen der Fall. Das Verstehen ist dadurch erheblich gestört und, wenn es um das Grundthema des ganzen Briefes geht, selbstverständlich ganz verhindert.

Die Erforschung des Philipperbriefes ist ein Teil der paulinischen Forschung. Auch dieser Teil allein erinnert an die scharfen Worte von A. Schweitzer: "Die paulinische Forschung stellt nicht eben eine Glanzleistung der Wissenschaft dar. Gelehrsamkeit wurde reichlich aufgewandt; aber es fehlte am Denken und Überlegen. Man ging mit einer fast unbegreiflichen Planlosigkeit vor und wollte Lösungen bieten, ehe man sich über das Problem klar geworden war. Statt eine geschlossene Diagnose zu versuchen, behandelte man die einzelnen Symptome für sich mit den Mitteln, die gerade zur Hand waren. Darum war es nicht anders möglich, als daß sich die Forschung auf verschlungenen und sich immer wieder kreuzenden Pfaden bewegte und lange Irrfahrten unternahm, um zuletzt mitunter wieder dahin zu gelangen, von wo sie ausgegangen war."[578]

Überträgt man dieses Bild auf die Philipperbriefexegese, wurden die "Symptome" im Philipperbrief besonders oft in einzelnen Versen in Form von Spannungen und Wiederholungen gefunden. Die "Mittel", die gerade bereitstanden, waren häufig literarkritische Operationen. Doch erst die "geschlossene Diagnose" beziehungsweise in diesem Zusammenhang die Frage nach der Struktur des ganzen Briefes ermöglichen eine ausgewogene Deutung der einzelnen "Symptome", das heißt der einzelnen Sätze, die gerade im Philipperbrief häufig wirklich sehr spannungsreich sind.

Offensichtlich ist für die Exegese des Philipperbriefes die Frage nach der Gliederung und dem paulinischen Konzept ein Schlüssel, ohne den es nicht geht. Das Verständnis des Gesamtzusammenhangs ist eine Bedingung sine qua non für

---

577 Auch O'Brien sah richtig, indem er vier verschiedene Gründe zur Abfassung des Briefes angab: 1. Rückkehr des Epaphroditus 2. Die Situation des Paulus (36) 3. Gegnerproblematik (36) 4. Aufforderung zu Einheit (36f). Während der dritte Grund zurückgewiesen wurde (5.4.2.), gehören die beiden ersten zu den fünf divergierenden Briefanlässen (5.10), und sein vierter zu den drei der theologisch-inhaltlichen Konvergenz (6.3.).

578 Schweitzer, 185.

die Auslegung der einzelnen Sätze und Wörter. Das Bild des Philipperbriefes ist nicht zu verstehen, wenn man nur den bunten Farben und ihren Schattierungen nachgeht, ohne sich vorher über die Grundlinien und die Komposition dieses Bildes Klarheit verschafft zu haben.

Wenn meine These nun in den jahrhundertealten Wettkampf der exegetischen Meinungen eintritt, so tut sie das, indem sie sich auf eine größtmögliche Anzahl von textinternen Beobachtungen, Indizien und Beweisen bezieht und sich auf möglichst wenig textexterne Vorverständnisse stützt. Sie erhebt auf keinen Fall den Anspruch, die Wahrheit des Philipperbriefes zu erfassen; aber dennoch will sie nichts weniger sein als das zur Zeit plausibelste Erklärungsmodell, um die geschichtliche und literarische Wahrheit des Philipperbriefes, die auch heute erstaunt, fasziniert und wirkt, zu erklären.

Die vielen Beobachtungen am Text und ihre Erklärungen haben gezeigt, mit welcher sprachlichen Schönheit Paulus es wagt, den Inhalt dieses Briefes stilistisch angemessen auszudrücken. Sicher gibt es noch viele Beobachtungen zu machen und weitere Erklärungen zu finden, und genau dazu soll diese Arbeit ermutigen und reizen.

"Ich habe gesprochen, ihr habt es gehört, ihr kennt die Fakten, trefft eure Entscheidung."[579] Dieses Schlußwort der "Rhetorik" von Aristoteles wäre würdig, um eine Arbeit über den Philipperbrief abzuschließen, in der sich soviel sprachliche Schönheit und Kunstfertigkeit gezeigt hat. Doch dieses ganze Kunstwerk dient einem höheren Zweck. Es will angemessene Form für dessen Inhalt sein. Paulus gibt all den Aussagen des Briefes ein erklärtes, höchstes Ziel: εἰς δόξαν θεοῦ πατρός, (Phil 2,11).

---

579 Aristoteles III, 19, 6, 225.

Bibliographie

Abkürzungen nach Schwertner, S. M., Internationales Abkürzungsverzeichnis für Theologie und Grenzgebiete, 2. überarb. und erweit. Auflage, Berlin und New York 1992

Alexander, L., Hellenistic Letter-Forms and the Structure of Philippians, JSNT 37, 1989, 87-101

Alonso Schökel, L., A Manual of Hebrew Poetics, Roma 1988

Aristoteles, Ars Rhetorica, hrsg. v. R. Kassel, Berlin 1976

Aristoteles, Rhetorik, Übers., mit einer Bibliographie, Erläuterungen und einem Nachwort von Franz G. Sieveke, München ^{3}1989

Arnim, J., Stoicorum veterum fragmenta collegit Ioannes ab Arnim,Volumen IV, Leipzig 1924, Index verborum, notiorum, rerum ad Stoicam doctrinam pertinentium

Bachmann, M., Sünder oder Übertreter, Studien zur Argumentation in Gal 2,15ff, Tübingen 1992

Barth, G., Der Brief an die Philipper, ZBK. NT 9, 1979

Barth, K., Erklärung des Philipperbriefes, München ^{3}1936

Bauer, W., Wörterbuch zum Neuen Testament, 6., völlig neu bearbeitete Auflage von Kurt und Barbara Aland, Berlin und New York 1988

Baur, F. Chr., Paulus, der Apostel Jesu Christi, Sein Leben und Wirken, seine Briefe und seine Lehre, Stuttgart 1845

Becker, J., Paulus, der Apostel der Völker, Tübingen 1989

Bengel, J. A., Gnomon Novi Testamenti, Stuttgart 1860 (nach der 3. Aufl. von 1773)

Berger, K., Exegese des Neuen Testaments, Heidelberg ^{2}1984

Betz, H. D., Der Galaterbrief, Ein Kommentar zum Brief des Apostels Paulus an die Gemeinden in Galatien, aus d. Amerikan. übers. von Sibylle Ann, München 1988

Betz, H. D., Nachfolge und Nachahmung im Neuen Testament, Tübingen 1967

Black, D. A., Paul and Christian Unity: a Formal Analysis of Philippians 2,1-4, JETS 28, 1985, 299-308

Bornkamm, G., Der Philipperbrief als paulinische Briefsammlung, Geschichte und Glaube II, Gesammelte Aufsätze Band 4, München 1971, 195-205 (Zuerst in Neotestamentica et Patristica, Freundesgabe an Oscar Cullmann, Leiden 1962, 192-202)

Bornkamm, G., Paulus, Stuttgart u. a. ^{6}1987

Brändle, R., Geld und Gnade (zu 2 Kor 8,9), ThZ 41, 1985, 264-271

Bruce, F. F., Philippians, New International Biblical Commentary, Peabody 1989

Cancik, H., Untersuchungen zu Senecas Epistulae morales, Hildesheim 1967

Cicero, De Oratore, Über den Redner, Lateinisch/ Deutsch, übersetzt und herausgegeben von Harald Merklin, Stuttgart [2]1986

Classen, C. J., Paulus und die antike Rhetorik, ZNW 82, 1991, 1-33

Clemen, C., Die Einheitlichkeit der paulinischen Briefe, Göttingen 1894

Conzelmann, H. / Lindemann, A., Arbeitsbuch zum Neuen Testament, 9., überarbeitete und erweiterte Auflage, Tübingen 1988

Cook, D., Stephanus Le Moyne and the Dissection of Philippians, JThS 32, 1981, 138-142.

Delling, G., σύζυγος, ThWNT 7, 1964, 749f

De Wette, W. M. L., Kurze Erklärung der Briefe an die Colosser, an Philemon, an die Ephesier und Philipper, Leipzig 1847

Dibelius, M.: An die Philipper, HNT 11, Tübingen [2]1925

Droge, A. J., Mori lucrum, Paul and Ancient Theories of Suicide, NT 30, 1988, 263-286

Egger, W., Galater-, Philipper-, Philemonbrief, NEB 9,11,15, Würzburg 1985

Egger, W., Methodenlehre zum Neuen Testament, Einführung in linguistische und historisch-kritische Methoden, Freiburg u. a. 1987

Elliger, W., Paulus in Griechenland, Stuttgart 1978

Ewald, P., Der Brief des Paulus an die Philipper, Leipzig 1908

Fischer, J. A., Die Apostolischen Väter, Darmstadt [9]1986

Fischer, A., Beobachtungen zur Komposition von Kohelet 1,3-3,15, ZAW 103, 1991, 72-86

Fokkelmann, J. P., Narrative Art and Poetry in the Books of Samuel, volume I, King David (2 Sam 9-20 und 1 Kön 1-2), Assen 1981

Friedrich, G., Der Brief an die Philipper, NTD 8, Göttingen [9]1962/ [14]1976/ [16]1985

Fuhrmann, M., Die antike Rhetorik, München und Zürich [2]1987

Garland, D.E., The Composition and Unity of Philippians, NT 27, 1985, 141-173

Giesen, H., "Furcht und Zittern " - vor Gott? Zu Philipper 2,12, TGA 31, 1988, 86-94

Glombitza, O., Mit Furcht und Zittern: zum Verständnis von Phil 2,12, NT 3, 1959, 100-106

Gnilka, J., Der Philipperbrief, HThK X/3, Freiburg 1968

Griechische Papyri der Hamburger Staats- und Universitäts- Bibliothek mit einigen Stücken aus der Sammlung Hugo Ibscher, hrsg. vom Seminar für Klassische Philologie der Universität Hamburg, Hamburg 1954

Hahn, F., Christologische Hoheitstitel. Ihre Geschichte im frühen Christentum, Göttingen [3]1966

Haupt, E., Die Gefangenschaftsbriefe, KEK 8 u. 9, Göttingen 1902

Hawthorne, G. F., Philippians, Word Biblical Commentary Volume 43, Waco 1983

Hengel, M., The Interpenetration of Judaism and Hellenism in the pre-Maccabean period, Cambridge History of Judaism I-II, hg. v. W. D. Davies + C. Finkelstein, Cambrige 1984/ 1989, 167-228

Hengel, M., Der vorchristliche Paulus und die Rhetorik: Paulus und das antike Judentum, hrsg. von Martin Hengel und Ulrich Heckel, Tübingen 1991, 177-293

Hofius, O., Der Christushymnus Philipper 2,6-11, Tübingen 1976 (2. erw. Aufl. 1991)

Holtzmann, H. J., Lehrbuch der historisch-kritischen Einleitung in das Neue Testament, Freiburg 1885

Hurvitz, A., Die Übergangsphase im biblischen Hebräisch. Untersuchungen zum nachexilischen Hebräisch, Anwendung auf die Datierung von Psalmen. Jerusalem 1972, in Hebräische Beiträge zur Wissenschaft des Judentums deutsch angezeigt, II/ 1986, 87-103

Jegher-Bucher, V., Der Galaterbrief auf dem Hintergrung antiker Epistolographie und Rhetorik. Ein anderes Paulusbild, Zürich 1989

Jewett, R., Conflicting Movements in the early Church as reflected in Philippians, NT 12, 1970, 362-390

Jewett, R., Paulus-Chronologie. Ein Versuch, München 1982

Jewett, R., The Epistolary Thanksgiving and the Integrity of Philippians, NT 12, 1970, 40-53

Käsemann, E., Kritische Analyse von Phil 2,5-11, Exegetische Versuche und Besinnungen, 1. Band, Göttingen [6]1970, 51-95

Klauck, H.-J., 1. Korintherbrief, NEB 7, Würzburg 1984

Koch, D.-A., Die Schrift als Zeuge des Evangeliums, Tübingen 1986

Köster, H., Einführung in das Neue Testament im Rahmen d. Religionsgeschichte u. Kulturgeschichte d. hellenist. u. röm. Zeit, Berlin u. New York 1980

Lang, F., Die Briefe an die Korinther, NTD 7, Göttingen und Zürich [16]1986

Lausberg, H. L., Elemente der literarischen Rhetorik, München [9]1987

Liddell, H. G., Scott, R., A Greek English Lexicon, Oxford [9]1961

Lohfink, G., Weibliche Diakone im Neuen Testament, in "Die Frau im Urchristentum", Ed. Dautzenberg, G., Merklein, H.; Müller, K., Freiburg u.a 1983, 320-338

Lohmeyer, E., Die Briefe an die Philipper, an die Kolosser und an Philemon, KEK 9, Göttingen [9]1953 (zuerst [8]1930)

Lohmeyer, E., Kyrios Jesus, eine Untersuchung zu Phil. 2,5-11, Darmstadt [2]1961 (unveränderter Nachdruck der 1. Auf., Heidelberg 1928)

Lohse, E., Theologische Ethik des Neuen Testaments, Stuttgart u.a. 1988

Mayer, B., Paulus als Vermittler zwischen Epaphroditus und der Gemeinde von Philippi. Bemerkungen zu Phil 2,25-30, BZ 31, 1987, 176-188

Mearns, C., The Identity of Paul's Opponents at Philippi, NT 33, 1987, 194-204

Mengel, B., Studien zum Philipperbrief, Tübingen 1982

Miller, E. C., Politeuesthe in Philippians 1,27, JSNT 15, 1982, 86-96

Müller, U. B., Der Christushymnus Phil 2,6-11, ZNW 79, 1988, 17-44

Nauck, W., Das οὖν-paräneticum, ZNW 49, 1958, 134f

O'Brien, P. T., The Epistle to the Philippians, Grand Rapids 1991

Ollrog, W.-H., συνεργός, συνεργέω, EWNT 3, [2]1992, 726-729

Ollrog, W.-H., Paulus und seine Mitarbeiter, Neukirchen-Vluyn 1979

Pauly-Wissowa, Paulys Real-Encyclopädie der classischen Altertumswissenschaft, 38. Halbband, Stuttgart 1938

Perkins, Ph., Christology, Friendship and Status: The Rhetoric of Philippians, SBL.SP 26, 1987, 509-520

Pesch, R., Paulus und seine Lieblingsgemeinde, Paulus - neu gesehen, Drei Briefe an die Heiligen von Philippi, Freiburg u. a. 1985

Portefaix, L., Sisters Rejoice; Paul's Letter to the Philippians and Luke-Acts as Received by First-Century Philippian Women, Uppsala 1988

Probst, H., Paulus und der Brief, Tübingen 1991

Quintilian, dt. Übers. Marcus Fabius Quintilianus, Ausbildung des Redners, herausg. von Helmut Rahn, Darmstadt 1972

Reuß, E., Die Geschichte der Heiligen Schriften des Neuen Testaments, 6. vermehrte und verbesserte Ausgabe, Braunschweig 1887

Rissi, M., Der Christushymnus in Phil 2,6-11, ANRW II, 25.4., 3314-3326

Rolland, Ph., La structure littéraire et l'unité de l'Epître aux Philippiens, RevSR 64, 1990, 213-216

Russell, R., Pauline Letter Structure in Philippians, JETS 25, 1982, 295-306

Schattenmann, J., Studien zum neutestamentlichen Prosahymnus, München 1965

Schenk, W., Der Philipperbrief in der neueren Forschung (1945-1985), ANRW II, 25.4., 3280-3313

Schenk, W., Die Philipperbriefe des Paulus, Stuttgart u. a. 1984

Schmeller, Th., Paulus und die Diatribe, München 1987

Schmithals, W., Die Irrlehrer des Philipperbriefes, Paulus und die Gnostiker. Untersuchungen zu den kleinen Paulusbriefen, Hamburg 1965, 47-87

Schmithals, W., Die Briefe des Paulus in ihrer ursprünglichen Form, Zürich 1984

Schneemelcher, W., Neutestamentliche Apokryphen in dt. Übszg., Bd. 2, Apostolisches, Apokalypsen und Verwandtes, Tübingen [5]1989

Schnider, F.; Stenger, W., Studien zum neutestamentlichen Briefformular, Leiden u. a. 1987

Schoon-Janssen, J., Umstrittene "Apologien" in den Paulusbriefen, Studien zur rhetorischen Situation des 1. Thessalonicherbriefes, des Galaterbriefes und des Philipperbriefes, Göttingen 1991

Schweitzer, A., Geschichte der Paulinischen Forschung, Tübingen [2]1933

Seneca, de clementia, Über die Güte, lateinisch und deutsch herausgegeben von Karl Büchner, Stuttgart 1970/73.

Seneca, ad Lucilium, Epistulae morales, with an English Translation by Richard M. Gummere, London 1961

Siegert, F., Argumentation bei Paulus, gezeigt an Röm 9-11, Tübingen 1985

Stählin, G., προκοπή, προκόπτω, ThWNT 6, 1959, 703-719.

Stegemann, E. W., Fremdheit als Identität, Zeitschrift für Kultur, Politik, Kirche, Ref. 41, 1992, 113-124

Störig, H. J., Kleine Weltgeschichte der Philosophie, Frankfurt [13]1987

Strack, H. L., Billerbeck, P., Kommentar zum Neuen Testament aus Talmud und Midrasch, 3. Bd., Die Briefe des Neuen Testaments und die Offenbarung des Johannes, München [6]1975

Strobel, A., Der erste Brief an die Korinther, ZBK. NT 6/1, Zürich 1989

Suhl, A., Paulus und seine Briefe: ein Beitrag zur paulinischen Chronologie, Gütersloh 1975

Swift, R. C., The Theme and Structure of Philippians, BS 141, 1984, 234-254

Taatz, I., Frühjüdische Briefe, Die paulinischen Briefe im Rahmen der offiziellen religiösen Briefe des Frühjudentums, Freiburg und Göttingen 1991

Tacitus, annales, Einleitung, Text und vollständiger kritischer Apparat aller bekannten Handschriften, hrsg. von F. Römer, Wien u. a. 1976

Theologisches Wörterbuch zum Neuen Testament, hrsg. von G. Kittel u. G. Friedrich, Stuttgart 1933-1979

Thraede, K., Grundzüge griechisch-römischer Brieftopik, München 1970

Walter, N., Die Philipper und das Leiden, Festschrift für Heinz Schürmann, hrsg. von R. Schnackenburg, J. Ernst u. J. Wanke, Leipzig 1977, 417-434

Wanamaker, C.A., Philippians 2,6-11, Son of God or adamic christology? NTS 33, 1987, 194-204

Watson, D. F., A Rhetorical Analysis of Philippians and its Implications for the Unity Question, NT 30, 1988, 57-88

Watson, W. G. E., Classical hebrew Poetry, Sheffield 1986

Weiß, B., Der Philipper-Brief ausgelegt und die Geschichte seiner Auslegung kritisch dargestellt, Berlin 1859

White, J. L., Light from Ancient Letters, Philadelphia 1986

Wikenhauser, A., Schmid, J., Einleitung in das Neue Testament, Freiburg und Basel [6]1973

Wright, N.T., ἁρπαγμός and the meaning of Philippians 2,5-11, JThS 37, 1986, 322-351

Sachregister

In Auswahl der wichtigsten Begriffe und Seitenangaben:

Beilage: Die Struktur des Philipperbriefes (Text)

ΠΡΟΣ ΦΙΛΙΠΠΗΣΙΟΥΣ

Präskript (1,1-2)

1 1 Παῦλος καὶ Τιμόθεος δοῦλοι Χριστοῦ Ἰησοῦ πᾶσιν τοῖς ἁγίοις ἐν Χριστῷ Ἰησοῦ τοῖς οὖσιν ἐν Φιλίπποις σὺν ἐπισκόποις καὶ διακόνοις 2 χάρις ὑμῖν καὶ εἰρήνη ἀπὸ θεοῦ πατρὸς ἡμῶν καὶ κυρίου Ἰησοῦ Χριστοῦ.

Proömium (1,3-11)

3 Εὐχαριστῶ τῷ θεῷ μου ἐπὶ πάσῃ τῇ μνείᾳ ὑμῶν, 4 πάντοτε ἐν πάσῃ δεήσει μου ὑπὲρ πάντων ὑμῶν μετὰ χαρᾶς τὴν δέησιν ποιούμενος, 5 ἐπὶ τῇ κοινωνίᾳ ὑμῶν εἰς τὸ εὐαγγέλιον ἀπὸ τῆς πρώτης ἡμέρας ἄχρι τοῦ νῦν, 6 πεποιθὼς αὐτὸ τοῦτο, ὅτι ὁ ἐναρξάμενος ἐν ὑμῖν ἔργον ἀγαθὸν ἐπιτελέσει ἄχρι ἡμέρας Χριστοῦ Ἰησοῦ 7 καθὼς ἐστιν δίκαιον ἐμοὶ τοῦτο φρονεῖν ὑπὲρ πάντων ὑμῶν, διὰ τὸ ἔχειν με ἐν τῇ καρδίᾳ ὑμᾶς, ἔν τε τοῖς δεσμοῖς μου καὶ ἐν τῇ ἀπολογίᾳ καὶ βεβαιώσει τοῦ εὐαγγελίου συγκοινωνούς μου τῆς χάριτος πάντας ὑμᾶς ὄντας. 8 μάρτυς γάρ μου ὁ θεός, ὡς ἐπιποθῶ πάντας ὑμᾶς ἐν σπλάγχνοις Χριστοῦ Ἰησοῦ. 9 καὶ τοῦτο προσεύχομαι, ἵνα ἡ ἀγάπη ὑμῶν ἔτι μᾶλλον καὶ μᾶλλον περισσεύῃ ἐν ἐπιγνώσει καὶ πάσῃ αἰσθήσει, 10 εἰς τὸ δοκιμάζειν ὑμᾶς τὰ διαφέροντα, ἵνα ἦτε εἰλικρινεῖς καὶ ἀπρόσκοποι εἰς ἡμέραν Χριστοῦ, 11 πεπληρωμένοι καρπὸν δικαιοσύνης τὸν διὰ Ἰησοῦ Χριστοῦ εἰς δόξαν καὶ ἔπαινον θεοῦ.

Postskript (4,21-23)

21 Ἀσπάσασθε πάντα ἅγιον ἐν Χριστῷ Ἰησοῦ. ἀσπάζονται ὑμᾶς οἱ σὺν ἐμοὶ ἀδελφοί. 22 ἀσπάζονται ὑμᾶς πάντες οἱ ἅγιοι, μάλιστα δὲ οἱ ἐκ τῆς Καίσαρος οἰκίας 23 ἡ χάρις τοῦ κυρίου Ἰησοῦ Χριστοῦ μετὰ τοῦ πνεύματος ὑμῶν.

A = a¹ (1,12-26) +

12 Γινώσκειν δὲ ὑμᾶς βούλομαι, ἀδελφοί, ὅτι τὰ κατ' ἐμὲ μᾶλλον εἰς προκοπὴν τοῦ εὐαγγελίου ἐλήλυθεν, 13 ὥστε τοὺς δεσμούς μου φανεροὺς ἐν Χριστῷ γενέσθαι ἐν ὅλῳ τῷ πραιτωρίῳ καὶ τοῖς λοιποῖς πᾶσιν, 14 καὶ τοὺς πλείονας τῶν ἀδελφῶν ἐν κυρίῳ πεποιθότας τοῖς δεσμοῖς μου περισσοτέρως τολμᾶν ἀφόβως τὸν λόγον λαλεῖν. 15 Τινὲς μὲν καὶ διὰ φθόνον καὶ ἔριν, τινὲς δὲ καὶ δι' εὐδοκίαν τὸν Χριστὸν κηρύσσουσιν· 16 οἱ μὲν ἐξ ἀγάπης, εἰδότες ὅτι εἰς ἀπολογίαν τοῦ εὐαγγελίου κεῖμαι, 17 οἱ δὲ ἐξ ἐριθείας τὸν Χριστὸν καταγγέλλουσιν, οὐχ ἁγνῶς, οἰόμενοι θλῖψιν ἐγείρειν τοῖς δεσμοῖς μου. 18 τί γάρ; πλὴν ὅτι παντὶ τρόπῳ, εἴτε προφάσει εἴτε ἀληθείᾳ, Χριστὸς καταγγέλλεται, καὶ ἐν τούτῳ χαίρω· ἀλλὰ καὶ χαρήσομαι, 19 οἶδα γὰρ ὅτι τοῦτό μοι ἀποβήσεται εἰς σωτηρίαν διὰ τῆς ὑμῶν δεήσεως καὶ ἐπιχορηγίας τοῦ πνεύματος Ἰησοῦ Χριστοῦ, 20 κατὰ τὴν ἀποκαραδοκίαν καὶ ἐλπίδα μου ὅτι ἐν οὐδενὶ αἰσχυνθήσομαι, ἀλλ' ἐν πάσῃ παρρησίᾳ ὡς πάντοτε καὶ νῦν μεγαλυνθήσεται Χριστὸς ἐν τῷ σώματί μου, εἴτε διὰ ζωῆς εἴτε διὰ θανάτου. 21 ἐμοὶ γὰρ τὸ ζῆν Χριστὸς καὶ τὸ ἀποθανεῖν κέρδος 22 εἰ δὲ τὸ ζῆν ἐν σαρκί, τοῦτό μοι καρπὸς ἔργου καὶ τί αἱρήσομαι οὐ γνωρίζω. 23 συνέχομαι δὲ ἐκ τῶν δύο, τὴν ἐπιθυμίαν ἔχων εἰς τὸ ἀναλῦσαι καὶ σὺν Χριστῷ εἶναι, πολλῷ [γὰρ] μᾶλλον κρεῖσσον· 24 τὸ δὲ ἐπιμένειν [ἐν] τῇ σαρκὶ ἀναγκαιότερον δι' ὑμᾶς 25 καὶ τοῦτο πεποιθὼς οἶδα ὅτι μενῶ καὶ παραμενῶ πᾶσιν ὑμῖν εἰς τὴν ὑμῶν προκοπὴν καὶ χαρὰν τῆς πίστεως, 26 ἵνα τὸ καύχημα ὑμῶν περισσεύῃ ἐν Χριστῷ Ἰησοῦ ἐν ἐμοὶ διὰ τῆς ἐμῆς παρουσίας πάλιν πρὸς ὑμᾶς.

a² (3,1-16)

3 1 Τὸ λοιπόν, ἀδελφοί μου, χαίρετε ἐν κυρίῳ. τὰ αὐτὰ γράφειν ὑμῖν ἐμοὶ μὲν οὐκ ὀκνηρόν, ὑμῖν δὲ ἀσφαλές. 2 Βλέπετε τοὺς κύνας, βλέπετε τοὺς κακοὺς ἐργάτας, βλέπετε τὴν κατατομήν. 3 ἡμεῖς γάρ ἐσμεν ἡ περιτομή, οἱ πνεύματι θεοῦ λατρεύοντες καὶ καυχώμενοι ἐν Χριστῷ Ἰησοῦ καὶ οὐκ ἐν σαρκὶ πεποιθότες, 4 καίπερ ἐγὼ ἔχων πεποίθησιν καὶ ἐν σαρκί. εἴ τις δοκεῖ ἄλλος πεποιθέναι ἐν σαρκί, ἐγὼ μᾶλλον· 5 περιτομῇ ὀκταήμερος, ἐκ γένους Ἰσραήλ, φυλῆς Βενιαμίν, Ἑβραῖος ἐξ Ἑβραίων, κατὰ νόμον Φαρισαῖος, 6 κατὰ ζῆλος διώκων τὴν ἐκκλησίαν, κατὰ δικαιοσύνην τὴν ἐν νόμῳ γενόμενος ἄμεμπτος. 7 [ἀλλὰ] ἅτινα ἦν μοι κέρδη, ταῦτα ἥγημαι διὰ τὸν Χριστὸν ζημίαν. 8 ἀλλὰ μενοῦνγε καὶ ἡγοῦμαι πάντα ζημίαν εἶναι διὰ τὸ ὑπερέχον τῆς γνώσεως Χριστοῦ Ἰησοῦ τοῦ κυρίου μου, δι' ὃν τὰ πάντα ἐζημιώθην, καὶ ἡγοῦμαι σκύβαλα ἵνα Χριστὸν κερδήσω 9 καὶ εὑρεθῶ ἐν αὐτῷ, μὴ ἔχων ἐμὴν δικαιοσύνην τὴν ἐκ νόμου ἀλλὰ τὴν διὰ πίστεως Χριστοῦ, τὴν ἐκ θεοῦ δικαιοσύνην ἐπὶ τῇ πίστει, 10 τοῦ γνῶναι αὐτὸν καὶ τὴν δύναμιν τῆς ἀναστάσεως αὐτοῦ καὶ [τὴν] κοινωνίαν [τῶν] παθημάτων αὐτοῦ, συμμορφιζόμενος τῷ θανάτῳ αὐτοῦ, 11 εἴ πως καταντήσω εἰς τὴν ἐξανάστασιν τὴν ἐκ νεκρῶν. 12 Οὐχ ὅτι ἤδη ἔλαβον ἢ ἤδη τετελείωμαι, διώκω δὲ εἰ καὶ καταλάβω, ἐφ' ᾧ καὶ κατελήμφθην ὑπὸ Χριστοῦ Ἰησοῦ. 13 ἀδελφοί, ἐγὼ ἐμαυτὸν οὐ λογίζομαι κατειληφέναι· ἓν δέ, τὰ μὲν ὀπίσω ἐπιλανθανόμενος τοῖς δὲ ἔμπροσθεν ἐπεκτεινόμενος, 14 κατὰ σκοπὸν διώκω εἰς τὸ βραβεῖον τῆς ἄνω κλήσεως τοῦ θεοῦ ἐν Χριστῷ Ἰησοῦ. 15 Ὅσοι οὖν τέλειοι, τοῦτο φρονῶμεν· καὶ εἴ τι ἑτέρως φρονεῖτε, καὶ τοῦτο ὁ θεὸς ὑμῖν ἀποκαλύψει· 16 πλὴν εἰς ὃ ἐφθάσαμεν, τῷ αὐτῷ στοιχεῖν.

B = b¹ (1,27-30) +

27 Μόνον ἀξίως τοῦ εὐαγγελίου τοῦ Χριστοῦ πολιτεύεσθε, ἵνα εἴτε ἐλθὼν καὶ ἰδὼν ὑμᾶς εἴτε ἀπὼν ἀκούω τὰ περὶ ὑμῶν, ὅτι στήκετε ἐν ἑνὶ πνεύματι, μιᾷ ψυχῇ συναθλοῦντες τῇ πίστει τοῦ εὐαγγελίου, 28 καὶ μὴ πτυρόμενοι ἐν μηδενὶ ὑπὸ τῶν ἀντικειμένων, ἥτις ἐστὶν αὐτοῖς ἔνδειξις ἀπωλείας, ὑμῶν δὲ σωτηρίας, καὶ τοῦτο ἀπὸ θεοῦ· 29 ὅτι ὑμῖν ἐχαρίσθη τὸ ὑπὲρ Χριστοῦ, οὐ μόνον τὸ εἰς αὐτὸν πιστεύειν ἀλλὰ καὶ τὸ ὑπὲρ αὐτοῦ πάσχειν, 30 τὸν αὐτὸν ἀγῶνα ἔχοντες οἷον εἴδετε ἐν ἐμοὶ καὶ νῦν ἀκούετε ἐν ἐμοί.

b² (3,17-21)

17 Συμμιμηταί μου γίνεσθε, ἀδελφοί, καὶ σκοπεῖτε τοὺς οὕτω περιπατοῦντας καθὼς ἔχετε τύπον ἡμᾶς. 18 πολλοὶ γὰρ περιπατοῦσιν οὓς πολλάκις ἔλεγον ὑμῖν, νῦν δὲ καὶ κλαίων λέγω, τοὺς ἐχθροὺς τοῦ σταυροῦ τοῦ Χριστοῦ, 19 ὧν τὸ τέλος ἀπώλεια, ὧν ὁ θεὸς ἡ κοιλία καὶ ἡ δόξα ἐν τῇ αἰσχύνῃ αὐτῶν, οἱ τὰ ἐπίγεια φρονοῦντες. 20 ἡμῶν γὰρ τὸ πολίτευμα ἐν οὐρανοῖς ὑπάρχει, ἐξ οὗ καὶ σωτῆρα ἀπεκδεχόμεθα κύριον Ἰησοῦν Χριστόν, 21 ὃς μετασχηματίσει τὸ σῶμα τῆς ταπεινώσεως ἡμῶν σύμμορφον τῷ σώματι τῆς δόξης αὐτοῦ κατὰ τὴν ἐνέργειαν τοῦ δύνασθαι αὐτὸν καὶ ὑποτάξαι αὐτῷ τὰ πάντα.

C = c¹ (2,1-4) +

2 1 Εἴ τις οὖν παράκλησις ἐν Χριστῷ, εἴ τι παραμύθιον ἀγάπης, εἴ τις κοινωνία πνεύματος, εἴ τις σπλάγχνα καὶ οἰκτιρμοί, 2 πληρώσατέ μου τὴν χαρὰν ἵνα τὸ αὐτὸ φρονῆτε, τὴν αὐτὴν ἀγάπην ἔχοντες, σύμψυχοι, τὸ ἓν φρονοῦντες, 3 μηδὲν κατ᾽ ἐριθείαν μηδὲ κατὰ κενοδοξίαν, ἀλλὰ τῇ ταπεινοφροσύνῃ ἀλλήλους ἡγούμενοι ὑπερέχοντας ἑαυτῶν, 4 μὴ τὰ ἑαυτῶν ἕκαστος σκοποῦντες, ἀλλὰ [καὶ] τὰ ἑτέρων ἕκαστοι.

Hymnus (2,5-11)

5 τοῦτο φρονεῖτε ἐν ὑμῖν ὃ καὶ ἐν Χριστῷ Ἰησοῦ, 6 ὃς ἐν μορφῇ θεοῦ ὑπάρχων οὐχ ἁρπαγμὸν ἡγήσατο τὸ εἶναι ἴσα θεῷ, 7 ἀλλὰ ἑαυτὸν ἐκένωσεν μορφὴν δούλου λαβών, ἐν ὁμοιώματι ἀνθρώπων γενόμενος καὶ σχήματι εὑρεθεὶς ὡς ἄνθρωπος 8 ἐταπείνωσεν ἑαυτὸν γενόμενος ὑπήκοος μέχρι θανάτου, θανάτου δὲ σταυροῦ. 9 διὸ καὶ ὁ θεὸς αὐτὸν ὑπερύψωσεν καὶ ἐχαρίσατο αὐτῷ τὸ ὄνομα τὸ ὑπὲρ πᾶν ὄνομα, 10 ἵνα ἐν τῷ ὀνόματι Ἰησοῦ πᾶν γόνυ κάμψῃ ἐπουρανίων καὶ ἐπιγείων καὶ καταχθονίων, 11 καὶ πᾶσα γλῶσσα ἐξομολογήσηται ὅτι κύριος Ἰησοῦς Χριστὸς εἰς δόξαν θεοῦ πατρός

c² (4,1-3)

4 1 Ὥστε, ἀδελφοί μου ἀγαπητοὶ καὶ ἐπιπόθητοι, χαρὰ καὶ στέφανός μου, οὕτως στήκετε ἐν κυρίῳ, ἀγαπητοί.
2 Εὐοδίαν παρακαλῶ καὶ Συντύχην παρακαλῶ τὸ αὐτὸ φρονεῖν ἐν κυρίῳ. 3 ναὶ ἐρωτῶ καὶ σέ, γνήσιε σύζυγε, συλλαμβάνου αὐταῖς, αἵτινες ἐν τῷ εὐαγγελίῳ συνήθλησάν μοι μετὰ καὶ Κλήμεντος καὶ τῶν λοιπῶν συνεργῶν μου, ὧν τὰ ὀνόματα ἐν βίβλῳ ζωῆς.

D = d¹ (2,12-18) +

12 "Ὥστε, ἀγαπητοί μου, καθὼς πάντοτε ὑπηκούσατε, μὴ ὡς ἐν τῇ παρουσίᾳ μου μόνον ἀλλὰ νῦν πολλῷ μᾶλλον ἐν τῇ ἀπουσίᾳ μου, μετὰ φόβου καὶ τρόμου τὴν ἑαυτῶν σωτηρίαν κατεργάζεσθε· 13 θεὸς γάρ ἐστιν ὁ ἐνεργῶν ἐν ὑμῖν καὶ τὸ θέλειν καὶ τὸ ἐνεργεῖν ὑπὲρ τῆς εὐδοκίας. 14 πάντα ποιεῖτε χωρὶς γογγυσμῶν καὶ διαλογισμῶν, 15 ἵνα γένησθε ἄμεμπτοι καὶ ἀκέραιοι, τέκνα θεοῦ ἄμωμα μέσον γενεᾶς σκολιᾶς καὶ διεστραμμένης, ἐν οἷς φαίνεσθε ὡς φωστῆρες ἐν κόσμῳ, 16 λόγον ζωῆς ἐπέχοντες, εἰς καύχημα ἐμοὶ εἰς ἡμέραν Χριστοῦ, ὅτι οὐκ εἰς κενὸν ἔδραμον οὐδὲ εἰς κενὸν ἐκοπίασα. 17 ἀλλὰ εἰ καὶ σπένδομαι ἐπὶ τῇ θυσίᾳ καὶ λειτουργίᾳ τῆς πίστεως ὑμῶν, χαίρω καὶ συγχαίρω πᾶσιν ὑμῖν· 18 τὸ δὲ αὐτὸ καὶ ὑμεῖς χαίρετε καὶ συγχαίρετέ μοι.

d² (4,4-9)

4 Χαίρετε ἐν κυρίῳ πάντοτε· πάλιν ἐρῶ, χαίρετε. 5 τὸ ἐπιεικὲς ὑμῶν γνωσθήτω πᾶσιν ἀνθρώποις. ὁ κύριος ἐγγύς. 6 μηδὲν μεριμνᾶτε, ἀλλ' ἐν παντὶ τῇ προσευχῇ καὶ τῇ δεήσει μετὰ εὐχαριστίας τὰ αἰτήματα ὑμῶν γνωριζέσθω πρὸς τὸν θεόν. 7 καὶ ἡ εἰρήνη τοῦ θεοῦ ἡ ὑπερέχουσα πάντα νοῦν φρουρήσει τὰς καρδίας ὑμῶν καὶ τὰ νοήματα ὑμῶν ἐν Χριστῷ Ἰησοῦ.

8 Τὸ λοιπόν, ἀδελφοί, ὅσα ἐστὶν ἀληθῆ, ὅσα σεμνά, ὅσα δίκαια, ὅσα ἁγνά, ὅσα προσφιλῆ, ὅσα εὔφημα, εἴ τις ἀρετὴ καὶ εἴ τις ἔπαινος, ταῦτα λογίζεσθε· 9 ἃ καὶ ἐμάθετε καὶ παρελάβετε καὶ ἠκούσατε καὶ εἴδετε ἐν ἐμοί, ταῦτα πράσσετε· καὶ ὁ θεὸς τῆς εἰρήνης ἔσται μεθ' ὑμῶν.

E = e¹ (2,19-30) +

19 Ἐλπίζω δὲ ἐν κυρίῳ Ἰησοῦ Τιμόθεον ταχέως πέμψαι ὑμῖν, ἵνα κἀγὼ εὐψυχῶ γνοὺς τὰ περὶ ὑμῶν. 20 οὐδένα γὰρ ἔχω ἰσόψυχον ὅστις γνησίως τὰ περὶ ὑμῶν μεριμνήσει, 21 οἱ πάντες γὰρ τὰ ἑαυτῶν ζητοῦσιν, οὐ τὰ Ἰησοῦ Χριστοῦ. 22 τὴν δὲ δοκιμὴν αὐτοῦ γινώσκετε, ὅτι ὡς πατρὶ τέκνον σὺν ἐμοὶ ἐδούλευσεν εἰς τὸ εὐαγγέλιον. 23 τοῦτον μὲν οὖν ἐλπίζω πέμψαι ὡς ἂν ἀφίδω τὰ περὶ ἐμὲ ἐξαυτῆς 24 πέποιθα δὲ ἐν κυρίῳ ὅτι καὶ αὐτὸς ταχέως ἐλεύσομαι.

25 Ἀναγκαῖον δὲ ἡγησάμην Ἐπαφρόδιτον τὸν ἀδελφὸν καὶ συνεργὸν καὶ συστρατιώτην μου, ὑμῶν δὲ ἀπόστολον καὶ λειτουργὸν τῆς χρείας μου, πέμψαι πρὸς ὑμᾶς, 26 ἐπειδὴ ἐπιποθῶν ἦν πάντας ὑμᾶς καὶ ἀδημονῶν διότι ἠκούσατε ὅτι ἠσθένησεν. 27 καὶ γὰρ ἠσθένησεν παραπλήσιον θανάτου ἀλλὰ ὁ θεὸς ἠλέησεν αὐτόν, οὐκ αὐτὸν δὲ μόνον ἀλλὰ καὶ ἐμέ, ἵνα μὴ λύπην ἐπὶ λύπην σχῶ. 28 σπουδαιοτέρως οὖν ἔπεμψα αὐτὸν ἵνα ἰδόντες αὐτὸν πάλιν χαρῆτε κἀγὼ ἀλυπότερος ὦ. 29 προσδέχεσθε οὖν αὐτὸν ἐν κυρίῳ μετὰ πάσης χαρᾶς καὶ τοὺς τοιούτους ἐντίμους ἔχετε, 30 ὅτι διὰ τὸ ἔργον Χριστοῦ μέχρι θανάτου ἤγγισεν, παραβολευσάμενος τῇ ψυχῇ ἵνα ἀναπληρώσῃ τὸ ὑμῶν ὑστέρημα τῆς πρός με λειτουργίας.

e² (4,10-20)

10 Ἐχάρην δὲ ἐν κυρίῳ μεγάλως ὅτι ἤδη ποτὲ ἀνεθάλετε τὸ ὑπὲρ ἐμοῦ φρονεῖν, ἐφ' ᾧ καὶ ἐφρονεῖτε ἠκαιρεῖσθε δέ. 11 οὐχ ὅτι καθ' ὑστέρησιν λέγω, ἐγὼ γὰρ ἔμαθον ἐν οἷς εἰμι αὐτάρκης εἶναι. 12 οἶδα καὶ ταπεινοῦσθαι, οἶδα καὶ περισσεύειν· ἐν παντὶ καὶ ἐν πᾶσιν μεμύημαι καὶ χορτάζεσθαι καὶ πεινᾶν, καὶ περισσεύειν καὶ ὑστερεῖσθαι. 13 πάντα ἰσχύω ἐν τῷ ἐνδυναμοῦντί με. 14 πλὴν καλῶς ἐποιήσατε συγκοινωνήσαντές μου τῇ θλίψει.

15 Οἴδατε δὲ καὶ ὑμεῖς, Φιλιππήσιοι, ὅτι ἐν ἀρχῇ τοῦ εὐαγγελίου, ὅτε ἐξῆλθον ἀπὸ Μακεδονίας, οὐδεμία μοι ἐκκλησία ἐκοινώνησεν εἰς λόγον δόσεως καὶ λήμψεως εἰ μὴ ὑμεῖς μόνοι· 16 ὅτι καὶ ἐν Θεσσαλονίκῃ καὶ ἅπαξ καὶ δὶς εἰς τὴν χρείαν μοι ἐπέμψατε. 17 οὐχ ὅτι ἐπιζητῶ τὸ δόμα, ἀλλὰ ἐπιζητῶ τὸν καρπὸν τὸν πλεονάζοντα εἰς λόγον ὑμῶν. 18 ἀπέχω δὲ πάντα καὶ περισσεύω· πεπλήρωμαι δεξάμενος παρὰ Ἐπαφροδίτου τὰ παρ' ὑμῶν, ὀσμὴν εὐωδίας, θυσίαν δεκτήν, εὐάρεστον τῷ θεῷ. 19 ὁ δὲ θεός μου πληρώσει πᾶσαν χρείαν ὑμῶν κατὰ τὸ πλοῦτος αὐτοῦ ἐν δόξῃ ἐν Χριστῷ Ἰησοῦ. 20 τῷ δὲ θεῷ καὶ πατρὶ ἡμῶν ἡ δόξα εἰς τοὺς αἰῶνας τῶν αἰώνων· ἀμήν.

VERLAG FÜR GEISTES-, SOZIAL- UND WIRTSCHAFTSWISSENSCHAFTEN

Beiträge zur Wissenschaft vom Alten und Neuen Testament

Jörg Augenstein
Das Liebesgebot im Johannesevangelium und in den Johannesbriefen
1993. 208 Seiten. Kart. DM 79,–
ISBN 3-17-012687-3
Beiträge zur Wissenschaft vom Alten und Neuen Testament, Band 134

Noch immer bewegt sich die Forschung in der Frage nach dem johanneischen Liebesgebot in den Alternativen, die E. Käsemann und R. Bultmann aufgezeigt haben: „Beschränkung" oder „stillschweigende Voraussetzung" des allgemeinen Liebesgebotes. Von diesen Alternativen macht sich die Untersuchung frei. Sie zeigt, daß das „neue" Gebot der Liebe in den johanneischen Schriften zugleich das „alte" von 3. Mose 19,17f. ist, da die hier enthaltene Deutung des Liebesgebotes als Haßverzicht in den johanneischen Schriften aufgenommen und auf die konkrete Situation des „Bruderzwistes" angewandt wird. Zudem wird das Verhältnis der johanneischen Schriften zueinander neu interpretiert.

MEDIEN+WISSEN Kohlhammer
70549 Stuttgart · Tel. 07 11-78 63-0 · Fax 07 11-78 63-2 63

108-594 138 MFG3

VERLAG FÜR GEISTES-, SOZIAL- UND WIRTSCHAFTSWISSENSCHAFTEN

Beiträge zur Wissenschaft vom Alten und Neuen Testament

Michael Tilly
Johannes der Täufer und die Biographie der Propheten
Die synoptische Täuferüberliefe-
rung und das jüdische Propheten-
bild zur Zeit des Täufers
1994. 296 Seiten. Kart. DM 98,–
ISBN 3-17-013180-X
Beiträge zur Wissenschaft vom
Alten und Neuen Testament,
Band 137

In dieser Untersuchung werden die Täuferstoffe der synoptischen Tradition analysiert und mit der Prophetenüberlieferung der hebräischen Bibel, der Targumim und der antiken jüdischen Prophetenlegenden verglichen. Dies ermöglicht die religionsgeschichtliche Einordnung der Gestalt des Täufers in das jüdische Prophetenbild zur Zeit seines Auftretens. Mit den so gewonnenen Motivkomplexen lassen sich die Zusammenhänge zwischen der interpretierenden Rezeption der Prophetenüberlieferung und der Wahrnehmung der Gestalt des Täufers erkennen. Seine Zeitgenossen mußten ihn anhand seines Auftretens und seiner Verkündigung als Propheten identifizieren.

MEDIEN+WISSEN ✕✕✕ Kohlhammer

70549 Stuttgart · Tel. 07 11-78 63-0 · Fax 07 11-78 63-2 63

109-594 138 MFG 4